쉽게 풀어쓴

사회복지학개론

고강호 · 박세정 · 박애선 · 안지민 · 이준상

KNOWLEDGE COMMUNITY 공동체

머리말

사람은 누구나 살아가면서 다양한 사회적 위험과 욕구를 경험한다. 그 과정에서 사회복지는 단순한 '도움'이나 '봉사'를 넘어, 인간의 존엄성과 권리를 기반으로 한 전문적인 실천과 정책 체계로 발전해 왔다. 사회복지는 가난한 사람을 돕는 활동에만 국한되지 않는다. 아동에서 노인에 이르기까지 전 생애에 걸쳐 삶을 지원하며, 개인과 공동체가 함께 살아가는 사회를 만들기 위한 중요한 사회적 기제로 기능한다. 따라서 사회복지를 이해한다는 것은 곧 인간에 대한 깊은 이해와 더불어 사회 구조를 바라보는 안목을 기르는 일이기도 하다.

이 책은 사회복지를 처음 공부하는 이들을 위해 집필하였다. '사회복지학개론'을 처음 접하는 학부 신입생뿐 아니라, 2년제 대학 학생, 사이버대학과 평생교육원에서 학습하는 직장인과 주부, 그리고 학문에 대한 열정을 간직한 60~70대 만학도까지 다양한 학습자들이 쉽게 접근하고 이해할 수 있도록 구성하였다.

기존의 사회복지학개론 교재는 이론 중심의 서술과 추상적인 개념 설명, 방대한 분량으로 인해 학습자들에게 부담이 되곤 했다. 특히 사회복지를 처음 접하는 이들에게는 '사회복지'라는 용어조차 낯설고, 책을 펼치는 순간부터 거리감을 느끼게 하는 경우가 많았다. 이에 본서는 처음 공부하는 사람의 눈높이를 최우선 원칙으로 삼아, 복잡한 이론은 최소화하고 핵심 개념을 간결하고 명료한 문장으로 설명하였다.

이 책은 「2022 한국사회복지교과목지침서」를 토대로, 대부분의 대학에서 운영하는 15주 수업에 적합하도록 13개의 장으로 구성하였다.

제1장부터 제4장까지는 사회복지의 기초 지식들을 설명하였다. 사회복지의 개념과 유사 용어를 비교 · 정리하고(제1장), 사회복지를 뒷받침하는 동기와 이념(제2장), 가치와 윤리적 기반(제3장)을 다룬다. 이어 사회복지와 인권의 긴밀한 관계를 살피고, 인권기반 사회복지실천의 방향을 제시하였다(제4장).

제5장부터 제7장은 사회복지의 구조와 역사적 맥락을 조망하였다. 사회복지를 구성하는 핵심 요소를 제시하고(제5장), 역사 속에서 사회복지가 어떻게 발전해 왔는지(제6장), 복지국가의 형성과 변화를 통해 현재의 제도와 실천을 이해할 수 있도록 하였다(제7장).

제8장부터 제11장은 사회복지학도로서 반드시 익혀야 할 학문적 구성체계를 담았다. 사회복지의 대상과 공급자의 권리 · 역할(제8장), 미시적 실천방법론(제9장), 중범위와 거시적 실천방법론(제10장), 사회보장의 개념과 제도(제11장)를 차례로 다루었다.

마지막으로 제12장과 제13장은 사회복지의 다양한 실천 현장을 소개하였다. 제12장은 대상자 중심의 사회복지실천 분야를, 제13장은 장면 중심의 실천 분야를 다루며, 각 분야의 개념 · 필요성 · 주요 대상 · 현장, 그리고 사회복지사의 역할을 구체적으로 설명하였다.

분량은 지나치게 방대하지 않도록 조절하였다. 사회복지를 깊이 탐구하려는 독자에게는 다소 간략하게 느껴질 수 있으나, 학문 입문 단계에서는 핵심 틀과 방향을 익히는 것이 가장 중요하다고 믿기에 핵심 내용을 중심으로 서술하였다. 이 책이 사회복지의 기초 이해를 넓히는 '입문서'로서 충실히 기능하기를 바란다.

무엇보다, 이 책을 통해 독자들이 사회복지에 대한 학문적 호기심을 키우고, 사회적 책임과 인간에 대한 따뜻한 관심을 함께 품게 되기를 소망한다. 누군가를 이해하고 돕는 일은 단순한 지식의 문제가 아니라, 우리가 어떤 사회를 꿈꾸고 어떤 가치를 추구하며 살아갈 것인가에 대한 성찰이기 때문이다. 이 책이 세상과 사람을 바라보는 독자의 시선에 작은 변화의 씨앗이 되기를 바란다.

끝으로, 학습자 중심의 교재 필요성에 깊이 공감하고, 기획 단계부터 편집 · 디자인 · 제작에 이르기까지 세심한 관심과 애정을 기울여 주신 공동체 출판사 김원희 전무님과 임직원 여러분께 깊이 감사드린다.

2025년 10월

저자를 대표하여

고강호

차 례

CHAPTER 01

사회복지의 개념과 이해

1. 사회복지의 개념
2. 사회복지와 사회사업
3. 사회복지 관련 개념
4. 사회복지의 기능

01 CHAPTER 사회복지의 개념과 이해

오늘날 사회복지는 단순히 어려운 사람을 돕는 '자선'의 차원을 넘어, 모든 사람이 인간다운 삶을 누릴 수 있도록 보장하는 제도로 발전해 왔다. 그러나 시대와 사회적 배경, 그리고 학자들의 관점에 따라 사회복지의 정의가 다르다. 어떤 사람은 사회복지를 국가가 제공하는 최소한의 안전망으로 이해하기도 하고, 또 다른 사람은 인간의 권리와 사회적 평등을 실현하는 포괄적 제도로 설명하기도 한다.

따라서 사회복지를 공부하는 첫걸음은 사회복지란 무엇인가라는 질문에 답을 찾는 일이다. 이 장에서는 사회복지의 개념과 정의, 그리고 그것이 시대와 맥락에 따라 어떻게 달라져 왔는지를 살펴봄으로써, 이후 장에서 다룰 사회복지 제도와 실천을 이해할 수 있는 기초를 마련하고자 한다.

1. 사회복지의 개념

사회복지(social welfare)라는 용어는 현대 산업사회의 발전과 더불어 발생한 다양한 사회문제와 관련하여 사용되기 시작하였다. 사회가 발전할수록 사회복지에 대한 관심은 더욱 높아지고 있으며, 이에 대한 욕구도 증가하고 있다.

사회복지가 무엇인가에 대한 문제는 이 책 전체를 통해 분명히 다루어야 할 과제이다. 그러나 '사회복지'라는 용어는 시대와 국가, 그리고 학자들의 견해에 따라 의미가 다르기 때문에 반드시 동일한 뜻으로 사용되지는 않는다. 이처럼 사회복지라는 용어는 한 국가 내에서도 시대에 따라 차이가 있으며, 해당 사회에서 제기되는 사회문제와 관련하여 그 의미가 보다 명확해질 수 있다. 따라서 사회복지는 '어떤 시대, 어떤 사회'라는 전제를 바탕으로 정의될 수 있으며, 그 의미는 지속적으로 변화할 수밖에 없다(전재일 외, 2024).

전통적인 사회복지 개념인 상호부조, 자선사업 및 인보사업은 현대 사회복지 개념인 사회사업, 사회봉사, 사회보장, 사회계획, 사회정책 등으로 대체되고 있다. 그러나 이들 개념에는 공통적으로 '복지의 증진'이라는 의미가 담겨 있으며, 이러한 노력 속에는 '사회성'의 개념이 포함되어 있다. 만약 이러한 두 가지 의미가 결여되어 있다면, 그것은 사회복지의 개념으로 간주될 수 없다(김영모 · 남세진 · 신섭중, 1982).

'사회복지'라는 용어가 공식적으로 사용된 이후, 우리 사회의 복지에 대한 관심은 급격히 증가하였다. 특히 1980년대 이후 정부가 사용한 '복지사회 건설', '복지국가의 건설', '국민의 복지증진' 등의 표현과 함께 사회복지라는 용어는 더욱 빈번하게 사용되었다.

'복지(welfare)'란 일반적으로 '평안히 잘 지내는 상태', 즉 건강, 행복, 번영의 상태를 의미한다. 복지사업(welfare work)은 '인간의 생활상태와 수준을 개선하기 위한 지역사회나 단체의 조직적 노력'을 뜻한다. 이처럼 복지란 '행복에 대한 이념', 즉 이상적 상태를 포함한 개념이다. 여기에 '사회적(social)'이라는 형용사를 붙인 사회복지(social welfare)는 사회적으로 행복한 상태를 의미하며, 이상적인 인간생활을 지향하는 개념이자 그것을 실현하려는 실천적 활동을 포함하는 개념이다(전재일 외, 2024).

사회복지는 다양한 의미로 사용되며, 국가 · 시대 · 학자에 따라 그 정의가 다르기 때문에 현재까지 통일된 정의는 존재하지 않는다. 여기서는 좁은 개념과 넓은 개념, 그리고 잔여적 개념과 제도적 개념에 대해 살펴보고자 한다.

1) 좁은 개념과 넓은 개념

사회복지는 좁은 의미와 넓은 의미로 정의할 수 있다. 가장 좁은 의미에서 사회복지는 고민과 빈곤을 완화하거나 사회의 상태를 개선하는 것을 목적으로 하는 사회적·공공기관 혹은 자발적 단체의 비영리적 기능을 포함한다 (Dolgoff & Feldstein, 1984).

넓은 의미의 사회복지는 이러한 협의의 개념뿐 아니라 사회정책, 사회보장, 보건, 의료, 주택, 고용, 교육 등을 포함하며, 국민의 최소한의 욕구 또는 평균적인 욕구조차 충족되지 않는 개인, 가족, 집단 등을 대상으로 한 다양한 사회서비스를 포괄한다(전재일 외, 2024).

그러나 사회복지의 정의는 좁은 의미와 넓은 의미 모두 완전하다고 볼 수 없다. 좁은 의미의 사회복지는 잔여적(residual) 복지 개념에 해당하며, 자유주의 시장경제체제에서 개인이나 사회가 정상적으로 기능하지 못할 때 개입하는 보완적 활동으로 본다.

반면 넓은 의미의 정의는 제도적(institutional) 복지 개념에 해당하며, 국가와 사회가 인간다운 삶을 보장하기 위해 정치·경제·사회적 제도와 정책, 서비스를 통해 실현하는 모든 복지활동을 포함한다. 여기에는 사회복지서비스, 사회보장, 사회보험뿐만 아니라 교육, 보건, 주거, 고용정책 등이 포함된다.

2) 잔여적 개념과 제도적 개념

사회복지의 대표적 이분법적 개념은 잔여적(residual) 복지와 제도적(institutional) 복지이다. 잔여적 개념은 가족이나 시장이 정상적으로 기능하지 않거나 자원이 부족한 경우에만 사회복지서비스가 제공되어야 한다고 본다. 반면 제도적 개념은 사회복지를 인간의 기본적인 욕구를 충족시키기 위한 필수적인 제도로 간주하며, 가족이나 시장의 기능 여부와 무관하게 항상 존재해야 한다고 본다.

이 두 관점은 철학적으로 대립되지만, 오늘날 사회복지실천은 이 둘을 통합적으로 수용하고 있다. 사회복지의 역사적 발전 과정도 잔여적 개념에서 제도적 개념으로 전환되어 왔다. 〈표 1-1〉은 두 개념의 주요 구성요소를 비교한 것이다.

〈표 1-1〉 사회복지의 잔여적 · 제도적 개념 요소

구성요소	잔여적	제도적
욕구에 대한 관점	욕구는 비정상적인 것으로 본다.	욕구는 예측되며, 산업화에서 나타난다.
문제에 대한 관점	문제는 위기적 · 긴급 상황에서 발생한다.	문제는 현대 생활의 복잡성에서 기인한다.
도움에 대한 관점	자원이 고갈된 후에만 도움을 제공한다.	파괴되기 전에 예방적으로 도움을 제공한다.
단 점	낙인효과가 수반된다.	낙인은 없지만 개별화된 서비스 제공이 어렵다.
돕는 기간	일시적이며 가능한 한 빨리 종결된다.	예방과 재활을 중심으로 제도화되어 영구적일 수 있다.
가 치	엄격한 개별주의	안전과 인본주의 강조
초 점	치료	예방

출처 : 전재일 외(2024).

따라서 잔여적이고 한정적인 개념은 넓은 의미의 사회복지 개념의 일부 구성요소로 볼 수 있으며, 사회복지를 보다 넓고 복합적인 개념으로 이해하는 것이 바람직하다.

3) 선별적 복지와 보편적 복지

선별적 복지와 보편적 복지는 국가가 국민에게 복지혜택을 제공하는 두 가지 대표적인 방식이다.

이 두 방식의 핵심적인 구분 요소 중 하나는 사회복지의 대상을 누구로 설정하느냐이다.

선별적 복지는 일정한 기준을 통해 도움이 필요한 사람에게만 복지혜택을 제공하는 방식이다. 주로 소득이나 재산 등 다양한 조건에 따라 지원 여부가 결정되며, 대표적인 예로는 빈곤층을 지원하는 국민기초생활보장제도와 같은 공공프로그램이 있다. 선별적 복지는 제한된 재원을 효율적으로 활용할 수 있다는 장점이 있으나, 수급자격 심사를 위한 행정비용이 많이 들고, 수혜자에게 사회적 낙인감이나 열등감을 줄 수 있다는 단점이 있다.

반면 보편적 복지는 국민이라면 누구나 조건 없이 동일한 복지혜택을 받을 수 있도록 하는 방식으로, 모든 국민을 복지 수혜의 대상으로 본다. 보편적 복지는 복지의 수혜를 국민의 기본적 권리로 간주하며, 무상교육, 무상급식, 아동수당, 국민건강보험 등이 대표적인 예이다. 이러한 방식은 낙인효과 없이 평등한 혜택 제공을 통해 사회통합과 연대감을 강화하는 데 유리하다. 또한 수급자격 심사가 간단하므로 행정비용을 절감할 수 있는 측면도 있다. 그러나 보편적 복지는 막대한 재정이 지속적으로 투입되어야 하며, 복지 필요도가 낮은 고소득층에게도 동일한 혜택이 돌아간다는 점에서 비효율적이라는 비판을 받기도 한다.

사회복지가 대상으로 하는 욕구를 개인의 문제로 보는 시각은 잔여적 복지와 선별적 복지를 옹호하는 경향이 있다. 반면 욕구를 사회구조적인 문제로 보는 관점은 제도적 복지와 보편적 복지를 선호한다. 물론 어느 국가도 선별적 복지제도만 혹은 보편적 복지제도만을 단독으로 운영하지는 않는다. 또한 어느 한 방식이 절대적으로 옳거나 그르다고 단정 지을 수는 없다.

사회복지의 발전은 선별적 복지와 보편적 복지의 적절한 조화와 병행을 통해 이루어져 왔다. 따라서 '보편적 복지냐, 선별적 복지냐'라는 이분법적 논의보다는 복지정책의 목표를 명확히 하고, 그 목표에 가장 적합한 방식이 무엇인지를 실제적이고 실용적으로 판단하는 노력이 중요하다(이봉주 외, 2023).

2. 사회복지와 사회사업

사회복지(social welfare)와 사회사업(social work)은 종종 혼용되거나 동의어로 사용되며, 학자들의 견해에 따라 그 의미가 상이하게 해석된다. 이 두 개념 간의 혼동은 주로 사회복지의 개념을 좁은 의미로 보느냐, 넓은 의미로 보느냐에 따라 달라진다.

일반적으로 사회복지를 좁은 의미로 볼 때 사회사업이 사회복지의 전부로 간주되며, 반대로 사회복지를 넓은 의미로 정의할 경우, 사회정책과 사회사업을 포함하는 상위 개념으로 이해된다. 그러나 이에 대한 학자들의 견해는 상이하며, 다음은 몇몇 대표적인 학자들의 정의를 정리한 것이다.

1) 던햄의 정의

던햄(Dunham, 1970)은 사회복지를 인간 노력의 광범위한 분야로 보고, 사회사업은 그중 하나의 전문직이라 정의하였다. 사회복지는 인구의 일부 또는 전체의 경제적 조건, 건강, 대인관계를 개선·유지함으로써 사회적 복리를 추구하는 조직적 활동이다. 사회복지는 인간의 욕구에 대한 반응에 초점을 두며, 개인, 특정 집단, 지역사회 및 전체 인구 집단을 대상으로 보호, 소득유지, 치료, 예방 등을 포함한다.

사회사업은 지역사회의 욕구와 능력의 틀 안에서 사람들이 자신의 능력을 개발하고, 만족스러운 인간관계와 생활 수준을 획득할 수 있도록 돕는 전문적 서비스이다.

2) 존슨의 정의

존슨(Johnson, 1983)은 사회복지를 사회제도나 체계 간의 조직적인 활동으로 규정하며, 그 목적은 인간의 복지를 유지하거나 향상시키는 데 있다고 하였다. 사회복지는 사회사업을 포함한 여러 전문직 활동을 포괄하는 폭넓은 개념이다.

반면 사회사업은 전문적 활동으로서, 인간 간 상호작용과 인간과 환경 간의 상호교류, 그리고 이들의 심리사회적 상황에 초점을 맞춘다.

이러한 정의는 사회사업이 과거에는 사회의 낙오자를 대상으로 한 원조 활동에 가까웠으며, 클라이언트의 어려움을 사회제도나 구조적 결함이 아닌 개인의 문제로만 보려는 한계를 지녔음을 보여준다. 이는 특히 개발도상국에서 뚜렷하게 나타나는 경향이다.

3) 미국사회복지협회의 정의

미국사회복지사협회(NASW)에 따르면, 사회복지(social welfare)란 사회 구성원이 기본적인 사회적·경제적·교육적·건강적 욕구를 충족할 수 있도록 국가가 제공하는 프로그램, 급여, 서비스의 체계이며, 동시에 지역사회나 사회 전체의 행복(well-being)을 의미한다(Barker, 2003).

사회사업(social work)은 사람들이 효과적인 심리사회적 기능을 수행할 수 있도록 돕고, 모든 사람의 복지향상을 위해 사회적 변화를 이끌어 내는 응용과학적 활동이다. 다시 말해, 사회사업은 개인·집단·지역사회가 사회적 기능을 수행할 수 있도록 능력을 회복하거나 증진시키고, 이를 위한 적절한 사회적 조건을 조성하는 전문적 활동이다(Barker, 2003).

사회복지를 좁은 의미로 사용할 경우 사회사업과 실질적으로 다르지 않으며, 미국에서의 사회사업은 기술적 과정을 강조하는 반면, 영국의 사회사업은 제도 개선을 위한 보완적 조치로 이해되는 경향이 있다.

결론적으로, 사회복지(social welfare)란 인간의 행복을 증진하기 위해 정부 또는 민간단체가 다양한 프로그램, 사회적 서비스, 제도를 통해 사회적 역기능을 예방하고 해결하려는 체계적이고 조직적인 노력이며 실천 활동이다. 사회사업(social work)은 개인이 일상생활에서 사회적 기능을 원활히 수행할 수 있도록 전문가가 제공하는 실천적 활동이다.

좁은 의미의 사회복지, 즉 사회사업, 그리고 넓은 의미의 사회복지를 보다 명확하게 이해하고 구분하기 위해 〈표 1-2〉와 같이 비교할 수 있다.

〈표 1-2〉 사회복지의 사회사업의 비교

구 분	사회복지	사회사업
어 의	이념적 측면을 강조	실천적 측면을 강조
목 적	바람직한 사회 실현	바람직한 인간
대 상	보편적, 불특정적 다수	선별적, 특정적
방 법	제도 및 정책중심/ 고정적	지식과 기술중심/ 역동적
기 능	사전적, 예방적, 적극적 접근	사후적, 치료적, 소극적 접근

출처 : 전재일 외(2024) 재구성.

3. 사회복지 관련 개념

사회복지 개념을 올바르게 이해하기 위해서는, 단순히 이 용어가 일반적으로 어떻게 사용되고 있는지를 파악하는 것만으로는 충분하지 않다.

왜냐하면 사회복지 개념은 그 대상, 기능, 이념 등과 같은 다차원적인 속성을 지니고 있을 뿐만 아니라, 각 국가의 역사적 · 사회적 맥락에 따라 독특한 방식으로 발전해 왔기 때문이다.

따라서 사회복지라는 용어를 보다 구체적으로 이해하기 위해서는, 일반적인 정의에 더하여 관련 용어들과의 비교 · 검토를 통해 그 의미의 범위와 내용을 폭넓게 파악할 필요가 있다(조흥식 외, 2012).

1) 사회서비스

사회서비스는 국가가 책임을 가지고 구성원들의 욕구에 대해 공적으로 대응하는 활동을 의미한다. 즉, 소득, 건강, 교육, 주택 등에 대한 욕구는 사회

구성원이 인간다운 생활을 영위하기 위한 최소한의 기본 욕구이며, 이에 대한 적정 수준의 보장을 국가가 책임져야 한다는 인식이 전제된다. 사회서비스란 국민 개개인의 삶의 질을 향상시키고 사회적 약자의 기본적인 생활을 보장하기 위해 국가, 지방자치단체, 혹은 민간기관이 제공하는 비금전적 서비스를 뜻한다. 이는 전통적인 현금급여 중심의 복지정책과 달리 돌봄 · 보건 · 교육 · 고용 등 다양한 분야에서 직접적인 서비스 제공을 통해 인간다운 삶을 지원하는 것을 목적으로 한다. 예를 들어, 노인을 위한 방문요양, 장애인을 위한 활동지원, 아동의 방과 후 돌봄 서비스 등이 사회서비스에 해당하는 대표적인 사례이다. 이러한 서비스는 사회적 약자가 자립할 수 있도록 돕고, 사회 구성원 전체가 복지혜택을 누릴 수 있도록 하는 중요한 수단이 된다(보건복지부, 2023).

한편 「사회보장기본법」 제3조에서는 사회서비스를 '복지 · 보건의료 · 교육 · 고용 · 주거 · 문화 · 환경 등의 분야에서 상담, 재활, 돌봄, 정보의 제공, 관련 시설의 이용, 역량 개발, 사회참여 지원 등을 통하여 국민 삶의 질 향상을 도모하는 제도'로 정의하고 있다. 또한 사회서비스는 복지 수요의 증가, 고령화, 여성의 경제활동 참여 확대 등에 따라 중요성이 더욱 커지고 있으며, 사회적 일자리 창출과 지역경제 활성화에도 기여하고 있다. 사회서비스는 단순한 복지 차원을 넘어 사회적 투자로 인식되고 있다(보건복지부, 2021; OECD, 2011).

개별 사회서비스는 개인적 문제해결과 성장을 위한 특수한 욕구에 대응하는 대면적 서비스를 의미한다. 최근 우리나라에서도 아동의 인지능력 향상, 문제행동 치료, 장애인 능력 개발, 여성 활동 지원 등의 영역에서 사회서비스 혁신사업 프로그램이 도입되어 발전하고 있다. 이 프로그램은 기존의 사회복지서비스가 사회적 취약계층의 자활, 재활, 교육, 훈련에 초점을 두었던 것과 달리, 일반계층을 대상으로 광범위한 사회적 욕구를 충족할 수 있도록 신용카드와 유사한 전자바우처 방식으로 운영되고 있다(조흥식 외, 2012).

특히 북유럽을 중심으로 국가가 사회복지에 대한 책임을 광범위하게 강조하고, 사회문제 예방과 전체 구성원에 대한 보편적 서비스를 핵심 요소로 구축해 온 사회서비스 체계는 넓은 의미의 사회복지 개념을 현실적으로 구현한 모형이라 할 수 있다.

2) 사회보장

전 세계적으로 통용되는 사회보장(social security)이라는 용어는 미국에서 처음 고안되었다. 1929년 대공황이 심화되며 미국 사회에 유례없는 경제적 · 사회적 위기가 닥치자, 당시 미국 대통령 루즈벨트는 1934년에 경제보장위원회(the Committee on Economic Security)를 설치하여 포괄적인 소득보장 계획안을 마련하도록 하였다. 이 위원회가 제시한 보고서를 바탕으로 한 정부법안이 1935년 의회에 상정되어 심의를 거치는 과정에서 해당 법안의 명칭이 '사회보장법'으로 불리게 되었고, 이후 사회보장이라는 개념이 널리 확산되었다(조흥식 외, 2012).

사회보장이란 국가 또는 사회 공동체가 국민의 기본적인 생활을 보장하고 인간다운 삶을 영위할 수 있도록 돕기 위한 제도적 장치 및 정책을 의미한다. 이는 질병, 노령, 실업, 장애, 사망 등 개인이 스스로 감당하기 어려운 사회적 위험으로부터 국민을 보호하고, 최소한의 생계를 유지할 수 있도록 지원하는 것을 목적으로 한다. 사회보장은 단순한 경제적 지원을 넘어 사회적 통합과 안정, 평등한 기회의 제공 등을 통해 전 국민 삶의 질 향상에 기여한다(김태성 · 김진수, 2019).

ILO(2010)는 사회보장을 "질병, 부상, 출산, 실업, 노령, 사망 등으로 인한 소득 중단 또는 감소로 발생하는 사회적 · 경제적 곤란에 대처하기 위해 사회가 그 구성원들에게 제공하는 소득보장, 의료제공, 아동수당 등 일련의 공적 조치"라고 정의하고 있다. ILO는 사회 구성원에게 발생 가능한 다양한 위험에 대해 사회가 적절한 공적 수단으로 대비하는 사회적 안전망의 측면과 소득 유지, 의료서비스, 아동보호에 관한 보장 기능을 강조한다. 우리나라 「사회보장기본법」 제3조에서는 사회보장을 '질병 · 장애 · 노령 · 실업 · 사망 등의 사회적 위험으로부터 모든 국민을 보호하고 빈곤을 해소하며 국민생활의 질을 향상시키기 위해 제공되는 사회보험 · 공공부조 · 사회서비스'로 규정하고 있다. 즉, 이 법은 사회보장의 범위를 넓게 규정하고 있다.

사회보험은 국민에게 발생하는 사회적 위험을 보험방식으로 대처하여 국민건강과 소득을 보장하는 제도로 정의되고, 공공부조는 국가 및 지방자치단체가 생활 유지 능력이 없거나 생활이 어려운 국민의 최저생활을 보장하고 자립을 지원하는 제도이다. 사회서비스는 국가 · 지방자치단체 및 민간부문의 도움이 필요한 모든 국민에게 상담 · 재활 · 직업소개 및 지도 · 사회복지시설 이용 등을 제공하여 정상적인 사회생활이 가능하도록 지원하는 사회복지서비스를 포함하며, 보건 · 주거 · 교육 · 고용 등의 분야에서 인간다운 생활을 보장할 수 있도록 지원하는 다양한 복지제도를 의미한다.

일반적으로 사회보장은 넓은 의미의 사회복지 개념 중 상당 부분을 포함할 수 있으나, 환경 · 노동 · 여가 · 문화 · 교육 등 광범위한 영역까지 포괄하는 넓은 의미의 사회복지에 비해서는 협의의 개념으로 볼 수 있다. 반면 공공부조와 사회서비스를 중심으로 하는 좁은 의미의 사회복지에 비해서는 사회보장이 상대적으로 넓은 개념이라 할 수 있다.

3) 사회복지서비스

우리나라는 2013년 「사회보장기본법」 개정을 통해 '사회복지서비스'라는 용어를 '사회서비스'로 변경하였다. 이는 단순한 명칭 변경을 넘어 사회복지에 대한 정책적 · 개념적 전환을 의미한다.

기존의 사회복지서비스가 취약계층 중심의 복지적 시혜로 인식되던 경향에서 벗어나, 복지서비스를 보편적 서비스로 확대하고 시장친화적이며 이용자 선택 중심의 정책 방향을 반영한 결과로 볼 수 있다.

우리나라 「사회복지사업법」 제2조에서는 '사회복지서비스'란 국가 · 지방자치단체 및 민간부문의 도움이 필요한 모든 국민에게 상담 · 재활 · 직업소개 및 지도, 사회복지시설 이용 등을 제공하여 정상적인 사회생활이 가능하도록 제도적으로 지원하는 것을 의미한다고 규정하여, 사회복지서비스 제공을 제도화하고 있다(조흥식 외, 2012).

사회복지사업은 사회복지서비스와 유사한 개념으로, 일반적으로 보호 · 선도 또는 복지에 관한 사업, 사회복지 상담, 부랑인 및 노숙인 보호, 직업보도, 무료숙박, 지역사회복지, 의료복지, 재가복지, 사회복지관 운영, 정신질환자 및 한센병력자 사회복귀 지원 사업 등 다양한 복지사업과 이와 관련된 자원봉사활동 및 복지시설 운영 · 지원 사업을 포함한다.

사회복지서비스의 특성은 다음과 같다.

첫째, 사회복지서비스는 서비스 욕구의 차이에 따라 개별적으로 제공되는 서비스이다. 이는 특수하고 구체적이며 개별적인 개인, 가족, 집단의 문제에 대응하는 것으로, 보편적 · 평균적으로 균등하게 빈곤문제를 다루는 사회보험과 차별화된다. 사회복지서비스는 개인의 적응력 회복 또는 향상을 목적으로 하며, 욕구에 따라 유연하게 제공된다.

둘째, 사회복지서비스는 대면접촉을 통해 제공되는 무형의 서비스로, 일선 사회복지사들이 수급자와 직접 대면하며 수행한다.

셋째, 사회복지서비스는 사회복지사의 주된 활동 무대이다. 사회복지사들은 대체로 사회복지서비스 영역에서 활동하며, 이 분야는 사회사업의 기반이자 전문화가 이루어지는 장이다.

넷째, 사회복지서비스는 비경제적 보장에 초점을 둔다. 사회보험, 공공부조, 사회수당 등이 주로 경제적 보장에 중점을 두는 반면, 사회복지서비스는 신체적 · 정신적 재활 및 기능 향상 등 비경제적 보장에 집중한다.

다섯째, 사회복지서비스의 재원은 혼합재원 구조를 가진다. 대부분 국가에서 일반 조세 재원과 민간 재원이 혼합되어 충당되는 경향이 있다(성민선 외, 2005).

이처럼 규정된 사회복지서비스는 우리나라 사회보장체계에서 사회보험, 공공부조와 함께 사회보장의 주요 구성요소로 간주된다.

전통적으로는 공공부조와 취약계층 대상 사회복지서비스가 좁은 의미의 사회복지를 의미했으나, 최근에는 사회복지서비스의 대상이 보편적 인구 집단으로 확대되는 경우가 많아, 이 경우 사회서비스를 구성하는 개별 사회서비스와 동일한 개념으로 이해된다(조흥식 외, 2012).

4. 사회복지의 기능

현대 사회에서 사회복지는 단순한 빈곤 구제의 차원을 넘어서, 인간의 존엄성과 삶의 질을 보장하고, 사회적 통합과 안정을 유지하기 위한 핵심 제도로 기능하고 있다. 사회복지의 기능에 대해서는, 최일섭은 생산 · 분배 · 소비의 기능, 사회화 기능, 사회통제 기능, 사회통합 기능, 상부상조 기능이라고 하였으며, 이준상 등(2025)은 인간다운 생활의 보장, 사회체계의 유지와 통합, 상부상조 기능이라고 하였다. 현외상 등(1996)은 인간의 존엄성 유지, 개인의 자립성 유지, 개인의 성장과 발달, 사회의 통합과 안정, 경제성장, 정치 안정을 사회복지의 사회적 기능으로 제시하였다.

이러한 사회적 기능을 종합하여, 여기에서는 인간다운 생활의 보장, 사회체계 유지와 통합, 개인의 자립과 성장, 상부상조의 기능으로 구분하여 살펴보고자 한다.

1) 인간다운 생활의 보장

현대 사회에서 인간의 존엄성과 권리는 헌법과 사회정책 전반에 걸쳐 중요한 가치로 강조되고 있다. 특히 '인간다운 생활의 보장'은 「대한민국헌법」 제34조 제1항에 명시되어 있듯이, 국가가 국민 삶의 질을 일정 수준 이상으로 유지할 책임을 분명히 하고 있다. '인간다운 생활'이란 최소한의 생존을 넘어 존엄성과 자율성을 유지하며, 사회적 · 문화적 삶을 영위할 수 있는 상태를 의미한다. 이는 단순한 물질적 생존이 아닌, 인간으로서 마땅히 누려야 할 권리를 포함하는 포괄적 개념이다. 사회복지는 인간다운 생활 실현을 위한 제도적 수단으로서, 소득보장, 의료보장, 주거보장, 교육기회 확대 등을 통해 국민 개개인의 기본적 삶의 질 유지에 기여한다.

복지국가는 국민의 삶을 '생존' 차원이 아니라 '삶의 질' 관점에서 바라보며, 교육 · 보건 · 노동 · 문화 등 다양한 영역에서 인간다운 생활 실현에 힘쓴다. 인간다운 생활의 보장을 위한 주요 제도적 장치는 다음과 같다. 첫째, 국민연금, 건강보험, 고용보험, 산재보험 등 사회보험제도가 생활 불안 요소에 대응하며 기본 틀을 제공한다. 둘째, 기초생활보장제도와 같은 공공부조는 최저생활 유지가 어려운 이들을 위해 국가가 직접 개입하는 최소한의 생존권 보장 장치이다. 셋째, 돌봄, 상담, 재활, 교육 등 다양한 사회서비스는 취약계층 삶의 질 향상과 사회적 자립지원에 기여한다.

인간다운 생활의 보장은 단순한 법적 권리 선언을 넘어, 사회복지실천과 정책 전반의 기본 원리로 작용한다. 사회복지는 이를 실현하는 핵심 도구이며, 앞으로의 정책 방향은 보편성과 형평성을 갖춘 제도 설계를 통해 국민 모두의 삶의 질 제고에 기여해야 한다. 궁극적으로 인간다운 생활은 복지국가 완성도와 민주주의 실현의 중요한 척도가 된다.

2) 사회체계 유지와 통합

사회복지는 계층 간 갈등, 빈부격차, 차별 등으로 인한 사회적 분열을 완화하고, 모든 구성원이 공동체 일원으로서 살아갈 수 있도록 통합을 유도하는 기능을 가진다. 소외 집단 지원은 사회적 배제를 방지하며, 민주주의와 사회정의 실현에 이바지한다. 사회복지는 소득재분배와 자원분배를 통해 계층 간 불균형 완화와 사회적 불만 해소에 힘쓴다. 이는 사회체제 지속성과 정당성 유지에 기여한다. 예를 들어, 청년 고용정책, 노인복지 확대, 장애인 권리보장제도 등은 계층 간 이해 갈등을 완충하는 역할을 한다.

또한 사회복지는 구성원 간 상호 책임과 연대 의식을 바탕으로 공동체 의식을 강화하며 사회통합을 촉진한다. 복지의 사회통합 기능은 국민 간 상호 신뢰와 참여를 기반으로 실현되며, 시민사회와 지역사회 중심의 복지 네트워크 강화로 제도 외적인 사회적 자본(social capital)을 확충할 필요가 있다.

사회복지는 현대 사회의 필수적 기능으로서, 단순한 경제적 지원을 넘어 사회체계 유지와 통합의 핵심 역할을 한다. 사회복지제도는 사회 갈등 완화, 공동체 의식 고양, 제도 신뢰 강화 등을 통해 사회 안정성과 지속가능성 확보에 필수적인 제도로 평가된다.

3) 개인의 자립과 성장

사회복지는 생애 초기부터 노년기까지 각 단계에 따라 필요한 서비스를 제공함으로써 개인 잠재력 개발과 자립적 삶을 지원한다. 교육, 상담, 재활 등을 통해 자아실현과 사회참여를 가능하게 하며, 사회 구성원으로서 역할 수행을 돕는다.

사회복지의 이상이자 목적은 모든 개인이 타인에 의존하지 않고 자주적 · 독립적으로 생활하도록 하는 데 있다. 자립이란 경제적 독립뿐 아니라 자신의 삶을 스스로 선택 · 결정하고 잠재력을 개발하기 위해 노력하는 삶을 의미한다. 이와 관련해 사회복지는 개인이나 집단이 자신의 문제를 인식하고 자기결정 원칙에 따라 급여와 서비스를 이용하며 스스로 삶을 영위하도록 지원해야 한다(권중돈, 2022).

개인의 성장과 자립을 위한 제도적 기반이자 실천 수단으로서 사회복지는 생애주기 전반에 걸쳐 개인 역량 개발과 자기결정, 주체성 회복을 지원한다.

단순 보호와 지원을 넘어 인간 문제해결과 예방, 그리고 끊임없는 성장과 발전 가능성을 지닌 존재로서 개인이 잠재력을 발휘할 수 있도록 충분한 기회와 서비스를 제공해야 한다.

4) 상부상조의 기능

급속한 도시화와 산업화로 전통적 공동체 구조가 약화되고 개인주의가 확산됨에 따라 사회적 연대의 필요성이 더욱 커지고 있다. 상부상조는 서로 돕고 협력하며 살아간다는 의미로, 사회제도가 제대로 작동하지 못할 때 필요한 사회적 기능을 말한다.

비록 현대 사회에서 상부상조의 기능이 약화되고 고립과 단절 문제가 심화되고 있으나, 이는 여전히 사회복지실천의 중요한 가치 기반이다. 사회복지제도의 근간에는 상호지원, 연대, 공동체 책임이라는 상부상조적 가치가 내재되어 있다. 특히 상부상조는 구성원 간 정서적 유대를 강화하고 공동체 내 소속감과 신뢰를 구축한다.

현대 사회에서 상부상조의 기능 회복은 이웃 간 관계망 형성을 촉진하고, 민관협력을 통한 복지공동체 회복을 요구한다. 또한 공공복지 제도의 사각지대를 보완하기 위해 상부상조적 자조집단, 비영리단체, 협동조합 등 비제도적 복지자원과의 연계가 필수적이다. 상부상조의 기능은 복지제도의 보완 역할을 수행하며, 공동체 회복과 지역사회 통합에 크게 기여할 수 있다.

CHAPTER 02

사회복지의 동기와 이념

02 CHAPTER 사회복지의 동기와 이념

사회복지를 공부할 때 가장 먼저 "왜 사회복지를 하게 되었는가?"와 "어떤 가치에 따라 사회복지를 해야 하는가?"에 대한 질문이다. 사회복지는 단순히 제도나 서비스로만 이루어진 것이 아니라, 그 바탕에 사람을 돕고자 하는 동기와 사회가 지향하는 가치에 기초해 있다.

또한 사회복지는 단순한 선의나 자비를 넘어서 일정한 이념적 기반 위에서 이루어진다. 어떤 이념을 바탕으로 하느냐에 따라 사회복지정책의 방향과 내용이 달라지고, 실천현장의 접근방식도 달라지게 된다.

따라서 사회복지의 동기와 이념을 이해하는 일은 사회복지를 깊이 공부하는 데 꼭 필요하다. 이 장에서는 먼저 사회복지를 가능하게 한 여러 동기를 살펴본 뒤, 사회복지정책을 이끌어온 주요 이념을 살펴보고자 한다.

1. 사회복지의 동기

인간의 욕구를 충족시키고 사회문제를 해결하려는 사회복지는 인류가 공동체 생활을 시작한 이래로 이어져 온 활동이라 할 수 있다. 일반적으로 사회복지의 동기는 상부상조에서 출발하여 종교적 동기, 인도주의적 동기, 공리주의적 동기, 전문직업적 동기, 정치적 동기, 경제적 동기 등으로 다양하게 설명되지만, 오늘날의 사회복지제도는 이들 동기들이 복합적으로 작용한 결과로 볼 수 있다.

1) 상부상조의 동기

상부상조란 서로 돕고 의지하며 살아가야 한다는 공동체적 가치에서 출발하고 있다. 이는 원시사회에서부터 시작하여 현대까지 이어져 온 가장 오래되고 보편적인 사회복지의 동기이다. 인간이 고립된 존재가 아닌, 상호 의존적인 존재임을 전제로 하며, 어려운 상황에 있는 이웃을 돕는 것이 언젠가는 자신에게도 도움이 된다는 호혜적 가치관을 기반으로 하고 있다. 삼국시대에 이미 존재했던 것으로 알려진 두레나 계와 같은 조직은 전형적인 상부상조의 목적을 띠고 있다. 서양의 경우, 길드(guilds), 우애조합(friendly societies), 노동조합(trade unions) 등이 일찍부터 상부상조의 기능을 수행하였다(이봉주 외, 2023).

현대 사회복지제도에서도 이러한 상부상조의 원리가 사회보험제도(예 국민연금, 건강보험 등)에 반영되어 있으며, 지역사회복지, 자원봉사활동, 비영리단체의 활동 등에서도 상부상조의 정신은 중요한 동기 중 하나이다. 또한 상호부조를 통해 경제적 지원뿐만 아니라 정서적 지지, 사회적 관계, 정보, 지역사회 자원 등을 가족이나 이웃과 공유함으로써 가족 및 지역사회의 공동체 기능을 강화하는 데 중요한 역할을 하고 있다.

상부상조의 동기는 사회복지가 단순한 시혜나 일방적인 지원이 아니라 자발적이고 공동체적인 차원에서 시작된 연대의 실천임을 보여준다. 이는 사회통합과 신뢰 형성의 기반이 되며, 개인의 이익뿐만 아니라 공공의 선을 위한 복지의 중요한 원동력이 된다.

2) 종교적 동기

고대사회에서 종교의 출현은 사회 구성원들 사이에 공통된 집단 의식을 형성하고, 사회질서 유지와 사회통합에 중요한 역할을 하였다. 사회복지 동기 중 종교적 동기는 어려움에 처한 사람들에 대한 종교적 책임을 강조한다. 기독교의 사랑(愛), 불교의 자비(慈悲), 유교의 어짐(仁) 등은 모두 인간에 대한 나눔과 구제 실천을 강조하는 종교적 신념과 가치관에서 비롯된 것이다.

여러 종교 중 특히 기독교의 경우를 중심으로 살펴보면, 예수 그리스도의 직접적인 교훈과 행적은 4복음서(마태복음, 마가복음, 누가복음, 요한복음)에서 상세히 찾아볼 수 있다. 복음서는 무엇보다도 예수 그리스도의 사랑, 친절, 평화의 기본정신을 사람들에게 보여주고 있다. 즉, 모든 인간은 서로 형제처럼 사랑하고 또 세상에 있어서는 거룩한 의무를 다함으로써 하나님의 은총을 입어 영생을 누릴 수 있게 된다는 것이다. 따라서 자선 행위는 이러한 종교적 교리가 바탕이 되어 형제애나 이웃사랑으로 서로 돕고 나아가서는 불우한 타인까지도 돕는 일이다. 이와 같은 종교적 동기가 사회복지의 발달사에 미친 영향은 크다고 할 수 있다(전재일 외, 2024).

불교는 자비(慈悲)와 연기(緣起)의 사상에 근거하여 중생을 구제하고자 하는 종교이다. 불교의 핵심 가르침 중 하나인 자비는 모든 중생에게 즐거움을 주고 고통을 덜어주려는 마음이다. 사회복지의 불교적 동기는 바로 이러한 자비심에서 출발하였다. 가난하거나 병든 자, 노인, 장애인 등을 단순한 동정의 대상이 아니라 함께 고통을 나누는 존재로 바라본다. 사람들은 상호의존적으로 연결되어 있으며, 다른 사람의 고통이 곧 나의 고통이기에 서로 돕고 사는 것이 인간 존재의 본질이라는 것이 연기 사상의 핵심이다.

유교는 우리나라 사회규범 속에 깊이 자리 잡고 있는 종교이자 사상이다. 유교의 종교적 의무를 구체화한 대표적 학자는 맹자이다. 맹자는 유교의 인(仁) 관념에 따라 사회가 공동으로 보살펴야 할 사람들을 구체적으로 언급하였다. 다시 말해서 "환과고독(鰥寡孤獨), 즉 홀애비, 과부, 고아, 독거노인 등 네 부류의 사람들은 천하에 궁한 백성으로 어디에도 의지할 곳이 없기에, 문왕이 정치를 행할 때 이들에게 인(仁)을 베푸는 일부터 하였다"고 하여 정치인이 인을 실천하는 모범 사례를 제시하였다(孟子, "梁惠王章句 下", 이봉주 외,

2023 재인용). 공자는 인(仁)을 “사람을 사랑하는 것”이라 정의하며, 사회 구성원 간 서로 배려하고 돕는 관계를 강조하였다. 이러한 인의 실천은 가난하거나 어려운 이웃을 돕는 사회복지의 동기가 되며, 공동체적 연대감과 자발적 복지활동의 원동력이 되고 있다.

3) 인도주의적 동기

인도주의(Humanitarianism)는 인간의 고통을 줄이고 인간의 권리와 존엄을 보호하려는 이타적 실천정신을 의미한다. 사회복지에서의 인도주의적 동기는 바로 도움이 필요한 사람을 조건 없이 도와야 한다는 보편적 연민과 책임감에서 비롯된 것이다. 인도주의는 무엇보다도 인간생활에 있어서 고통을 경감하고 나아가서 인간다운 생활을 영위하도록 하는 데 그 뿌리를 두고 있다. 인도주의적 동기의 핵심 특징은 인간이 계급적 · 사회적 위계와 상관없이 평등한 존재라는 인식이다. 즉, 특정 종교, 이념, 인종, 계층과 관계없이 고통받는 사람을 돕는 것이 인간으로서 마땅히 지켜야 할 의무이며, 모든 인간은 고통으로부터 보호받아야 할 존재로 간주한다. 인도주의적 동기는 18세기에 새롭게 등장한 유럽 중간계층의 인권 의식과 관련하여 살펴볼 수 있으며, 19세기 이후 유럽과 미국에서 발전한 시민사회, 인권사상, 자선 운동, 적십자 운동 등이 인도주의 정신에 기반하여 발전하였다.

특히 인도주의적 사회복지 동기는 인간관계에서 모두가 사랑을 실천하고 친절과 도움을 베풀어야 한다는 인간의 의무를 강조한다. 따라서 인도주의적 동기에서 타인을 돕는 행위는 결코 우월자가 열등자를 천시하며 원조하는 것이 아니라는 전제를 가진다(전재일 외, 2024). 인도주의 입장에서는 사회복지가 시혜나 통제의 수단이 아니라, 인권 보호와 삶의 질 보장을 위한 권리 실현의 수단으로 인식된다.

4) 전문직업적 동기

전통적으로 사회복지는 자선이나 종교적 구제 활동에 가까웠지만, 현대에 들어서는 사회복지학이라는 학문적 기반과 전문적 실천기술을 갖춘 직업적 영역으로 발전하였다. 이러한 변화는 사회복지사가 단순히 '도와주는 사람'이 아닌, 훈련된 전문가로서 역할을 수행함을 의미한다.

클라크(Clarke) 여사는 "사람들이 법률이나 의학 분야에 종사하는 것과 같이 사회복지사도 사회복지에 종사하여 환경적 차원이나 인간적인 면에서 욕구 상태에 있는 사람들에게 전문적 서비스를 제공하고 있다"고 말한 바 있으며, 이에 따라 사회복지의 전문성에 대한 관심은 점차 증대되고 있다.

일반적으로 법률, 교육, 의학 등 전문직업들은 인권 옹호, 인격 형성, 정신치료, 신체치료 등 각기 담당하는 업무는 다르지만, 모두 어려움에 처한 사람들을 돕는다는 공통점을 지닌다. 사회복지도 역시 어려움에 처한 사람들에게 서비스를 제공한다는 점에서 이들과 공통된 특성을 가진다.

전문직업인들이 자신의 이익이나 생활을 전적으로 무시하며 오직 타인에게 봉사만 하는 것은 아니다. 직업의 동기를 기준으로 사업과 전문직업을 구별하기도 하는데, 사업은 금전적 이익 추구를, 전문직업은 타인을 위한 서비스 제공을 목적으로 하며, 사업이 이기적 사리사욕을 중심으로 하는 데 비해 전문직업은 봉사와 희생적 도움을 목표로 한다고 보기도 한다. 그러나 이러한 구분이 절대적인 기준이 되지는 않는다. 오히려 사업과 전문직업의 차이는 그러한 직업에 종사하기 위해 필요한 특별한 교육이나 훈련, 그리고 사회적으로 조직 · 관리되는 방식에 따라 구별하는 것이 일반적이다(전재일 외, 2024).

사회복지의 전문직업적 동기는 전문적인 지식과 기술을 바탕으로, 도움이 필요한 사람들에게 체계적이고 효과적인 서비스를 제공하고자 하는 책임감과 사명감에 근거한다.

5) 내재적 동기

내재적 동기(intrinsic motivation)란 외부의 보상이나 처벌 없이, 활동 그 자체에서 의미나 가치를 느끼고 자발적으로 행동하려는 심리적 경향을 의미한다(Deci & Ryan, 1985). 사회복지 영역에서 내재적 동기는 타인의 고통에 대한 공감, 인간에 대한 존중, 정의에 대한 신념 등에서 비롯되며, 이는 사회복지사가 자신의 직무를 수행할 때 느끼는 도덕적 소명이나 윤리적 책임감으로 나타난다. 사회복지사는 종종 열악한 환경, 낮은 보상, 윤리적 딜레마 속에서도 사회복지활동을 하는데, 이는 내재적 동기에서 기인한다. 이러한 내재적 동기는 직무 만족감과 소진 방지, 전문성 향상에 긍정적 영향을 미치며, 클라이언트와의 신뢰 형성과 지속적인 관계 유지에도 중요한 역할을 한다(박차상, 2008).

흔히 내재적 동기는 이타성에 기반한 동기로 설명된다. 이타성이란 자신에게 직접적인 이익이 없더라도 타인에게 도움을 주려는 인간의 심리적 특성을 말한다. 내재적 동기는 사회적 칭찬이나 물질적 보상, 혹은 처벌 회피와 같은 외부 요인에 의해 촉발되는 것이 아니라, 타인에 대한 배려나 자신의 내적 가치와 목표에 따라 친사회적 행동을 하는 데서 비롯된다(이준상 외, 2025).

6) 정치적 동기

현대 민주주의 정치체제에서 사회복지정책은 종종 정치적 목적으로 활용된다. 사회복지의 정치적 동기는 국가의 통치 안정과 정당성 유지, 국민통합을 위한 수단으로 사회복지제도를 시행하려는 데에 있다. 이러한 동기는 정치적 이익과 밀접하게 연관되어 있다.

정치권은 국민 삶의 질을 개선하고 복지 수혜를 제공함으로써 국민의 지지를 얻고, 정권의 안정성과 정당성을 강화하기 위해 사회복지를 이용한다. 특히 서민층의 지지를 확보하는 데 효과적이기에, 선거 시기에 사회복지 공약이 부각되는 것도 이러한 정치적 동기에서 비롯된 것이다. 또한 계층 간 갈등이나 사회적 소외 문제를 완화하고 국민통합을 촉진하기 위한 정치적 전략으로 복지정책을 활용하기도 한다. 예를 들어, 실업, 빈곤, 소득격차 문제해결을 위한 사회복지정책은 사회적 불만을 줄이고 체제 안정을 도모하는 대표적인 사례이다.

사회복지의 동기를 정치적 배려 차원으로 이해할 수 있는 한국의 사례는 적지 않다. 군사정변으로 정권을 쟁탈한 박정희 대통령의 제3공화국은 정통성의 약점을 민심수습용 사회복지 입법을 통해 일부 만회하려고 노력했다. 이런 영향으로 1960년대 초기 사회복지의 대량 입법시대가 있었다. 예를 들면, 군사정변이 성공한 후 6개월이 지난 1961년 12월에 「생활보호법」과 「아동복리법」을 제정하였다(이봉주 외, 2023).

또한 사회불안을 회피하기 위한 동기는 정치적 권력을 유지하기 위한 동기와 확연히 구분된다. 사회복지에 대한 국가의 책임을 처음으로 분명하게 명시한 영국의 빈민법(Poor Laws)의 주요 동기 가운데 하나는 간혹 강도들로 변하는 걸인들의 위협을 줄이기 위한 것이었다. 다른 예로서, 미국의 1960년대 시민권 운동에 참여한 사람들은 오히려 정치적 견지에서 볼 때 무력하고 조직화되지 못한 학생들, 반전주의자들, 게토의 거주자들로서 간혹 정치적 과정과 투표권을 거부하는 사람들이었다. 따라서 이들의 정치적 영향력을 고려하기보다는 이들의 활동이 사회 안정을 위협할 수 있었기 때문에 이들의 주장을 받아들여 인종과 종교로 인한 사회적 차별을 제도적으로 방지하기 위한 법과 제도들을 정비한 것으로 볼 수 있다(이봉주 외, 2023).

7) 경제적 동기

사회복지의 경제적 동기는 사회복지제도가 단지 인도주의적 목적뿐만 아니라 경제의 안정성과 성장, 노동력의 유지, 생산성 향상 등과 같은 경제적 효과를 고려하여 추진된다는 관점이다. 이러한 경제적 동기는 정치적 동기와 서로 맞물려있다. 미국 대공황기에 나타난 사회복지제도의 주요 변화는 권력을 유지하려는 정치적 동기뿐 아니라, 대공황으로 인한 실업문제를 해결하기 위한 경제적 동기도 중요하게 작용하였다. 사회복지의 정치적 동기와 경제적 동기는 둘 다 감춰지기도 하지만, 정치적 동기에 비해 경제적 동기가 사회적으로 인정받기 쉬운 경향을 보인다(이봉주 외, 2023).

사회복지의 경제적 동기는 다섯 가지로 세분화할 수 있다.

첫째, 경제 안정화를 위해 사회복지가 필요한 경우이다. 경기 불황기에는 소득을 보전해 줌으로써 소비를 유지시키고, 호황기에는 과도한 소비를 억제하여 경기를 안정시키는 자동 안정장치(automatic stabilizer) 역할을 수행하기 위해 사회복지를 실시한다는 것이다. 예를 들어, 실업급여는 실직자에게 소득을 보장해 주어 소비가 급감하지 않도록 돕고 경기침체를 완화한다.

둘째, 노동력과 재생산을 유지하기 위해서이다. 사회복지는 교육, 보건, 주거 등의 서비스를 통해 노동자 삶의 질을 향상시키고, 건강한 노동력을 유지 · 재생산한다. 이는 장기적으로 경제 생산성을 높이는 데 기여한다. 예를 들어, 건강보험과 의료서비스는 질병으로 인한 노동력 상실을 줄이고 조기 직업 복귀를 가능하게 한다.

셋째, 소득재분배를 통해 소비력을 유지하도록 한다. 소득격차가 심할 경우 상위계층은 추가 소득을 저축하는 반면, 하위계층은 추가 소득의 대부분을 소비에 사용하므로, 사회복지를 통한 소득재분배는 총수요를 증가시켜 경제성장에 긍정적인 영향을 미친다.

넷째, 빈곤 감소 및 생산성을 향상시킨다. 빈곤층에게 일정 수준의 소득과 직업교육, 훈련 등의 기회를 제공함으로써 사회적 배제를 줄이고, 이들이 경제활동에 참여하도록 유도한다.

다섯째, 사회문제를 경감하거나 해결하는 데 드는 비용을 줄이거나 비용 효율성을 높이기 위해서이다. 국가 또는 정부는 사회복지 프로그램을 통해 사회문제를 완화하거나 제거함으로써 사회비용을 줄일 수 있다. 예를 들어,

실업자의 직업훈련에 투자하여 공공복지에 대한 의존을 줄이고, 상담 서비스를 통해 가족 갈등을 완화하여 가족 해체를 미연에 방지함으로써 그에 따른 사회비용을 경감할 수 있다.

국가나 정부는 경제 상황에 따라 복지제도를 확대하거나 축소하기도 한다. 또한 중장기적으로 사회복지제도를 통해 사회문제로 발생하는 비용을 감소시킬 수 있다. 사회문제가 사회 및 경제에 큰 영향을 미칠 경우, 국가가 보장하는 사회보장제도 등이 이러한 문제해결 비용을 줄이는 역할을 한다(이준상 외, 2025).

사회복지의 경제적 동기는 복지정책이 단순한 인간애적 목적을 넘어 경제성장과 안정, 생산성 유지, 사회통합 등 국가 경제의 효율적인 운용과 직결된다는 인식에 기초하고 있다.

2. 사회복지의 이념

이념 또는 이데올로기는 사회와 세계를 바라보는 기본적인 생각의 틀이자, 행동과 정책을 이끄는 신념 체계이다. 이러한 이념은 사회현실을 묘사하고 그것을 변화시키는 방법을 제시하기 때문에 기술적이고 실천적인 특성을 가지고 있다. 현실묘사는 해당 이념의 가치 원칙에 따라 표현되며, 변화를 위한 방법은 해당 이념의 제안과 비전에 근거를 둔다(조성숙 역, 2009). 사회복지 이념이란 사회복지가 추구해야 할 가치와 방향, 그리고 실천의 기준이 되는 사상적 틀이나 신념 체계를 의미하며, 사회복지실천과 사회복지정책을 형성하는 데 개념적 토대를 제공한다.

사회복지는 인간 삶의 질 향상과 사회적 안녕을 목표로 하며, 개인 · 가족 · 지역사회를 대상으로 직접적인 서비스를 제공하는 '사회복지실천'과, 사회 전체의 복지 수준 향상을 위한 제도 및 프로그램을 설계 · 운영하는 '사회복지정책'으로 구분된다. 이 두 영역은 각각 고유한 가치와 신념 체계인 '이념'을 바탕으로 하며, 사회복지실천 이념은 사회복지사의 클라이언트 대면 태도와 개입 방식을, 사회복지정책 이념은 정부와 사회가 복지 문제에 접근하고 자원을 배분하는 우선순위를 결정하는 데 중요한 역할을 한다. 여기에서는 사회복지의 이념을 사회복지정책의 이념과 사회복지실천의 이념으로 구분하여 살펴보고자 한다.

1) 사회복지정책의 이념

사회복지정책의 이념은 복지제도의 근거가 되는 가치와 신념으로, 어떠한 이념을 추구하느냐에 따라 사회복지에 대한 입장과 정책 방향이 달라진다. 구체적으로 이념과 사회복지의 관계는 다음과 같이 살펴볼 수 있다(임춘식 외, 2007).

첫째, 이념은 복지국가와 관련하여 "사회경제적 문제에 대해 국가 개입은 어느 정도 이루어져야 하는가?", "국가 복지 제공에 대한 긍정적 또는 부정적 관점은 무엇인가?", "국가 개입은 어떤 제도적 형태로 실현되어야 하는가?", "미래 이상사회의 형태는 어떠하며, 현재 복지국가와는 어떻게 다른가?", "이상적 사회를 실현하기 위해 필요한 방법과 절차는 무엇인가?" 등의 질문에 대해 가치판단적인 설명을 제공한다.

둘째, 이념은 복지 관련 정부 정책을 보다 명확히 이해하도록 돕고, 해당 정책이 사회 내 다양한 계급이나 계층 중 어느 쪽을 지지하며 왜 그렇게 하는지에 대해 설명한다. 이로 인해 이념은 복지국가의 외부적 동인이자, 복지국가의 목적과 내용을 규정하고 한계를 설정하는 본질적 요소가 된다.

여기에서는 조지와 윌딩(1994)이 구분한 사회복지정책 이념인 신자유주의(신우파), 중도노선, 사회민주주의, 마르크스주의, 페미니즘, 녹색주의에 대하여 살펴보고자 한다.

(1) 신자유주의

1970년대 후반 복지국가를 비판하면서 등장한 신자유주의(neoliberalism)는 사회문제에 대해 정부의 개입을 최소화하고 시장의 기능을 확대하는 입장으로, 최소한의 사회안전망을 제공함으로써 사회경제적 관계를 시장 중심으로 재편하려는 이념이다. 이러한 신자유주의 이념의 대표적 사례로서 미국의 레이건 행정부와 영국의 대처 정부를 들 수 있다(심창학, 2001).

신자유주의 이념은 개인의 자유를 핵심 가치로 보기 때문에 정부의 개입이 확대되는 것을 반대한다. 따라서 신자유주의 입장에서는 정부가 사회복지에 적극적으로 개입하는 것은 개인의 자유를 침해하는 것이라고 보고, 정부의 사회복지정책 및 실천적 개입이 제한되어야 한다고 본다. 예를 들어, 신자유주의는 사회복지에 대한 정부의 적극적인 개입이 공공부문의 비대화와 관료주의화를 초래하며, 과도한 복지급여는 근로의욕 저하와 도덕적 해이를 가져와 시장의 효율성을 저해한다고 비판한다(엄기욱 외, 2013).

한편 신자유주의는 신우익(new right), 신보수주의(neoconservatism)로도 불리는데, 이는 신자유주의가 보수주의적 성향을 띠며, 개인의 자유 실현을 위해 자본주의 시장경제 질서를 최선의 방법으로 지지하기 때문이다(심창학, 2001).

(2) 중도주의

실용적 성격을 지닌 중도노선(the middle way)은 신우파와 마찬가지로 자유, 개인주의, 불평등을 인정하는 것을 기본 가치로 삼고 있으며, 자본주의 시장의 경쟁적 사기업의 우월성을 강조한다. 그러나 중도노선은 이러한 가치를 절대적 진리로 보지 않고 조건부로 신뢰하며, 신우파보다는 인도주의적 경향으로 지나친 불평등은 수정되어야 한다고 본다(조흥식 외, 2015). 중도노선은 정부의 역할을 긍정적으로 평가하나, 정부 개입은 국익 증진과 문제해결에 필수적이고 효율적일 때에만 제한적으로 이루어져야 한다고 주장한다. 즉, 기본적으로는 정부 개입을 최소화하려는 입장이다. 중도노선은 1990년대 영국 노동당이 보수당과 경쟁하며 중산층을 포괄하고자 내세운 '제3의 길(third way)'로도 알려져 있다. 제3의 길은 사회민주주의와 신자유주의의 장점을 결합한 중도적 입장으로, 사회정의에 대해서는 사회민주주의적 헌신을 유지하면서도, 시장경제에서 개인의 자유를 중시하는 신자유주의적 신념을 수용한다. 즉, 제3의 길은 제1의 길인 사회민주주의와 제2의 길인 신자유주의의 장점만을 모아, 사회정의에 대해서는 사회민주주의적 헌신을 유지하고, 시장경제에서는 개인적 자유의 탁월성에 대한 신자유주의적 신념을 믿는 중도적인 입장이라는 것이다. 그러나 신자유주의에 기반한 자본주의 시장체제 내에서 사회정의와 평등을 실현하는 데는 현실적인 한계가 크다. 따라서 중도노선은 이념상으로는 사회민주주의를 표방하면서도 실제 정책과 행동에서는 신자유주의적 가치를 옹호하는 태생적 한계를 지니고 있다.

(3) 사회민주주의

사회민주주의(social democracy)는 자본주의를 개혁할 방안을 모색하는 데 관심을 가지며, 혁명보다는 점진적인 변화를 지지한다. 또한 자본주의 국가가 자본가 계급의 독점을 견제하고 공익에 기여할 수 있다고 본다(조성숙 역, 2009). 따라서 자본주의 국가에 대해 비판적인 시각을 가지면서도, 사회복지 영역에서는 국가의 적극적인 역할을 일반적으로 지지하는 입장을 취한다.

사회민주주의는 기본적으로 시장 기능에 대해 불신하는 경향이 있으며, 시장경제의 분배 기능에 반대하는 입장을 견지한다. 이는 시장에 의한 분배가 사회의 불평등을 심화시키고 사회통합을 저해한다고 보기 때문이다. 따라서 국가는 다양한 사회복지정책과 서비스를 통해 사회적 불평등을 완화하고, 사회통합을 촉진해야 한다고 본다(임춘식 외, 2007). 다시 말해, 사회민주주의는 사회복지에 대한 국가의 적극적인 개입을 지지하며, 복지국가가 민주주의 발전에 기여하는 긍정적 기능을 수행한다고 본다.

대표적인 사례로는 제2차 세계대전 직후, 1945년부터 1951년까지의 영국 노동당 정부를 들 수 있다. 이 시기의 노동당 정부는 경제를 규제하고 자본주의에 대한 엄격한 통제를 통해 복지정책을 도입함으로써 전후 복지국가의 기반을 마련하였다(조성숙 역, 2009).

한편, 사회민주주의는 복지와 노동의 결합을 중요하게 고려하며, 이를 통해 높은 수준의 복지를 유지하고자 한다. 이에 따라 여성과 남성 모두의 경제활동 참여가 강조되며, 이를 지원하기 위한 서비스들이 잘 발달해 있다. 그 결과 여성 고용률 또한 높은 편이다(정재훈, 2003).

(4) 마르크스주의

마르크스주의(Marxism) 시각에 따르면, '복지국가'라는 용어는 일종의 신화에 불과하다. 즉, 복지국가는 자본주의도 인간적인 면모를 가질 수 있다는 식으로 여론을 호도하거나, 국가의 복지 기능을 자비로운 것으로 왜곡한다는 주장이다(이봉주 외, 2023). 마르크스주의자들은 민주적 사회주의자들과 마찬가지로 자유, 평등, 우애를 중시한다. 마르크스주의의 기본 가치는 이러한 세 가지 이념에 있으며, 자유경쟁에 기반한 자본주의 시장 원리를 비판한다. 이들은 소득과 자원의 분배는 국가의 적극적인 개입과 통제를 통해 이루어져야 한다고 본다(고명석 외, 2010).

마르크스주의는 사회문제의 해결과 이상 사회의 건설이 개인 간 경제적 평등이 실현될 때 가능하다고 보며, 노동자 계급 중심의 사회 구성을 강조한다. 이러한 경제적 평등과 계급 중심의 정치는 국가의 강력하고 적극적인 역할로 이어지며, 대기업과 영리단체의 국유화 및 정부 주도의 계획경제를 주장한다(조홍식 외, 2015). 마르크스주의는 체제 자체의 성격과 내용이 국민 복지를 담보한다고 보기 때문에, 자본주의 체세를 유지하면서 복지를 제공하는 복지국가에 대해 비판적이다. 복지국가는 자본주의의 문제점을 은폐하고, 국가복지의 기능을 마치 자비로운 것으로 왜곡한다고 본다(조홍식 외, 2015). 이들은 오직 사회주의 사회로의 전환을 통해서만 자유와 평등의 가치가 온전히 실현될 수 있다고 주장한다(이종복 외, 2008).

(5) 페미니즘

서유럽 복지국가의 발달은 오랫동안 자본과 노동 간의 투쟁과 타협을 통해 이루어져 왔다. 그러나 페미니즘(feminism)은 성차별적 정치권력의 결과에 초점을 맞추며, 기존 관점에 새로운 시각을 제시하였다. 페미니즘적 시각은 여성의 불평등한 지위의 원인과 개선 전략, 그리고 여성 종속성의 정도와 속성을 기준으로 세 가지 주요 입장으로 구분된다.

첫째, 자유주의적(liberal feminism)이다. 이 이념은 교육, 직업, 사회적 지위 등에서 남성과의 동등한 권리 획득에 주된 관심을 둔다. 이 입장은 국가를 중립적이고 비개입적이며, 갈등을 중재하는 존재로 간주한다.

둘째, 사회주의적 페미니즘(social feminism)이다. 이 이념은 현재의 사회를 가부장제와 자본주의가 결합된 구조로 본다. 이 관점에서 여성의 무임금 가사노동은 차세대 노동자를 재생산하고, 남성 가장에게 무급의 서비스를 제공하는 것으로 해석된다.

셋째, 급진적 페미니즘(radical feminism)이다. 이 이념은 여성 집단이 결혼, 가사노동, 육아 등의 영역에서 남성 집단에 의해 구조적으로 억압받고 있다고 본다. 이러한 억압의 원인은 생물학적 성 차이나 고용관계에 있다고 보며, 특히 강간이나 가정폭력과 같은 문제에 주목한다.

(6) 녹색주의

환경에 대한 관심은 전 세계적으로 다양한 형태로 나타나며 오랜 역사를 가지고 있지만, 이데올로기로서의 녹색주의(greenism)는 비교적 최근에 등장하였다. 앞서 언급한 페미니즘이 여성의 권리를 배려할 수 있는 풍요로운 사회에서 출현했듯, 녹색주의 역시 지구의 미래를 고려할 수 있는 탈산업사회에서 등장하였다. 일반적으로 녹색주의는 1970년대에 형성된 것으로 평가되며, 보다 구체적으로는 1972년에 발표된 「로마클럽 보고서(The Club of Rome Report)」, 「국제연합 인간환경회의 보고서(The Report for the United Nations Conference on the Human Environment)」, 그리고 생태 문제를 다룬 잡지 「에콜로지스트(The Ecologist)」의 발간을 기점으로 시작되었다고 본다(이봉주 외, 2023).

녹색주의는 환경을 무분별한 착취로부터 보호하고 보전해야 한다는 자각에서 비롯되었으나, 그 내부에는 서로 상반된 두 가지 유형이 공존한다. 바로 '밝고 약한(light and weak)' 녹색주의와 '어둡고 강한(dark and strong)' 녹색주의이다. 먼저, 밝고 약한 녹색주의는 현재의 세계질서 '높은 경제성장과 소비를 지향하는 구조'를 어느 정도 수용하면서, 그 안에서 환경친화적인 경제성장과 소비를 추구한다. 이는 기술 혁신과 시장기제를 통해 지속가능성을 도모하려는 접근이다.

반면 어둡고 강한 녹색주의는 과학기술만으로는 환경문제를 해결할 수 없으며, 진정한 해결책은 경제성장과 소비의 축소에 있다고 본다. 나아가 인간이 다른 생명체보다 우월하지 않다는 관점에서 종(種)의 평등주의(species egalitarianism)를 강조하며, 인간 중심주의적 사고를 근본적으로 비판한다.

(7) 조지와 윌딩의 사회복지정책 이념 비교

조지와 윌딩(George & Wilding)이 제시한 사회복지정책의 이념은 여러 기준에 따라 구분된다. 각 이념은 기본 가치, 인간관, 국가의 역할, 복지에 대한 관점, 정책의 특징, 그리고 비판점에서 뚜렷한 차이를 보인다.

신자유주의는 시장, 경쟁, 효율성을 기본 가치로 삼으며, 인간을 자율적이고 책임 있는 개인으로 본다. 국가는 최소한으로 개입해야 하며, 복지는 선택적이고 민영화를 선호한다. 민간 중심의 공공서비스 축소가 특징이며, 빈부격차 심화라는 비판을 받는다.

중도노선은 시장과 국가의 균형을 추구하며, 인간을 개발 가능한 존재로 인식한다. 국가는 보완적으로 개입하며, 복지는 생산성을 강조하는 생산적 복지를 지향한다. 고용과 투자 중심의 정책을 특징으로 하며, 중산층 중심이라는 한계가 지적된다.

사회민주주의는 평등, 연대, 권리를 중시하고, 인간을 상호 의존적인 존재로 본다. 국가는 적극적으로 개입해야 하며, 복지는 보편적이고 공공성이 강조된다. 고복지 체계를 추구하지만, 국가 재정 부담이 크다는 비판을 받는다.

마르크스주의는 계급 해방과 사회 변혁을 핵심 가치로 삼고, 인간을 억압받는 계급의 주체로 이해한다. 국가는 궁극적으로 소멸되어야 할 존재로 보며, 복지는 계급지배의 수단으로 간주된다. 공동체 중심의 복지를 추구하지만, 급진적이라는 우려가 있다.

페미니즘은 성평등과 돌봄의 가치를 강조하고, 인간을 차별받는 여성으로 규정한다. 국가는 성차별 구조를 개선하는 주체로서 역할을 하며, 복지는 성인지적 접근이 필요하다고 본다. 돌봄에 대한 보상, 성인지 예산 등이 정책의 주요 특징이며, 젠더 중심의 평등에만 치중한다는 비판이 있다.

녹색주의는 생태 정의를 근본 가치로 두며, 인간을 자연과 공존하는 존재로 인식한다. 국가는 생태계 보호자 역할을 수행해야 하며, 복지는 생태복지를 지향한다. 기본소득과 탈성장 전략 등이 주요 정책 수단이나, 경제성장과의 충돌 가능성이 지적된다.

조지와 윌딩의 사회복지정책의 이념을 기본 가치, 인간관, 국가의 역할, 복지에 대한 관점, 정책의 특징, 비판점 등 일곱 가지로 비교하면 〈표 2-1〉과 같다.

〈표 2-1〉 조지와 윌딩의 사회복지정책 이념 비교

비 교	신자유주의	중도노선	사회 민주주의	마르크스 주의	페미니즘	녹색주의
기본 가치	시장 · 경쟁 · 효율성	시장과 국가의 균형	평등 · 연대 · 권리	계급 해방 · 사회 변혁	성평등 · 돌봄	생태 정의
인간관	자율적 개인	개발 가능 존재	상호 의존적 존재	억압받는 주체	차별받는 여성	자연과 공존
국가의 역할	최소한의 개입	보완적 개입	적극적 개입	무국가 지향	성차별 구조 개선의 주체	생태계 보호자
복지에 대한 관점	선별적 복지 · 민영화	생산적 복지	보편적 복지	계급지배 수단	성인지 복지	생태복지
정책특징	민간 중심의 공공서비스 축소	고용과 투자 중심 정책	고복지 · 공공성	공동체적 복지	돌봄 보상 · 성인지 예산	기본소득 · 탈성장
비판점	빈부격차 심화	중산층 중심의 정책	국가 재정 부담	급진적 성격	젠더 중심의 평등에 편중	경제성장과 충돌

출처 : George, V., & Wilding, P.(1994) 재구성.

2) 사회복지실천의 이념

사회복지실천의 이념은 사회복지사가 클라이언트를 돕는 과정에서 지향해야 할 근본적인 가치와 신념을 의미한다. 사회복지실천의 이념은 사회복지의 기본 가치에 큰 영향을 미치는데, 비유하자면 이념은 나무의 뿌리이고, 가치는 그 나무의 줄기이자 열매와 같다. 따라서 사회복지실천의 이념은 사회복지사가 사회복지서비스를 제공할 때 사회복지전문직의 정체성을 규정하고, 실천에 대한 윤리적 기준을 제시하는 역할을 한다.

사회복지실천의 이념은 이용자 중심 이념, 생존권 이념, 정상화 이념, 지역사회중심 이념 등으로 구분할 수 있다.

(1) 이용자 중심

이용자 중심 이념(person-centered ideology)은 개인이 자신의 삶과 문제에 대해 궁극적인 책임과 의무를 가진다는 믿음에 기반한다. 이 이념은 개인의 자율성, 독립성, 그리고 노력의 중요성을 강조하며, 클라이언트를 자신의 문제를 스스로 해결할 능력이 있는 존재로 본다.

이용자 중심의 이념은 사회복지실천에서 다음과 같이 적용된다.

① **클라이언트의 역량 강화** : 사회복지사는 클라이언트가 스스로 문제를 해결하고, 잠재력을 개발하며, 자신의 삶을 주도적으로 이끌어갈 수 있도록 돕는 데 초점을 둔다.

② **선택과 결과에 대한 책임 강조** : 클라이언트가 자신의 결정과 그에 따른 결과에 대해 인지하고 책임을 질 수 있도록 지지한다.

③ **과도한 의존 방지** : 사회복지서비스가 클라이언트의 의존성을 심화시키기보다는, 자립을 촉진하는 방향으로 개입한다.

④ **사례관리 및 목표설정** : 클라이언트가 스스로 목표를 설정하고, 이를 달성하기 위한 구체적인 계획을 세우는 과정에 적극적으로 참여하도록 지지한다.

그러나 이용자 중심 이념은 사회구조적 문제나 외부 환경, 빈곤, 차별, 질병 등 개인이 통제하기 어려운 요인으로 인한 문제를 단순히 개인의 능력 강화만으로 해결할 수 있느냐는 한계를 가진다. 따라서 사회복지실천에서는 개인의 책임과 함께 사회적 책임의 균형을 모색하는 것이 매우 중요하다.

(2) 생존권 이념

생존권 이념(social rights ideology)은 모든 개인이 인간다운 삶을 영위하는 데 필요한 최소한의 생활 수준을 누릴 권리가 있다는 것이다. 이는 단순한 물질적 생존을 넘어 교육, 의료, 주거, 노동 등 사회생활에 필수적인 기본 조건들을 포함한다. 생존권 이념은 20세기 복지국가 발전 과정에서 국가가 개인의 생존권을 책임져야 한다는 인식에서 출발하였다.

생존권 이념은 사회복지실천에서 다음과 같이 적용된다.

① **권리 기반 실천** : 사회복지사는 클라이언트를 도움을 받는 수동적 존재가 아닌, 기본적 생존권을 주장하고 향유할 권리가 있는 주체로 인식한다.
② **제도적 접근 강조** : 클라이언트의 문제가 개인의 책임을 넘어 사회구조적 문제에 기인할 수 있음을 인식하고, 제도 개선과 정책 변화를 위해 노력한다.
③ **최소한의 삶의 질 보장** : 빈곤, 질병, 실업 등으로 기본적 생활 유지가 어려운 경우, 국가와 사회가 적극 개입하여 이를 보장하도록 힘쓴다.
④ **사회적 자원 연계** : 클라이언트가 기초생활보장, 의료보험, 공공주택 등 공공서비스에 원활히 접근할 수 있도록 지원하며, 관련 정보와 절차를 안내한다.

생존권 이념은 복지를 시혜가 아닌 시민의 당연한 권리로 인식하는 데 중요한 역할을 한다.

(3) 정상화 이념

정상화 이념(normalization ideology)은 장애인이나 사회적 소수자들이 비장애인이나 다수자와 가능한 한 유사한 삶의 조건과 환경 속에서 살아갈 수 있도록 지원해야 한다는 철학이다. 이는 장애나 차이로 인해 특정 집단이 사회로부터 분리되거나 차별받는 것을 반대하며, 그들의 삶이 '정상적인' 것으로 존중받을 수 있도록 사회환경을 조성하고 지원하는 것을 목표로 한다. 이러한 이념은 단지 장애인에 국한되지 않고, 사회에서 소외되거나 차별받는 모든 대상자에게 적용된다.

정상화 이념은 사회복지실천에서 다음과 같이 적용된다.

① **지역사회 중심 서비스** : 시설에 수용하기보다는 지역사회 내에서 생활하며 교육, 직업, 여가 활동 등 다양한 사회활동에 참여할 수 있도록 지원한다.
② **개별화된 지원** : 클라이언트의 개별 욕구와 능력을 고려해 맞춤형 서비스를 제공함으로써, 그들이 자신에게 적합한 방식으로 '정상적인' 삶을 영위할 수 있도록 돕는다.
③ **사회적 환경 개선** : 장애인이 쉽게 접근할 수 있는 물리적 환경을 조성하고, 차별과 편견을 해소하며, 지역사회 주민과의 통합을 증진하기 위한 노력을 포함한다.
④ **일상생활의 영위** : 일반 시민과 같은 일상적 생활 패턴(예 기상 시간, 식사, 여가 활동)과 생활 방식(예 개인의 선택권, 프라이버시)을 누릴 수 있도록 지원한다.

정상화 이념은 장애인 복지 분야에서 탈시설화와 지역사회 중심 서비스를 촉진하는 중요한 계기가 되었으며, 나아가 사회 전반의 다양성 존중과 포용적 사회 건설에 크게 기여하고 있다.

(4) 지역사회중심 이념

지역사회중심 이념(community-based ideology)은 장애인이나 정신질환자 등 사회적 취약계층을 대규모 시설에 수용하여 관리하던 전통적 방식을 탈피하여, 이들이 지역사회에서 통합적으로 살아갈 수 있도록 지원하는 정책적·실천적 철학이다. 이 이념은 20세기 중반 이후 탈시설화(deinstitutionalization) 운동과 함께 발전해 왔다.

지역사회중심 이념은 사회복지실천에서 다음과 같이 적용된다.

① 시설 수용의 대안 마련 : 시설에 거주하는 대상자의 지역사회 복귀를 지원하고, 차별 없이 함께 살아갈 수 있는 환경을 조성한다.

② 재가 서비스 개발 및 확대 : 개인의 가정이나 소규모 주거 환경에서 생활할 수 있도록 활동 보조, 주간 보호, 방문 간호, 재활 서비스 등 다양한 지원을 제공한다.

③ 지역사회 자원 연계 : 대상자가 학교, 직장, 병원, 문화 시설 등 지역사회 내 다양한 자원을 이용하고 사회적 관계를 형성할 수 있도록 돕는다.

④ 개인의 선택과 자율성 존중 : 대상자가 주거 형태와 서비스 방식을 스스로 선택할 권리를 최대한 보장한다.

⑤ 가족 지원 : 재가 보호 부담을 경감하고 가족기능 강화를 위해 교육, 상담, 돌봄 서비스 등을 제공한다.

지역사회중심 이념은 정상화 이념과 밀접하게 연결되어 있으며, 개인의 자율성과 독립성, 그리고 지역사회 통합을 통해 삶의 질 향상을 목표로 한다.

CHAPTER 03

사회복지의 가치와 윤리

03 CHAPTER 사회복지의 가치와 윤리

사회복지는 제도와 서비스만으로 이루어지지 않는다. 그 바탕에는 인간의 존엄, 평등, 정의와 같은 가치가 자리하고 있으며, 사회복지사는 이를 토대로 정책과 실천을 수행하고 집행한다. 그러나 현장에서는 가치와 가치가 충돌하는 상황이 자주 나타나기에, 사회복지사는 윤리적 기준을 확고히 인식하고 있어야 한다.

이 장에서는 사회복지의 핵심 가치와 윤리적 원칙을 살펴보고, 이를 실제 상황에 어떻게 적용할 수 있는지 이해해 보고자 한다.

1. 사회복지의 가치

사회복지는 단순히 어려운 사람을 돕는 행위를 넘어, 모든 사회 구성원이 인간다운 삶을 영위하고 동등한 기회를 누릴 수 있도록 지원하는 체계적이고 조직적인 노력이다. 이러한 사회복지는 개인 삶의 질 향상뿐 아니라 사회 전체의 통합과 조화를 지향하며, 이를 실현하기 위해 일정한 핵심 가치들을 바탕으로 정책과 서비스가 수립되고 제공된다.

사회복지의 철학적 기반이 되는 핵심 가치는 인간의 존엄성, 자기결정권, 자유, 평등, 정의, 연대, 사회통합 등이다. 이러한 가치는 사회복지정책을 수립하고 실천하는 데 있어 판단의 기준이 되며, 궁극적으로 모든 사람이 존엄하고 평등한 삶을 누릴 수 있는 사회를 만드는 데 기여한다.

1) 인간의 존엄성

사회복지는 인간 삶의 질 향상과 사회적 통합을 목표로 하는 실천적 학문이며, 그 근간에는 인간에 대한 존중이 자리하고 있다. 특히 인간의 존엄성은 사회복지의 핵심 가치로서, 사회복지활동의 윤리적 기준을 제공한다. 인간의 존엄성이란 모든 인간이 그 존재 자체로 존중받아야 하며, 어떤 수단이 아닌 목적 그 자체로 대우받아야 한다는 원리이다. 다시 말해, 인간은 그 처지나 환경에 관계없이 존재 자체로서 소중하며 동등한 가치를 지닌다. 이러한 원리는 성별, 연령, 인종, 장애, 경제적 수준, 사회적 지위 등과 무관하게 모든 사람에게 적용된다.

세계인권선언 제1조는 “모든 인간은 태어날 때부터 자유롭고, 존엄성과 권리에 있어 평등하다. 인간은 이성과 양심을 부여받았으며, 서로 형제애의 정신으로 행동해야 한다”고 규정함으로써, 인간의 존엄성을 인권의 핵심 원칙으로 명확히 하고 있다. 이처럼 인간의 존엄성은 국제 인권 규범의 기초이자, 국내외 사회복지제도의 출발점이 된다.

「대한민국헌법」 제10조에서도 “모든 국민은 인간으로서의 존엄과 가치를 가지며, 행복을 추구할 권리를 가진다”고 명시하고 있다. 이는 국가가 국민의 존엄을 보호하고 실현할 책임이 있음을 선언한 조항으로, 인간의 존엄성은 자유, 평등, 정의, 사회적 책임 등 민주사회 핵심 가치와 긴밀하게 연결되어 있다.

인간의 존엄성은 단지 추상적인 개념이 아니라, 사회복지실천과 정책의 중심 원리로 기능해야 하며, 구체적인 삶의 조건을 통해 실현되어야 한다. 사회복지의 모든 영역은 인간이 인간답게 살아갈 권리를 존중하고 보장하는 데 그 목적이 있으며, 이는 복지국가의 지속가능성과도 직결되는 중요한 가치이다.

2) 자기결정권

자기결정권은 사회복지의 이론과 실제에서 매우 중요한 핵심 원리로, 모든 인간이 자신의 능력과 판단에 따라 태도와 행동을 결정할 권리를 갖는다는 기본적 인권에 근거한다. 이는 사회복지실천에서 클라이언트를 수동적인 수혜자가 아닌 능동적인 삶의 주체로 인정하고, 자신의 삶에 대한 결정을 스스로 내릴 수 있도록 보장하는 데 중심을 둔다. 그러나 충분한 정보 없이 내리는 결정은 진정한 자기결정이라 할 수 없다. 따라서 사회복지사는 클라이언트가 합리적이고 자율적인 선택을 할 수 있도록 필요한 정보를 충분히 제공하고, 자기결정 과정에서 이해를 도울 책임이 있다.

자기결정권은 모든 상황에서 절대적으로 적용되는 것은 아니다. 미성년자, 정신장애로 인해 판단 능력이 현저히 부족한 경우, 또는 급박한 생명 위협 상황 등에서는 자기결정권이 제한될 수 있다. 그러나 이러한 제한은 엄격한 윤리적 판단 아래 최소화되어야 하며, 가능하다면 대리결정보다는 스스로 의사결정을 할 수 있도록 지원하는 것이 우선되어야 한다(전재일 외, 2024).

이처럼 자기결정권은 단순한 실천기술이 아니라, 인간을 자율적이고 존엄한 존재로 인식하는 철학적 기반 위에 성립된 권리이다. 이는 사회복지실천이 단순히 도움을 제공하는 행위가 아니라, 클라이언트 삶의 주체성을 회복하고 강화하는 과정임을 의미한다.

따라서 자기결정권을 이해하고 존중하는 것은 모든 사회복지실천의 윤리적 출발점이자, 인간 중심적 접근을 실현하는 핵심 원칙이라 할 수 있다.

3) 자 유

자유(freedom)는 개인이 스스로 선택하고 행동할 수 있는 권리와 능력을 의미하며, 인간의 존엄성과 함께 가장 기본적인 사회복지의 기본 가치 중의 하나이다. 사회복지에서 말하는 자유는 단순히 국가나 타인으로부터 간섭받지 않을 소극적 자유뿐만 아니라, 스스로 원하는 삶을 살아갈 수 있는 조건과 기회를 보장받는 적극적 자유를 의미한다(Berlin, 1969, 박동천, 2006 재인용).

소극적 자유란 외부로부터 간섭받지 않고 개인이 하고자 하는 행위를 할 수 있는 자유를 말한다. 이사야 벌린은 이를 "다른 사람이 내 행동에 간섭하지 않는 상태"로 정의하였다. 소극적 자유는 복지국가의 확대에 대해 비판적으로 작용하기도 한다. 복지제도는 개인의 자율을 침해하고, 국가의 과도한 개입을 정당화할 수 있다는 우려 때문이다. 그러나 현실 사회에서는 소극적 자유가 침해 당하는 경우가 있을 수 있다. 예를 들면, 아동은 학교를 가기 싫어도 가야 하며, 독거노인은 사회복지사의 방문을 받아들여야 한다.

반면 적극적 자유란 자기가 원하는 것을 할 수 있는 상태를 말한다. 적극적 자유란 "스스로 삶의 주인이 되는 자유", 즉 자기통제와 자기실현의 자유를 의미한다(Berlin, 1969, 박동천, 2006 재인용). 적극적 자유는 단순히 외부의 간섭이나 구속이 없는 상태(소극적 자유)를 넘어, 개인이 스스로 자신의 삶을 통제하고 실현할 수 있는 자율성과 능력을 의미한다. 빈곤, 질병, 교육 기회의 부족 등은 개인이 자신의 삶을 주체적으로 선택하고 살아가는 데 큰 장애물이 된다. 사회복지는 이러한 구조적 제약을 해소하여, 개인이 자유를 실질적으로 실현할 수 있는 조건을 보장하는 역할을 한다. 사회복지서비스는 단순히 생존을 위한 지원이 아니라, 개인이 자신의 삶을 계획하고 실현할 수 있도록 정보제공, 교육, 상담, 자원 연계 등의 과정을 포함한다. 이를 통해 개인은 자신의 삶에 대한 주도권을 회복하게 된다. 적극적 자유의 핵심은 클라이언트를 수동적인 대상이 아닌 능동적인 주체로 인식하는 것이며, 이는 자기결정권을 존중하고 클라이언트가 자신의 문제해결 과정에 직접 참여하도록 하는 사회복지실천의 기본 태도와 맞닿아 있다.

자유는 사회복지의 이론과 실천에서 매우 중요한 가치로, 자기결정권의 근거가 되며 서비스 이용자가 자신의 삶을 주체적으로 선택할 수 있는 기반이 된다. 또한 자유는 단순한 선택권을 넘어, 인간다운 삶을 영위하기 위한 근본적인 조건이다.

따라서 사회복지의 궁극적 목표는 인간의 존엄성을 실현하는 것이며, 이는 실질적 자유의 보장을 통해 이루어진다. 사회복지는 자유를 실현하는 사회적 장치로서, 인간이 자율적이고 자유롭게 삶을 살아갈 수 있도록 지원하는 역할을 담당한다.

4) 평 등

사회복지의 가치에서 가장 중요한 기본 가치 중 하나는 평등(equality)이다. 평등은 사회자원을 공정하게 재분배하여 사회 구성원 모두의 삶의 질을 골고루 향상시키려는 가치이다. 인간이 인간다움을 실현하는 데 있어 평등은 자유와 더불어 가장 핵심적인 정신적 가치로, 정의와 사회형평의 이론에서 기본 전제로 자리 잡고 있다. 사회복지에서 말하는 평등은 단순히 "모든 사람에게 똑같이 나누어 주는 것"이 아니라, 각자의 필요에 따라 공정하게 지원하고, 동등한 출발선과 기회를 보장하는 것을 의미하는 경우가 많다. 이러한 평등은 형식적 평등과 실질적 평등으로 구분하여 볼 수 있다.

형식적 평등(formal equality)은 모든 사람을 법과 제도 앞에 동등하게 대우하는 것으로, 누구든 복지혜택을 신청할 수 있는 자격을 갖는 것이 이에 해당된다. 실질적 평등(real/ substantive equality)은 불리한 조건에 있는 사람에게 더 많은 기회를 제공하여, 결과적으로 비슷한 수준의 삶의 기회를 누릴 수 있게 하는 것으로, 저소득층 자녀에게 추가 교육 지원을 제공하는 것이 이에 해당된다.

또한 송근원과 김태성(2004)은 평등을 수량적 평등(numerical equality), 비례적 평등(proportional equality), 기회의 평등(equal opportunity)으로 구분하고 있다. 수량적 평등은 모든 사람을 똑같이 취급하여 욕구나 능력의 차이에 관계없이 사회자원을 동일하게 분배하는 것으로 가장 적극적인 평등 개념이다. 비례적 평등은 개인의 욕구, 능력, 노력, 기여 정도에 따라 사회자원을 다르게 분배하는 개념으로 흔히 이를 공평 또는 형평성(equity)이라고 한다. 그리고 기회의 평등은 결과가 평등한가 아닌가의 측면은 무시한 채 결과를 얻을 수 있는 과정상의 기회만 똑같이 제공해 주는 개념이다.

이러한 평등의 개념 중에서 복지국가의 형성에 기초가 된 것은 적극적인 의미의 평등이다. 복지국가의 평등전략은 보편주의에 입각하여 모든 국민에게 사회적 권리로서 보편적으로 제공하는 사회복지급여와 서비스를 통해 사회불평등을 감소시키고자 하는 것이었지만, 과연 복지국가에서 평등이 실질적으로 이루어졌는가에 대해서는 많은 비판이 있다. 복지국가의 개혁 이후에는 수량적 평등보다는 비례적 평등과 기회의 평등이 강조되면서 형평성(equity)이나 효율성(efficiency)과 같은 다른 가치에 의해 대체되고 있다(권중돈 외, 2022).

5) 정 의

사회복지에서 정의는 공정한 분배와 기회의 보장, 사회적 약자의 권익 보호, 사회통합과 안정을 가능하게 하는 핵심 가치이다. 정의는 인간의 존엄성, 자유, 평등 등 사회복지의 여러 가치들이 실제 현장에 적용되는 데 있어 윤리적·정책적 기준으로 작용한다. 특히 한정된 사회자원을 누구에게, 얼마나, 어떤 방식으로 배분할지를 결정하는 기준이 바로 '정의'이다.

정의의 개념은 절차상의 정의(procedural justice), 실질적 정의(substantive justice), 능동적 과정으로서의 정의(justice as active process) 등 세 가지 관점에서 이해할 수 있다. 절차상의 정의는 법률에서 정한 합법적인 절차를 강조하며, 실질적 정의는 결과로서 분배의 정의를 강조한다.

절차상의 정의란 복지자원이나 서비스를 누가, 어떻게, 어떤 기준에 따라 제공하는지를 결정하는 과정이 공정하고 투명해야 한다는 원칙을 의미하는 것으로, 이는 단순히 결과가 공정한 것(분배적 정의)뿐만 아니라, 그 결과에 이르는 절차 자체가 정당하고 신뢰받을 수 있어야 한다는 것을 강조한다.

실질적 정의란 모든 사람을 똑같이 대우하는 형식적 평등을 넘어서, 개인의 필요와 상황을 고려하여 공정하게 대우하는 것을 의미한다. 즉, 겉으로는 같아 보이는 대우가 실제로는 불공평할 수 있기 때문에, 개인 간의 차이와 불이익을 보충하여 결과적으로 평등하고 정의로운 상태를 만드는 것이 실질적 정의의 핵심이다.

능동적 과정으로서의 정의란 정의를 단순히 결과나 원칙으로만 보는 것이 아니라, 사회 구성원들이 적극적으로 참여하고 변화시키는 실천적 과정으로 이해하는 개념이다. 다시 말해, 정의는 고정된 상태나 정해진 규칙이 아니라, 지속적인 참여 · 논의 · 개선이 이루어지는 '살아 있는 과정'이라는 것이다. 사회복지에서는 사회적으로 취약한 계층이나 불우한 위치에 있는 사람들에게 더 나은 처우와 권한 및 자원의 배분이 이루어지도록 분배의 정의를 강조하고 있다.

6) 연대와 통합

연대는 사회복지의 대표적인 가치 중 하나이다. 인간의 고통에 대한 책임은 그 원인이나 결과, 조건과 관계없이 우리 사회가 연대적 책임으로 함께 감당해야 할 공동의 과제이다. 사회복지에서 연대(solidarity)란 사회 구성원들이 서로 돌보고 책임지는 공동체적 관계를 의미한다. 국민연금, 건강보험, 실업보험 등은 모두 연대의 원칙에 따라 운영되는 제도들이다.

통합은 사회적 배제와 차별 없이 모든 사람이 공동체 안에서 존중받으며 살아가는 상태를 뜻한다. 사회복지는 다양한 계층과 집단, 소수자들이 사회에 온전히 포함될 수 있도록 여건을 조성하여 갈등을 완화하고 사회적 일체감을 형성하는 데 힘쓴다. 이는 사회 구성원들이 소속감을 느끼고 적극적으로 참여할 때 비로소 실현될 수 있다.

사회복지에서 연대와 통합의 가치는 사회 구성원 간 상호 책임과 협력, 차별 없는 참여와 포용을 바탕으로 함께 살아가는 정의롭고 건강한 사회를 구현하는 데 핵심적인 역할을 한다.

2. 사회복지실천의 가치

현대 사회가 복잡해지고 다양한 사회문제가 증가함에 따라, 이를 해결하고 개인과 공동체의 복지를 증진하기 위한 전문적 역할의 중요성이 더욱 커지고 있다. 사회복지실천은 단순한 봉사활동을 넘어 과학적 지식과 윤리적 가치에 기반한 전문직으로 자리매김하고 있다. 사회복지사는 개인의 삶에 깊이 개입하며 민감한 문제를 다루는 직업이다. 따라서 전문직으로서의 가치와 윤리가 뒷받침되어야 대상자와 사회의 신뢰를 형성할 수 있다. 또한 사회복지사가 전문직으로서의 가치에 기반해서 개입할 때, 대상자의 복합적 욕구에 맞춘 과학적이고 효과적인 서비스를 제공할 수 있다.

이 절에서는 사회복지실천이 지니는 전문직으로서의 가치와 그 사회적 의미를 살펴보고자 한다.

1) 레비의 사회복지전문직의 가치 범위

레비(Charles Levy)는 사회복지실천의 가치에 우선하는 사회복지전문직의 가치 범위를 다음 세 가지로 나누어 설명하였다(Levy, 1973, 양옥경 외, 2004 재인용).

(1) 인간에 대해 선호하는 생각(사람 우선의 가치)

이는 전문직 수행의 대상인 인간 자체에 대해 전문직이 갖추고 있어야 할 기본적 가치관이며 기본 철학과 같은 것이다. 개인의 가치와 존엄성, 개인의 건설적인 변화에 대한 능력과 욕구, 상호 책임성, 소속의 욕구, 공통적인 인간의 욕구, 그리고 개개인의 독특성에 대한 가치 등이 속한다.

(2) 인간에 대해 선호하는 결과(결과 우선의 가치)

이는 사람에 대해 서비스를 제공했을 때 초래되는 결과에 대한 가치관으로, 사회가 개인의 발전을 위해 사회참여에 대한 기회를 동등하게 제공해야 한다는 사회적 책임에 대한 가치이다.

(3) 인간을 다루는 선호하는 수단(수단 우선의 가치)

서비스를 수행하는 방법 및 수단과 도구에 대한 가치이다. 인간의 자율성으로 요약될 수 있는 수단 우선의 가치는 아마도 사회복지실천 과정에서 매우 중요하게 실천되어야 할 가치체계일 것이다.

2) 모랄레스와 쉐퍼의 사회복지전문직의 가치 범위

모랄레스와 쉐퍼(Morales & Sheafer)는 위에서 레비가 제시한 가치 범위를 활용하여 사회복지전문직의 세 가지 가치 범주를 더 명료화하였다(Morales & Sheafer, 2001, 최일섭, 2013 재인용).

(1) 인간에 대해 선호하는 생각(사람 우선의 가치)

사회복지사는 인간의 타고난 가치와 존엄을 믿는다.
모든 인간은 변화를 향한 동기와 능력을 선천적으로 갖고 있다.
모든 인간은 사회 및 인류의 자산에 대한 책임감을 가진다.
모든 인간은 소속의 욕구가 있다.
모든 인간은 공통된 욕구를 갖지만 각 개인은 독특한 존재이다.

(2) 인간에 대해 선호하는 결과(결과 우선의 가치)

서비스의 결과로 각 개인은 잠재력을 실현할 수 있도록 성장과 개발을 위한 기회를 제공받아야 한다. 사회는 인간이 그들의 욕구를 충족하는 데 필요한 자원과 서비스를 제공해 주어야 하며, 기아문제, 부적절한 교육, 치료받지 못하는 질병, 부적절한 주거상태 등의 문제를 해결하는 데 필요한 자원과 서비스를 제공해야 한다.

(3) 인간을 다루는 선호하는 수단(수단 우선의 가치)

서비스의 수행 수단이나 방법은 인간의 존경과 존엄성이 인정되도록 활용되어져야 한다. 그리고 서비스의 수단과 도구가 인간이 자신의 삶의 방향을 결정할 수 있도록 최대한의 기회를 갖도록 하고, 인간의 독특한 성격과 삶의 경험을 가진 독특한 존재로 다루어져야 한다.

3. 사회복지의 윤리

윤리란 사람으로서 마땅히 행하거나 지켜야 할 도리로, 개인이 스스로 추구하는 가치를 일관되게 실천하도록 안내하는 행동 규범이다. 사회복지윤리는 사회복지의 기본적 사명과 그에 근거한 다양한 실천 활동의 도덕적 측면에 관한 개념, 원칙, 이론 등을 정립하고 이를 정당화하려는 체계적인 노력이라 할 수 있다(박경일 외, 2023).

윤리는 가치로부터 비롯된다. 따라서 사회복지의 가치는 사회복지사가 윤리적 결정을 내릴 때 선택의 기준이 된다. 윤리는 무엇이 옳고 바른지를 다루는 것이며(what is right and correct), 가치는 무엇이 좋고 바람직한지(what is good and desirable)와 관련된다. 윤리는 사람들이 단지 옳다고 여기는 것을 따르도록 하는 것이 아니라, 진정으로 옳은 것이 무엇인지 결정하도록 돕는 것과 관련된다(서미경 외, 2000). 따라서 사회복지윤리는 전문직으로서 올바른 의사결정을 내리는 데 도움을 준다.

1) 미국사회복지사협회의 윤리강령의 핵심 가치

미국사회복지사협회(NASW)의 윤리강령은 전문, 윤리강령의 목적, 사회복지의 핵심 가치, 윤리적 기준 등으로 구성되어 있다. 이 중 사회복지의 핵심 가치는 다음과 같다.

(1) 인간의 존엄성과 가치(Dignity and Worth of the Person)

사회복지사는 모든 인간이 지닌 고유한 존엄성과 가치를 존중한다. 개인의 다양성과 문화적 · 인종적 차이를 인정하며, 클라이언트가 책임 있는 의사결정을 할 수 있도록 지원하고, 그들의 욕구 충족을 위한 능력과 기회를 향상시키기 위해 노력한다. 또한 클라이언트의 이익뿐 아니라 사회 전체의 이익에 대해서도 책임을 인식하며, 이들 간의 갈등이 발생할 경우 이를 조화롭게 해결하고자 노력한다.

(2) 사회정의(Social Justice)

사회복지사는 특히 사회적으로 취약한 위치에 있는 사람들과 함께 활동하며, 그들의 권익을 옹호하고 사회적 변화를 추구한다. 이러한 노력은 빈곤, 실업, 차별, 기타 사회적 불의 등과 같은 문제해결에 중점을 둔다.

(3) 서비스(Service)

사회복지사의 일차적인 목표는 도움이 필요한 사람을 지원하고 사회문제를 해결하는 것이다. 사회복지사는 개인적 이익을 넘어, 자신이 지닌 지식 · 가치 · 기술을 활용하여 클라이언트와 사회를 위한 서비스를 제공한다.

(4) 인간관계의 중요성(Importance of Human Relationships)

사회복지실천은 인간의 안녕을 증진하는 데 목적이 있으며, 사회복지사는 인간관계의 중요성을 깊이 인식해야 한다. 인간관계는 변화와 성장을 위한 핵심적인 수단이며, 클라이언트를 원조 과정의 동반자(partner)로 존중하고 함께 참여시킨다.

(5) 충실성(Integrity)

사회복지사는 전문직으로서의 사명과 가치, 윤리적 기준을 인식하고 이에 부합하는 실천을 수행한다. 정직성과 책임감을 바탕으로 행동하며, 자신이 속한 조직의 입장을 고려해 윤리적 기준에 따라 실천한다.

(6) 능력(Competence)

사회복지사는 자신의 능력 범위 내에서 실천하며, 전문적 지식과 기술을 지속적으로 향상시키고 이를 실천에 적용하기 위해 끊임없이 노력한다.

2) 한국사회복지사협회의 윤리강령의 핵심 가치와 원칙

우리나라의 사회복지사 윤리강령은 1982년 제정되어 2023년 5차 개정되었다. 그 내용은 전문과 윤리강령의 목적, 윤리강령의 가치와 원칙으로 이루어져 있다. 윤리강령의 핵심 가치와 원칙은 다음과 같다(한국사회복지사협회, 2025).

(1) 핵심 가치 1. 인간의 존엄성

윤리적 원칙 : 사회복지사는 인간의 존엄성과 가치를 인정하고 존중한다.

- 사회복지사는 개인적 · 사회적 · 문화적 · 정치적 · 종교적 다양성을 고려하며 개인의 인권을 보호하고 존중한다.
- 사회복지사는 클라이언트의 자율성을 존중하고, 자기결정을 지원한다.
- 사회복지사는 클라이언트가 역량을 강화하고, 자신과 환경을 변화시킬 수 있도록 지원한다.
- 사회복지사는 사회복지실천 과정에서 클라이언트의 개입과 참여를 보장한다.

(2) 핵심 가치 2. 사회정의

윤리적 원칙 : 사회복지사는 사회정의 실현을 위해 앞장선다.

- 사회복지사는 개인적 · 집단적 · 사회적 · 문화적 · 정치적 · 종교적 차별에 도전하여 사회정의를 촉진한다.

- 사회복지사는 개인, 가족, 집단, 지역사회의 다양성을 존중하는 포용적 지역사회를 만들기 위해 노력한다.
- 사회복지사는 부적절하고 억압적이며 불공정한 사회제도와 관행을 변화시키기 위해 사회의 다양한 구성원들과 협력한다.
- 사회복지사는 포용적이고 책임 있는 사회를 만들어 가기 위해 연대 활동을 한다.

3) 윤리적 딜레마

사회복지사는 전문직으로서 다양한 이해관계자와 복잡한 환경 속에서 일하기 때문에 윤리적 딜레마에 자주 빠지게 된다. 윤리적 딜레마(ethical dilemma)란, 두 가지 이상의 윤리적 원칙이나 가치가 충돌하여 어떤 선택을 하더라도 하나 이상의 윤리적 원칙을 위배할 수밖에 없는 상황을 의미하는 것으로 윤리적 갈등(ethical conflict)으로 표현되기도 한다.

사회복지사 윤리강령은 20세기 중반 사회복지실천에서 전문가의 도덕성 문제가 공식적으로 논의되기 시작하면서 만들어졌다. 이를 통해 사회복지사들은 전문적인 실천으로서 적절하고 타당한 내용과 방법에 대한 지침을 갖게 되었으며, 사회복지실천에서 윤리가 강조되고 윤리교육의 필요성이 널리 인식되기 시작하였다(오혜경, 2004).

우리나라도 한국사회복지사협회에서 사회복지의 가치와 윤리를 원칙으로 사회복지사 윤리강령을 만들었으며, 이는 사회복지 전문가로서 다양한 체계, 즉 클라이언트, 동료, 전문직, 그리고 사회에 대한 책임과 원조를 점검하고, 이들과 관련된 딜레마 상황에서 지침으로 제공되고 있다(엄기욱, 2013).

(1) 윤리적 갈등 4단계

일반적으로 사회복지실천현장에서 사회복지사들이 직면하게 되는 윤리적 갈등은 4단계로 구분하여 설명할 수 있다.

① 제1단계 : 윤리적 문제가 없는 상황

이 단계는 사회복지사가 직면한 문제 상황이 윤리적이거나 법적으로 명확하여, 갈등이나 고민 없이 쉽게 판단하고 행동할 수 있는 경우이다. 윤리적 기준이 명확히 정립되어 있고, 선택해야 할 방향이 분명하게 제시되어 있어 윤리적 딜레마가 발생하지 않는다. 예를 들어, 클라이언트의 개인정보를 외부에 누설하지 않고 비밀을 유지하는 것은 사회복지사의 기본 윤리원칙에 해당되며, 논란의 여지가 없기 때문에 윤리적 갈등이 일어나지 않는다.

② 제2단계 : 윤리적 문제가 있으나 해결이 비교적 쉬운 상황

이 단계는 윤리적 문제나 갈등이 존재하지만, 사회복지사의 윤리강령, 관련 법률, 기관의 규정 등을 통해 비교적 명확하게 해결할 수 있는 경우이다. 윤리적 원칙 간에 갈등이 있을 수 있지만, 그중 하나가 다른 원칙보다 우선한다고 판단할 수 있다. 예를 들어, 클라이언트가 자녀 학대 사실을 털어놓은 경우, 비밀보장을 원칙으로 하지만 아동의 안전이 더 우선되므로, 사회복지사는 법적 의무에 따라 이를 신고해야 한다.

③ 제3단계 : 윤리적 가치들이 서로 충돌하는 상황

이 단계는 두 가지 이상의 윤리적 가치나 원칙이 상충하여, 어느 한쪽을 선택하더라도 다른 하나를 침해할 수밖에 없는 경우이다. 어느 한 가치가 명확히 우선된다고 보기 어려우며, 사회복지사에게 고도의 윤리적 판단과 숙고가 요구된다. 예컨대, 치매 노인이 위험한 생활환경에서 계속 거주하길 원할 때, 자율성과 자기결정권을 존중해야 하는 동시에 생명과 안전을 보호할 책임도 존재한다. 이와 같은 상황에서는 두 가치 사이의 균형을 고려해야 하며, 동료와의 협의나 윤리적 자문이 필요한 경우가 많다.

④ 제4단계 : 윤리적 기준과 법 · 제도 · 정책이 충돌하는 복잡한 상황

이 단계는 가장 높은 수준의 윤리적 갈등 상황으로, 윤리적 가치 간 충돌뿐만 아니라 법률, 기관의 정책, 제도적 조건 등이 함께 얽혀 있어 매우 복잡하고 해결이 어렵다. 사회복지사가 윤리적 판단을 내리더라도, 법적 제약이나 조직의 규범이 이를 제한하거나 방해할 수 있다. 예를 들어, 긴급한 지원이 필요한 클라이언트가 있으나 기관의 내부 규정이나 예산 부족으로 인해 서비스를 제공할 수 없는 경우가 이에 해당한다. 이 단계에서는 개인의 윤리적 실천을 넘어, 제도적 개선이나 구조적 대응까지 함께 모색해야 한다.

(2) 윤리갈등의 유형

사회복지 영역에서 윤리적 갈등은 크게 세 가지 범주로 유형화할 수 있다(임춘식 외, 2008).

첫째, 직접적 서비스 과정에서 발생하는 윤리적 갈등이다. 이는 사회복지사가 개인, 가족, 집단을 대상으로 직접적인 대인 서비스를 제공하는 상황에서 발생한다. 즉, 클라이언트에게 서비스를 제공하는 과정에서, 사회복지사는 윤리적 가치나 의무 중 하나만을 선택하기 어려운 상황에 직면하게 된다. 예를 들어, 말기 암 환자가 극심한 육체적 고통으로 인해 안락사를 요구하거나 의학적 지원을 거부할 경우, 사회복지사는 클라이언트의 자기결정권과 생명존중의 가치 사이에서 갈등을 경험하게 된다. 이러한 상황에서는 자기결정의 범위를 어디까지 인정할 것인지, 그리고 자기결정과 생명존중 가치 중 어느 것이 우선되어야 하는지를 기준으로 해결 방안을 모색해야 한다.

둘째, 간접적 서비스 과정에서 발생하는 윤리적 갈등이다. 이는 사회복지정책이나 프로그램을 기획하고 실행하는 과정에서 나타나는 갈등으로, 한 사회의 제한된 자원을 어떠한 인구 집단에 어떤 방식으로 분배할 것인지, 사회복지서비스의 전달에서 민간과 정부 간 역할 분담은 어떻게 이루어져야 하는지, 그리고 사회복지사의 실천이 법률을 위반하는 경우에도 그것이 전문직 윤리로서 정당화될 수 있는지 등에 대한 문제가 포함된다.

셋째, 사회복지 조직체 및 동료 사회복지사와의 관계에서 발생하는 윤리적 갈등이다. 이는 사회복지사가 조직의 구성원으로서 경험하는 윤리적 딜레마로, 동료 사회복지사의 비윤리적 행위를 고발해야 하는지 여부, 조직 차원에서 요구하는 부정행위에 어떻게 대응할 것인지, 그리고 기관의 이익과 클라이언트의 이익이 충돌할 경우 어느 쪽을 우선해야 하는지에 대한 갈등이 대표적이다.

이처럼 가치가 중요한 영향을 미치는 사회복지실천에서 윤리적 갈등의 발생은 필연적이다. 중요한 것은 이러한 윤리적 갈등 상황에서 사회복지사가 바람직한 선택을 내릴 수 있는 윤리적 의사결정 능력을 갖추는 데 있다.

(3) 윤리적 의사결정의 우선순위

사회복지사는 윤리적 딜레마에 직면했을 때 윤리적 결정을 내려야 한다. 이때 단순한 직관에 의존하기보다는, 사회복지전문직에서 강조하는 윤리 원칙의 우선순위에 따라 신중하게 판단해야 한다.

리머(Reamer, 1995)는 사회복지사가 모순된 상황에서 윤리적 결정을 내릴 수 있도록 다음과 같은 여섯 가지 윤리적 의사결정 지침을 제안하였다.

① **기본 생존 조건 우선 원칙** : 생명, 의식주, 교육, 여가 활동 등 인간 생존에 필수적인 조건은 부가적 재화에 대한 위협보다 우선한다.

② **기본 행복 우선 원칙** : 개인이 기본적인 행복을 누릴 권리는, 다른 사람의 자기결정권보다 우선한다.

③ **자발적 복종 존중 원칙** : 개인이 자유의사로 법이나 규칙, 규정에 복종할 경우, 그 자발성을 존중해야 한다.

④ **개인의 행복 우선 원칙** : 개인의 행복 추구권은 협회나 기관의 법·규칙보

다 우선될 수 있다. 단, 이 경우는 매우 신중하게 판단해야 하며, 개인의 기본적 행복권이 심각하게 침해될 위험이 있을 경우에 해당한다.

⑤ 전문가 협의 원칙 : 사회복지사는 윤리적 결정을 내릴 때, 다른 전문가들과 협의하여 결정해야 한다.

⑥ 문서화 원칙 : 윤리적 결정 과정은 명확하게 기록되어야 하며, 관련 서류를 모두 보존해야 한다.

한편 돌고프 등(Dolgoff et al., 2005)은 윤리강령 간 상충이 발생할 경우, 윤리 원칙의 우선순위를 결정하기 위한 우선순위 모델(priority model)을 제시하였다. 이 모델은, 예컨대 여섯째에 위치한 사생활 보호와 비밀보장 원칙보다 첫째에 위치한 생명 보호의 원칙이 우선된다는 식으로 윤리적 판단의 기준을 제공한다.

이들이 제시한 사회복지실천 윤리 원칙의 우선순위는 다음과 같다.

① 생명 보호의 원칙 : 사회복지사는 무엇보다도 개인의 생명과 기본 조건 충족을 우선적으로 보호해야 한다.

② 평등의 원칙 : 클라이언트는 공평하고 균등하게 대우받아야 한다.

③ 자율성과 자유의 원칙 : 클라이언트가 자신의 삶에 대해 자유롭고 자율적으로 결정할 수 있도록 보장해야 한다.

④ 최소한의 침해 원칙 : 클라이언트는 손상으로부터 보호받고, 가능한 한 최소한의 침해만을 받아야 한다.

⑤ 삶의 질 향상의 원칙 : 클라이언트가 보다 나은 삶의 질에 도달할 수 있도록 지원해야 한다. 단, 이 원칙은 생명 보호 및 최소한의 침해 원칙에 우선하지 않는다.

⑥ 사생활 보호와 비밀보장의 원칙 : 사회복지사는 클라이언트가 제공하는 모든 정보를 보호하고 비밀을 유지해야 한다.

⑦ 진실성과 개방의 원칙 : 클라이언트가 진실된 정보를 요청할 경우, 사회복지사는 사실에 근거한 정보를 제공해야 한다.

사회복지사는 이와 같은 윤리 원칙을 바탕으로 윤리적 결정을 내릴 때 다음과 같은 절차를 따라야 한다.

① 윤리적 쟁점을 명확히 확인하고,
② 가능한 행동 방안들과 그 정당성을 검토한 후,
③ 윤리적 결정을 내리고 실행하며,
④ 마지막으로 실행 결과를 평가하고 반성하는 윤리적 의사결정 과정을 거쳐야 한다.

한국사회복지사 윤리강령(2023년 4월 11일 5차 개정)

전문

사회복지사는 인본주의 · 평등주의 사상에 기초하여, 모든 인간의 존엄성과 가치를 존중하고 천부의 자유권과 생존권의 보장 활동에 헌신한다. 특히 사회적 · 경제적 약자들의 편에 서서 사회정의와 평등 · 자유와 민주주의 가치를 실현하는 데 앞장선다. 또한 도움을 필요로 하는 사람들의 사회적 지위와 기능을 향상시키기 위해 저들과 함께 일하며, 사회제도 개선과 관련된 제반 활동에 주도적으로 참여한다. 사회복지사는 개인의 주체성과 자기결정권을 보장하는 데 최선을 다하고, 어떠한 여건에서도 개인이 부당하게 희생되는 일이 없도록 한다. 이러한 사명을 실천하기 위하여 전문적 지식과 기술을 개발하고, 사회적 가치를 실현하는 전문가로서의 능력과 품위를 유지하기 위해 노력한다. 이에 우리는 클라이언트 · 동료 · 기관, 그리고 지역사회 및 전체사회와 관련된 사회복지사의 행위와 활동을 판단 · 평가하며 인도하는 윤리기준을 다음과 같이 선언하고 이를 준수할 것을 다짐한다.

Ⅰ. 사회복지사의 기본적 윤리기준

1. 전문가로서의 자세

1) 인간 존엄성 존중

가. 사회복지사는 모든 인간의 존엄, 자유, 평등을 위해 헌신해야 하며, 사회적 약자를 옹호하고 대변하는 일을 주도해야 한다.

나. 사회복지사는 모든 인간의 고유한 존엄성과 가치를 인정하고 존중하며, 이를 기반으

로 사회복지를 실천한다.

다. 사회복지사는 클라이언트의 성, 연령, 정신 · 신체적 장애, 경제적 지위, 정치적 신념, 종교, 인종, 국적, 결혼 상태, 임신 또는 출산, 가족 형태 또는 가족 상황, 성적 지향, 젠더 정체성, 기타 개인적 선호 · 특징 · 조건 · 지위 등을 이유로 차별을 하지 않는다.

라. 사회복지사는 다양한 문화의 강점을 인식하고 존중하며, 문화적 역량을 바탕으로 사회복지를 실천한다.

마. 사회복지사는 문화적으로 민감한 실천을 제공하기 위해, 사회복지실천 과정에서 자신의 개인적 · 사회적 · 문화적 · 정치적 · 종교적 가치, 신념과 편견이 클라이언트와 동료 사회복지사에게 미칠 수있는 영향을 고려하여 자기 인식을 증진하기 위해 힘쓴다.

2) 사회정의 실현

가. 사회복지사는 사회정의 실현과 클라이언트의 복지증진에 헌신하며, 이를 위한 국가와 사회의 환경 변화를 위해 노력한다.

나. 사회복지사는 사회, 경제, 환경, 정치적 자원에 대한 평등한 접근과 공평한 분배가 이루어지도록 노력한다.

다. 사회복지사는 개인적 · 집단적 · 사회적 · 문화적 · 정치적 · 종교적 특성에 근거해 개인이나 집단을 차별 · 억압하는 것을 인식하고, 이를 해결 또는 예방하기 위해 노력해야 한다.

2. 전문성 개발을 위한 노력

1) 직무 능력 개발

가. 사회복지사는 클라이언트에게 최상의 서비스를 제공하기 위해, 지식과 기술을 개발하는 데 최선을 다하며 이를 활용하고 공유할 책임이 있다.

나. 사회복지사는 사회적 다양성의 특징(성, 연령, 정신 · 신체적 장애, 경제적 지위, 정치적 신념, 종교, 인종, 국적, 결혼 상태, 임신 또는 출산, 가족 형태 또는 가족 상황, 성적 지향, 젠더 정체성, 기타 개인적 선호 · 특징 · 조건 · 지위 등), 차별, 억압 등에 대해 교육을 받고 이에 대한 이해를 증진하기 위해 노력한다.

다. 사회복지사는 변화하는 사회복지 관련 쟁점에 대응할 수 있도록 실천기술을 향상하고, 새로운 실천기술이나 접근법을 적용하기 위해 적절한 교육, 훈련, 연수, 자문, 슈퍼비전 등을 받도록 노력한다.

라. 사회복지사는 사회복지실천에 필요한 정보통신 관련 지식과 기술을 습득하기 위해 노력하며, 이를 사용하는 과정에서 발생할 수 있는 윤리적 문제를 인식하고 정보통신 관련 지식과 기술을 활용하도록 한다.

2) 지식기반의 실천 증진

가. 사회복지사는 사회복지실천 과정에서 평가와 연구 조사를 함으로써, 사회복지실천의 지식기반 형성에 기여하고, 궁극적으로 사회복지실천의 질적 향상을 위해 노력한다.

나. 사회복지사는 평가나 연구 조사를 할 때, 연구 참여자의 권리를 보장하기 위해, 연구 관련 사항을 충분히 안내하고 자발적인 동의를 얻어야 한다.

다. 사회복지사는 연구 과정에서 얻은 정보를 비밀보장의 원칙에서 다루며, 비밀보장의 한계, 비밀보장을 위한 조치, 조사자료폐기 등을 연구 참여자에게 알려야 한다.

라. 사회복지사는 평가나 연구 조사를 할 때, 연구 참여자의 보호와 이익, 존엄성, 자기결정권, 자발적 동의, 비밀보장 등을 고려하며, 「생명윤리 및 안전에 관한 법률」 등 관련 법령과 규정에 따라 연구윤리를 준수한다.

3. 전문가로서의 실천

1) 품위와 자질 유지

가. 사회복지사는 전문가로서의 품위와 자질을 유지하고, 자신이 맡고 있는 업무에 대해 책임을 진다.

나. 사회복지사는 자신의 이익을 위해 사회복지전문직의 가치와 권위를 훼손해서는 안 된다.

다. 사회복지사는 전문가로서 성실하고 공정하게 업무를 수행한다.

라. 사회복지사는 부정직한 행위, 범죄행위, 사기, 기만행위, 차별, 학대, 따돌림, 괴롭힘 등 불법적이고 부당한 일을 행하거나 묵인해서는 안 된다.

마. 사회복지사는 자신의 소속, 전문 자격이나 역량 등을 클라이언트에게 정직하고 정확하게 알려야 한다.

바. 사회복지사는 클라이언트, 학생, 훈련생, 실습생, 슈퍼바이지, 직장 내 위계적 권력 관계에 있는 동료와 성적 관계를 형성해서는 안 되며, 이들에게 성추행과 성희롱을 포함한 성폭력, 성적 · 인격적 수치심을 주는 행위를 해서는 안 된다.

사. 사회복지사는 한국사회복지사협회 등 전문가단체의 활동에 적극적으로 참여하여, 사회정의 실현과 사회복지사의 권익 옹호를 위해 노력한다.

2) 자기 관리

가. 사회복지사는 정신적 · 신체적 건강 문제, 법적 문제 등이 사회복지실천 과정에서의 전문적 판단이나 실천에 부정적 영향을 주거나 클라이언트의 이익을 저해하지 않도록, 동료, 기관과 함께 적절한 조치를 하도록 노력한다.

나. 사회복지사는 클라이언트에게 최상의 사회복지서비스를 제공하기 위해 사회복지사 자신의 정신적 · 신체적 건강, 안전을 유지 · 보호 · 관리하도록 노력한다.

3) 이해 충돌에 대한 대처

가. 사회복지사는 클라이언트의 이익을 우선으로 고려하고, 이해 충돌이 있을 때는 아동, 소수자 등 취약한 자의 이해와 권리를 우선시한다.

나. 사회복지사의 개인적 신념과 사회복지사로서 직업적 의무 사이에 이해 충돌이 발생할 때 동료, 슈퍼바이저와 논의하고, 부득이한 경우 클라이언트가 적절한 지원을 받을 수 있도록 클라이언트를 다른 사회복지사에게 의뢰하거나 다른 사회복지서비스로 연결한다.

다. 사회복지사는 전문적 가치와 판단에 따라 업무를 수행하는 과정에서, 기관 내외로부터 부당한 간섭이나 압력을 받아서는 안 된다.

Ⅱ. 사회복지사의 클라이언트에 대한 윤리기준

1. 클라이언트의 권익 옹호

사회복지사는 클라이언트의 이익을 최우선의 가치로 삼고 이를 실천하며, 클라이언트의 권리를 존중하고 옹호한다.

2. 클라이언트의 자기결정권 존중

1) 사회복지사는 사회복지실천 과정에서 클라이언트의 자기결정을 존중하고, 클라이언트를 사회복지실천의 주체로 인식하여 클라이언트가 자기결정권을 최대한 행사할 수 있도록 돕는다.

2) 사회복지사는 의사결정이 어려운 클라이언트에 대해서는 클라이언트의 이익과 권리를 보장하기 위한 적절한 조치를 취해야 한다.

3. 클라이언트의 사생활 보호 및 비밀보장

사회복지사는 클라이언트의 사생활을 존중하고 보호하며, 전문적 관계에서 얻은 클라이언트 관련 정보에 대해 비밀을 유지한다. 그러나 클라이언트 자신과 타인에게 해를 입히거나 범죄행위와 관련된 경우에는 예외로 할 수 있다.

4. 정보에 입각한 동의

사회복지사는 클라이언트의 알 권리를 인정하고 동의를 얻어야 하며, 클라이언트가 받는 서비스의 목적과 내용, 범위, 합리적 대안, 위험, 서비스의 제한, 동의를 거절 또는 철회할 수 있는 클라이언트의 권리 등에 대해 정확하고 충분한 정보를 제공한다.

5. 기록 · 정보 관리

1) 클라이언트에 대한 사회복지실천 기록은 사회복지사의 윤리적 실천의 근거이자 평가 · 점검의 도구이기 때문에 중립적이고 객관적으로 작성해야 한다.
2) 사회복지사는 클라이언트가 자신과 관련된 기록의 공개를 요구하면 정당한 비공개 사유가 없는 한 정보에 접근할 수 있도록 해야 한다.
3) 사회복지사는 클라이언트에 대한 문서 정보, 전자 정보, 기타 민감한 개인정보를 보호해야 한다.
4) 사회복지사가 획득한 클라이언트 관련 정보나 기록을 법적 사유 또는 기타 사유로 제3자에게 공개할 때는 클라이언트에게 안내하고 동의를 얻어야 한다.

6. 직업적 경계 유지

1) 사회복지사는 클라이언트와의 전문적 관계를 자신의 개인적 이익을 위해 이용해서는 안 된다.
2) 사회복지사는 업무 외의 목적으로 정보통신기술을 사용해 클라이언트와 의사소통을 해서는 안 된다.
3) 사회복지사는 어떠한 상황에서도 클라이언트와 사적 금전 거래, 성적 관계 등 부적절한 행동을 해서는 안 된다.
4) 동료의 클라이언트를 의뢰받을 때는 기관 및 슈퍼바이저와 논의하는 과정을 거쳐야 하며, 클라이언트에게 설명하고 동의를 얻은 후 서비스를 제공한다.
5) 사회복지사는 정보처리기술을 이용하는 것이 클라이언트의 권리를 침해할 위험성이 있다는 사실을 인식하고 직업적 범위 안에서 활용한다.

7. 서비스의 종결

1) 사회복지사는 클라이언트에게 제공되는 서비스가 더 이상 클라이언트의 이해나 욕구에 부합하지 않으면 업무상 관계와 서비스를 종결한다.
2) 사회복지사는 개인적 또는 직업적 이유로 클라이언트와의 전문적 관계를 중단하거나 종결할 때 사전에 클라이언트에게 충분히 설명하고, 다른 기관 또는 다른 전문가에게 의뢰하는 등 필요한 조치를 취한다.
3) 사회복지사는 클라이언트의 고의적 · 악의적 · 상습적 민원 제기에 대해 소속 기관, 슈퍼바이저, 전문가 자문 등의 논의 과정을 거쳐 서비스를 중단하거나 거부권을 행사할 수 있다.

Ⅲ. 사회복지사의 동료에 대한 윤리기준

1. 동료

1) 사회복지사는 존중과 신뢰를 기반으로 동료를 대하며, 전문가로서의 지위와 인격을 훼손하는 언행을 하지 않는다.
2) 사회복지사는 사회복지전문직의 권익 증진을 위해 동료와 다른 전문직 동료와도 협력하고 협업한다.
3) 사회복지사는 동료의 윤리적이고 전문적인 행위를 촉진해야 하며, 동료가 전문적인 판단과 실천이 미흡하여 문제를 발생시켰을 때 윤리강령과 제반 법령에 따라 대처한다.
4) 사회복지사는 다른 전문직의 동료가 행한 비윤리적 행위에 대해 윤리강령과 제반 법령에 따라 대처한다.
5) 사회복지사는 동료의 직무 가치와 내용을 인정하고 이해하며, 상호 간에 민주적인 직무 관계를 이루도록 노력해야 한다.
6) 사회복지사는 동료들에게 정보통신기술을 사용한 비윤리적 행위를 하지 않는다.
7) 사회복지사는 동료가 적법하게 업무를 수행하는 과정에서 부당한 조치를 당하면 동료를 변호하고 원조해 주어야 한다.
8) 사회복지사는 동료에게 행해지는 어떤 형태의 차별, 학대, 따돌림 또는 괴롭힘과 자신의 전문적 권위를 행사하는 다른 동료와의 부적절한 성적 행동에 가담하거나 이를 용인해서는 안 된다.
9) 사회복지사는 슈퍼바이지, 학생, 훈련생, 실습생, 자신의 전문적 권위를 행사하는 다른 동료와의 성적 행위나 성적 접촉과 성적 관계에 관여해서는 안 된다.

2. 슈퍼바이저

1) 슈퍼바이저는 슈퍼바이지가 전문적 업무 수행을 할 수 있도록 지원하고 슈퍼바이지는 슈퍼바이저의 전문적 지도와 조언을 존중해야 한다.
2) 슈퍼바이저는 전문적 기준에 따라 슈퍼비전을 수행하며, 공정하게 평가하고 평가 결과를 슈퍼바이지와 공유한다.
3) 슈퍼바이저는 개인적인 이익 추구를 위해 자신의 지위를 이용해서는 안 된다.
4) 슈퍼바이저는 사회복지사 수련생과 실습생에게 인격적 · 성적으로 수치심을 주는 행위를 해서는 안 된다.

Ⅳ. 사회복지사의 기관에 대한 윤리기준

1) 사회복지사는 기관의 사명과 비전을 확인하고, 정책과 사업 목표를 달성하기 위해 노력

해야 한다.

2) 사회복지사는 소속 기관의 활동에 적극적으로 참여함으로써 기관의 성장과 발전을 위해 노력해야 한다.

3) 사회복지사는 기관의 부당한 정책이나 요구에 대해 전문직의 가치와 지식을 근거로 대응하고, 제반 법령과 규정에 따라 해결하도록 노력해야 한다.

Ⅴ. 사회에 대한 윤리기준

1) 사회복지사는 자신이 일하는 지역사회를 이해하고, 클라이언트가 지역사회에서 서로 도우며 함께 살아가도록 지원해야 한다.

2) 사회복지사는 정치적 영역이 클라이언트의 권익과 사회복지실천에 미치는 영향을 인식하여 사회정의 실현을 위한 사회정책의 수립과 법령 제 · 개정을 지원 · 옹호해야 한다.

3) 사회복지사는 사회재난과 국가 위급 상황에서 문제를 해결하기 위해 적극적으로 활동해야 한다.

4) 사회복지사는 지역사회, 국가, 나아가 전 세계와 그 구성원의 복지증진, 삶의 질 향상을 위해 적극적으로 노력해야 한다.

5) 사회복지사는 인간과 자연이 서로 떨어져 살 수 없음을 깨닫고, 인간과 자연환경, 생명 등 생태에 미칠 영향을 생각하며 실천해야 한다.

사회복지사 선서

나는 모든 사람들이 인간다운 삶을 누릴 수 있도록,
인간 존엄성과 사회정의의 신념을 바탕으로,
개인 · 가족 · 집단 · 조직 · 지역사회 · 전체사회와 함께한다.
나는 언제나 소외되고 고통받는 사람들의 편에 서서,
저들의 인권과 권익을 지키며,
사회의 불의와 부정을 거부하고,
개인이익보다 공공이익을 앞세운다.
나는 사회복지사 윤리강령을 준수함으로써,
도덕성과 책임성을 갖춘 사회복지사로 헌신한다.
나는 나의 자유의지에 따라 명예를 걸고 이를 엄숙하게 선서합니다.

CHAPTER 04

사회복지와 인권

04 CHAPTER 사회복지와 인권

인권은 모든 인간이 태어날 때부터 가지는 기본적인 권리로, 인간다운 삶과 존엄을 보장받기 위한 핵심적인 가치이다. 사회복지는 이러한 인권이 현실에서 실현될 수 있도록 돕는 제도적 · 실천적 장치로, 단순한 도움이나 지원을 넘어 사람들의 권리를 보호하고 삶의 질을 향상시키는 역할을 한다.

이 장에서는 먼저 인권의 개념과 역사적 발달, 그리고 보편성, 불가분성, 상호의존성과 같은 특성을 살펴본다. 이어서 인권과 사회복지의 관계, 사회복지 윤리강령과 관련 법규, 그리고 사회권을 통한 인권 실현의 중요성을 논의한다. 마지막으로, 사회복지 실천에서 인권을 중심에 두는 접근방식과 원리, 구체적인 실천방법까지 다루어, 인권 기반 사회복지의 의미와 필요성을 이해할 수 있도록 한다.

1. 인권의 개념

인권(uman right)이란 인간이 인간답게 존재하고 생활하기 위해 마땅히 누려야 할 권리로, 인간의 존엄성과 가치를 실현하기 위한 기본적인 권리를 뜻한다. 1948년 채택된 세계인권선언 제1조에서는 "모든 인간은 태어날 때부터 자유롭고, 존엄성과 권리에 있어 평등하다. 인간은 이성과 양심을 부여받았으며, 서로 형제애의 정신으로 행동해야 한다."라고 규정하고 있다.

이는 모든 인간은 인종, 성별, 종교, 출신, 신분 등에 관계없이 인간으로서의 존엄과 가치를 가지며, 자유롭고 평등하게 대우받을 권리가 있음을 의미한다.

「대한민국헌법」 제10조에서는 "모든 국민은 인간으로서의 존엄과 가치를 가지며, 행복을 추구할 권리를 가진다. 국가는 개인이 가지는 불가침의 기본적 인권을 확인하고 이를 보장할 의무를 진다."라고 규정하여, 국가는 국민의 인간다운 생활을 보장해야 할 의무가 있음을 확인해 주고 있다.

「국가인권위원회법」 제2조 제1호에서는 "인권이란 헌법 및 법률에서 보장하거나 대한민국이 가입·비준한 국제인권조약 및 국제관습법에서 인정하는 인간으로서의 존엄과 가치 및 자유와 권리를 말한다."라고 정의하여, 국가인권위원회가 어떤 기준으로 '인권'을 판단하고 보호해야 할 범위를 설정하고 있다.

이처럼 인권이란 인간이 인간답게 살아가기 위해 태어날 때부터 가지는 권리이며, 국가는 국민의 인권을 보장하고 실현할 의무가 있다.

2. 인권의 발달과 특성

1) 인권의 발달 과정

인권은 고대의 자연법사상에서 시작하여, 근대의 시민혁명, 현대의 국제인권규범 제정에 이르기까지 시대를 거치면서 변화 발전되어 왔다. 현대 인권 개념은 근대 국가가 형성되던 17, 18세기에 시민들의 시민적·정치적 권리에 대한 관심에서부터 출발하여 점차 경제적·사회적·문화적 권리로 확대되었으며, 현대 사회에서는 인류 전체를 위한 집합적 권리, 즉 평화와 발전에 대한 권리, 그리고 파괴로부터 보호받는 깨끗한 환경에 대한 권리로 변화하고 있다(국가인권위원회, 2008).

(1) 1세대 인권

1세대 인권(First-generation rights)은 '시민적 · 정치적 권리(Civil and Political Rights)'를 의미하며, 개인이 국가의 간섭 없이 자유롭게 살아갈 권리로서 '자유권', '시민권', 또는 '정치권'이라고도 불린다. 이러한 권리는 17~18세기 유럽의 계몽주의 사상과 시민혁명, 특히 중세 봉건 질서를 무너뜨린 1789년 프랑스 대혁명을 통해 발전하였다.

1세대 인권에는 투표권, 언론의 자유, 집회의 자유, 공정한 재판을 받을 권리, 법 앞의 평등, 공민권, 사생활의 보호, 자기표현의 자유, 종교의 자유, 공무담임권, 시민생활 및 사회활동에의 자유로운 참여 등이 포함된다. 더불어 존엄하게 대우받을 권리, 공공안전에 대한 권리, 차별받지 않을 권리, 합법적 사업의 보호를 받을 권리, 협박 · 희롱 · 고문 · 강요 등을 받지 않을 권리 등도 이에 해당한다.

이러한 권리는 개인의 가치를 중시하는 자유주의적 관점에 기반하여, 국가의 간섭으로부터 개인을 보호하고 반드시 보장되어야 할 권리로 간주된다(Ife, 2000). 나아가 이러한 권리는 사법제도를 통해 실질적으로 보장되어야 하며, 사회복지실천에서도 인권기반 접근의 핵심적 토대로 삼아야 할 것이다.

(2) 2세대 인권

2세대 인권(Second-generation rights)은 19세기와 20세기의 사회민주주의, 사회주의, 그리고 여타 집단주의 운동에 기반을 두고 있다. 1세대 인권(자유권)이 개인에게 자유를 가져다주었지만, 사회 · 경제적 불평등을 적극적으로 해소하려 하지는 않았으며, 그 결과 여성에 대한 차별, 아동의 저임금 및 장시간 노동 등 열악한 인권 상황이 지속되었다. 즉, 자유는 확보되었으나 그것을 실질적으로 누릴 수 있는 사회적 · 물질적 기반은 보장되지 않았고, 이에 따라 사회 · 경제적 약자의 권리 보호와 노동 조건 개선 등 실질적 평등을 실현할 새로운 인권 개념과 실천 노력이 요구되었다(국가인권위원회, 2008).

2세대 인권은 단순히 '억압받지 않을 권리'가 아니라, '삶을 영위할 수 있는 조건을 보장받는 권리'로서, 건강권, 교육권, 주거권, 노동권, 생존권 등을 주요 내용으로 포함한다.

인간이 존엄을 유지하며 살아가기 위해서는 정신적 · 육체적 자유를 보장하는 자유권뿐만 아니라, 교육, 주거, 의료, 고용, 소득 등 사회보장 영역에서 국가의 적극적인 개입과 역할이 필수적이다. 이에 따라 국가는 다양한 사회급여를 통해 인권의 실질적 실현을 보장하기 위해 노력해야 하며, 이를 위해 자원의 집중적 투입과 정책적 의지가 요구된다.

따라서 제2세대 인권은 '적극적 권리'로 분류되지만, 여전히 법적 보장에 있어서는 미흡한 점이 존재한다(국가인권위원회, 2006).

(3) 3세대 인권

3세대 인권(Third-generation rights)은 20세기 이후 등장한 인권의 새로운 영역으로, 개인이 아닌 집단, 공동체, 나아가 인류 전체의 권리를 다룬다. 이러한 인권이 발전하게 된 배경에는 제3세계의 식민지화, 기후위기, 전쟁, 난민 문제, 환경 파괴, 디지털 불평등 등과 같이, 더 이상 개별 개인이나 국가의 노력만으로 해결할 수 없는 인권 문제가 대두되었기 때문이다. 즉, 환경보호, 평화, 개발, 자결권, 디지털 접근권 등과 같은 현대 사회의 국제적 · 집단적 과제에 대응하기 위해서는 전 지구적 차원의 협력과 노력이 필요하다는 인식이 확산된 것이다. 3세대 인권은 '평화롭게 살 권리', '깨끗한 환경에서 살 권리', '재난으로부터 인도주의적 구제를 받을 권리' 등을 포함하며, 주요 내용은 환경권, 평화권, 개발권, 디지털 접근권 등으로 구성된다.

따라서 연대를 통해 지역사회의 권리보장, 국가와 공동체의 권리보장으로 발전하게 되었고 선진국 중심에서 벗어나 개발도상국이나 저개발국을 중심으로 지역사회개발의 측면으로 발전하였다. 여전히 3세대 인권을 보장하기 위한 국제조약이나 협정이 부족한 상황이지만 향후 전 세계적 연대 차원에서 인권을 보장하기 위한 다양한 노력이 전개될 것으로 예상된다(UN Center for Human Rights, 이혜원 역, 2005).

2) 인권의 특성

인권의 특성은 인권이 가지는 본질적이고 중요한 속성들로, 대표적인 인권의 특성들로 보편성의 원칙, 불가분성의 원리, 상호 의존성의 원리가 제시되고 있다(국가인권위원회. 2018). 인권들은 서로 연결되어 있어 어느 하나의 권리가 존중될 때 다른 권리들도 함께 증진되고 보장된다. 이러한 특성들은 인권이 단순한 법적 권리 이상의 의미가 있으며, 인간의 존엄과 평등을 실현하는 데 핵심적인 역할을 함을 보여준다.

(1) 보편성의 원칙

보편성의 원칙이란 인권이 특정 국가, 문화, 인종, 성별, 사회적 지위에 관계없이 전 세계 모든 인간에게 동등하게 적용되는 권리임을 의미한다. 즉, 인권은 어느 한 집단이나 특정 지역에 국한된 권리가 아니라, 모든 인간이 태어날 때부터 본질적으로 가지고 태어나는 권리이다. 이 원칙은 인권이 세상 누구에게나 똑같이 적용되어야 한다는 국제적 합의를 반영한다. 따라서 인권은 문화적 차이나 정치적 상황, 경제적 발전 정도와 상관없이 존중되어야 한다. 보편성 원칙은 세계인권선언과 여러 국제인권조약의 근간이 되며, 이를 통해 국제사회는 인권침해에 공동으로 대응하고 인권 증진을 위한 협력과 노력을 이어가고 있다. 이러한 보편성은 인류 모두가 평등한 권리를 누려야 한다는 도덕적·법적 근거가 된다.

다만, 보편성이란 모든 사람이 똑같은 방식으로 권리를 실현해야 한다는 의미가 아니라, 개인과 집단 사이의 다양성과 차이를 인정하고, 각자의 존재에 합당한 권리를 누릴 수 있어야 한다는 것을 뜻한다. 즉, 인권의 보편성을 인정하면서도 각국과 지역의 특수성, 다양한 역사적 · 문화적 · 종교적 배경까지 함께 고려해야 한다(이준상 외, 2025).

(2) 불가분성의 원리

인권은 내용과 성격에 따라 다양하게 분류된다. 인권의 역사적 발달 과정에 따라 제1세대 인권(자유권), 제2세대 인권(사회권), 제3세대 인권(연대권)으로 분류하기도 하며, 국제인권규약에서는 '시민적 · 정치적 권리(B 규약 : 생명권, 언론 · 종교의 자유 등)', '경제적 · 사회적 · 문화적 권리(A 규약 : 교육권, 건강권, 노동권 등)' 등으로 구분하기도 한다. 그러나 이러한 분류는 본질적으로 나누어질 수 없는 권리들이며, 상호 밀접한 관련성을 가진다. 불가분성의 원리란 인권이 본질적으로 '나눌 수 없는 성격'을 지닌다는 뜻이다. 즉, 인권은 시민적 · 정치적 권리(예 표현의 자유, 재판받을 권리)와 경제적 · 사회적 · 문화적 권리(예 교육받을 권리, 노동권, 복지권)로 구분되지만, 이들 권리는 상호보완적이며 함께 실현되어야 한다는 의미이다.

예를 들어, 표현의 자유(자유권)가 있더라도 교육받을 권리(사회권)가 보장되지 않으면 표현의 자유를 제대로 행사하기 어렵다. 마찬가지로 경제적 권리만 있고 정치적 권리가 없다면 경제적 권리도 온전히 누릴 수 없다. 이처럼 인권은 하나의 통합된 체계이며, 어떤 권리도 무시되거나 배제되어서는 안 된다는 점이 불가분성 원리의 핵심이다.

(3) 상호 의존성의 원리

세상은 혼자 살아가는 공간이 아니다. 다른 사람들과 함께 살아가기 때문에 나의 권리와 타인의 권리는 긴밀하게 연결되어 있다. 즉, 모든 개인과 공동체의 권리는 서로 연결되어 있어 한 권리의 실현 여부가 다른 권리의 실현에 영향을 미친다. 이에 따라 개인과 공동체는 타인의 권리를 존중하면서 자신의 권리를 누릴 책임이 있다.

인권의 상호 의존성 때문에, 다른 사람의 권리를 침해하는 경우에는 인권이 부득이하게 제한될 수 있다. 우리 헌법도 본질적 인권을 제외하고는 공공의 안전이나 복리를 위해 인권을 제한할 수 있도록 규정하고 있다(이준상 외, 2025). 즉, 「대한민국헌법」 제37조 제2항에서는 "국민의 모든 자유와 권리는 국가안전보장, 질서유지 또는 공공복리를 위하여 필요한 경우에 한하여 법률로써 제한할 수 있으며, 그 경우에도 자유와 권리의 본질적인 내용을 침해할 수 없다."라고 명시하고 있다. 이 조항은 헌법상 보장된 국민의 자유와 권리가 절대적인 것이 아니며, 일정한 조건하에서 제한될 수 있음을 의미한다.

3. 인권과 사회복지

인권과 사회복지는 모두 '모든 사람이 인간다운 생활을 영위할 권리를 가진다'는 점에서 공통점을 가진다. 인권은 인간이 태어날 때부터 본질적으로 지니는 보편적 권리인 반면, 사회복지는 인간다운 삶을 보장하기 위한 정책적 · 실천적 활동으로 이해할 수 있다. 이러한 관점에서 인권이 궁극적인 목표라면, 사회복지는 그 목표를 실현하기 위한 수단이라 할 수 있다. 특히 인권침해에 취약한 사회적 약자들은 동시에 복지 대상이 되는 취약계층인 경우가 많아, 복지와 인권은 필연적으로 밀접한 관계를 맺고 있다.

1) 사회복지 윤리강령과 인권

사회복지 윤리강령과 인권은 매우 밀접한 관계에 있다. 사회복지사는 인권을 보호하고 증진하는 데 핵심적 역할을 하기에 사회복지 윤리강령은 인권의 철학과 원칙을 구체적인 실천지침으로 제시하고 있다. 사회복지를 실천함에 있어 윤리는 생명과도 같고 인간의 존엄성과 자기결정권을 보장하기 위해서 윤리적 실천이 필요하다. 따라서 사회복지현장에서 윤리강령을 준수하는 것은 인권을 실현하는 것이라고 할 수 있다(양옥경, 2017).

우리나라의 사회복지 윤리강령은 1973년에 처음 작성되어 1982년에 제정되었는데, 주요 내용은 사회복지 전문가의 사명, 사회복지의 핵심 가치, 그리고 윤리적 원칙과 윤리적 책임을 명시한 문서로서, 윤리강령의 내용 중 인권의 개념이 명시되어 있다(박연주, 2020).

2) 사회복지 관련법과 인권

사회복지 관련법과 인권은 불가분의 관계에 있다. 사회복지 관련법들은 인권을 법적으로 보장해 주며, 인권은 사회복지 관련법들을 제정하는 데 윤리적 기반을 제공한다. 즉, 사회복지 관련법은 인권을 구체화하고 보장하는 중요한 수단이라고 볼 수 있다.

「사회복지사업법」 제1조에서는 "사회복지사업을 시행하는 데 있어서 사회복지를 제공하는 자는 사회복지를 필요로 하는 사람의 인권을 보장하여야 한다."라고 명시되어 있다. 인권은 기본적으로 법적 차원의 개념이고 인권은 침해를 받거나 보호하기 위해 법적 필요성이 부각된다. 사회복지현장에서 일어나는 다양한 인권침해의 상황을 해결하고 다루기 위해서 사회복지사에게 인권과 관련된 절차와 인권침해 여부를 다루기 위한 법적 지식이 중요하다. 직접 법적 문제를 해결한다기보다 법률가와 협력관계를 형성하여 인권 문제를 해결한다고 볼 수 있고, 이때 사회복지사는 인권 피해자를 지지하는 역할 또한 매우 중요하다. 사회복지사는 학교나 가정에서 일어날 수 있는 아동의 자유침해에 대한 보호를 위해 아동복지법, 아동학대특례법, 형법, 청소년보호법, 장애인의 생명과 신체를 훼손당하지 않을 권리와 관련하여 장애인복지법, 근로기준법, 폭력행위 등 처벌에 관한 법률, 그리고 노인의 인권침해를 보호하기 위해 노인복지법, 노인장기요양보호법, 교통약자의 이동편의 증진법 등 사회복지 대상자들의 인권을 보호하기 위한 다양한 법률과 관련되어 있다(고명석, 2019).

3) 사회권과 인권

인권과 관련한 대표적인 국제적 규약으로는 '자유권 규약'으로 불리는 '시민적 · 정치적 권리에 관한 국제협약(International Covenant on Economic Social and Cultural Rights, B규약)'과 '사회권 규약'으로 불리는 '경제적 · 사회적 · 문화적 권리에 관한 국제협약(International Covenant on Economic Social and Cultural Rights, A규약)'이 있다. 이 중에 '사회권 규약'은 인간이 인간답고 존엄한 삶을 영위할 수 있도록 보장하는 권리로, 현대 복지국가와 사회복지제도의 이념적 · 법적 근거를 제공하고 있다.

'사회권 규약'은 사회복지와 밀접히 관련된 포괄적인 규정을 담고 있는데, 노동의 권리와 노동조합에 가입할 권리(제6, 7, 8조), 사회보장을 받을 권리(제9조), 가정과 아동이 보호받을 권리(제10조), 적절한 수준의 의식주를 제공받을 권리(제11조), 건강을 유지할 권리(제12조), 교육받을 권리(제13, 14조), 문화생활을 영위할 권리(제15조) 등을 규정하고 있다.

이런 권리들은 개인의 노력에 의해서만 보장받을 수 있는 것은 아니다. 특히 지금처럼 사회 · 경제적으로 불평등이 심각한 시기에는 개인의 노력만으로는 한계가 있다. 국가가 개입하고 가능한 자원과 제도를 마련해야 국민들이 이러한 권리들을 보장받을 수 있다. 즉, 국가의 적극적인 복지를 통해 국민의 인권이 보장되어야 한다(이준상 외, 2025).

특히 인간다운 생활을 할 권리와 사회보장권은 사회권의 핵심이라 할 수 있다. 복지에 대한 의존성이 높아지고 경제성장이 자연스럽게 사회권을 보장하며, 민주주의가 실현되면 사회권도 저절로 확보된다는 오해가 있으나, 국가가 사회권 보장을 위해 적극적으로 노력하지 않으면 이를 실현할 수 없다. 따라서 사회권을 보장하기 위해서는 국가가 적극적인 사회복지정책을 펼치는 것이 필수적이다.

이에 대해 고명석(2019)은 사회권 실현에 대한 국가 개입의 중요성을 다음과 같이 설명하고 있다.

첫째, 자유권은 국가의 개입이나 간섭을 배제하는 반면, 사회권은 국가의 개입과 간섭을 통해 적극적인 급부를 보장한다.

둘째, 사회권의 실현을 위해서는 급부의 방법과 수준에 관한 구체적인 정책과 제도가 필요하다.

셋째, 사회권 실현에는 재원이 수반되므로, 국가의 재정적 능력과 의지에 따라 그 범위가 달라질 수 있다.

4. 인권기반 사회복지실천

현대 사회에서는 개인의 생존과 인간다운 삶을 위협하는 다양한 위험이 존재한다. 이러한 위험은 사회 구성원 대부분에게 발생할 가능성이 있으며, 원인과 결과에 대한 책임을 개인에게 묻기 어려운 경우가 많다. 이를 사회적 위험이라 한다. 사회복지는 이들 사회적 위험과 그로 인해 발생하는 문제들에 대응하기 위한 사회적 노력을 기울인다.

이러한 집합적 노력은 「대한민국헌법」 제34조에서 규정한 인간다운 생활을 할 권리에 대한 국가의 의무를 구체화한 「사회보장기본법」에 명시되어 있다. 해당 법은 출산, 양육, 실업, 노령, 장애, 질병, 빈곤, 사망 등 다양한 사회적 위험으로부터 국민 모두를 보호하고, 개개인의 삶의 질을 높이기 위해 필요한 소득과 서비스를 제공할 것을 규정하고 있다(이봉주 외, 2023).

한편 인권기반 접근은 사회복지의 가치와 윤리와 밀접하게 중첩되며, 사회복지의 필요성과 중요성을 이해하는 데 유용하다. 인권기반 접근은 인간의 존엄성을 보장하기 위해 욕구(needs), 문제(problems), 잠재력(potentials)에 초점을 맞추어 사람들의 상황을 개선하고자 하는 사회복지실천 방법이다(이봉주 외, 2023).

1) 인권기반 사회복지의 특성

사회복지는 오랫동안 시혜적 접근에 중점을 두어 서비스를 제공해 왔다. 그러나 이러한 접근방식은 수동적인 수급자 이미지를 형성하고, 낙인 문제 및 비효율성을 초래했으며, 복지 수혜자들이 자신의 권리를 제대로 인식하지 못하는 한계가 있었다.

하지만 복지국가로 발전하면서 사회복지 수급 대상자 스스로 복지서비스에 대한 권리를 자각하게 되었고, 이에 따라 복지서비스는 권리기반 패러다임으로 전환되었다. 현대 사회는 인권을 웰빙 패러다임으로 규정하며, 민주주의 발전과 함께 사회 전반으로 확산되고 있다(오봉욱, 2022).

조효제(2007)는 인권기반 사회복지의 특성을 다음과 같이 제시하였다.

첫째, 보편성을 강조하는 사회정책의 전환 속에서 인권이 핵심 영역으로 부상하였다.

둘째, 인권기반 사회복지는 인간의 존엄성을 확보하는 방향으로 사회복지 개선을 촉진하였다.

셋째, 사회복지 수급 대상자가 능동적이고 자신감 있는 주체로 인정받는 것을 의미한다.

넷째, 인권에 대한 대중적 요구는 새로운 사회복지정책의 형성으로 이어졌다.

다섯째, 쟁점 상황에서 인권은 문제해결의 결정적 역할을 하였다.

여섯째, 인권 보편화의 영향으로 소수자에 대한 관심이 확대되었다.

2) 인권기반 사회복지의 원칙

사회복지사 선서문은 사회복지사를 “모든 사람이 인간다운 삶을 살 수 있도록 인간 존엄성과 사회정의의 신념을 바탕으로 일하는 사람”으로 규정하고 있다. 인권과 사회복지실천이 공통적으로 추구하는 가치와 목표는 ‘인간 존엄성의 존중'이다. 국제사회사업가협회(IFSW, 2002)는 인권이 사회복지실천의 핵심임을 강조하며 인권 훈련 매뉴얼을 제작하였다. 즉, 사회복지실천은 가치, 윤리, 이론, 서비스 과정 전반에 걸쳐 인권을 고려해야 하며, 인권은 반드시 옹호되고 촉진되어야 한다는 점을 명확히 하고 있다(UN Center for Human Rights, 이혜원 역, 2005).

국제사회사업가협회(IFSW, 2002)는 사회복지실천에서 인권 실현을 위한 기본 원칙을 '인권에 관한 국제정책'으로 발표하였으며, 주요 내용은 다음과 같다.

① 모든 사람은 고유한 가치를 지니며, 이는 도덕적 배려의 근거가 된다.
② 모든 개인은 자기실현의 권리를 가지며, 이는 타인의 동등한 권리를 침해하지 않는 범위 내에서 최대한 보장되어야 한다.
③ 모든 사회는 그 구성원에게 최대의 이익을 제공하는 기능을 수행해야 한다.
④ 사회복지사는 사회정의의 원칙에 대한 확고한 신념을 가져야 한다.
⑤ 사회복지사는 개인, 집단, 지역사회 및 사회 전체가 발전하고 개인과 사회 간 갈등을 해결할 수 있도록 객관적이고 전문적인 지식과 기술을 헌신할 책임이 있다.
⑥ 사회복지사는 성별, 연령, 장애, 인종, 사회계층, 종교, 언어, 정치적 신념, 성적 지향 등 어떠한 차별 없이 최선의 자원을 제공해야 한다.

3) 인권기반 사회복지실천 방법

기본적으로 인권기반 사회복지실천(Human Rights-Based Social Work Practice)은 구체적인 기술이나 방법을 일률적으로 제시하지 않는다. 이는 이용자 개인에 맞춘 접근이 필요하기 때문에, 미리 실천기술이나 방법을 정형화하는 것이 적절하지 않기 때문이다.

다만, 중요한 원칙은 사회복지사와 이용자가 수평적인 파트너 관계로 참여해야 한다는 점이다. 사회복지사가 전문가주의에 치우치면 이용자와 수직적인 관계가 형성되기 쉽다. 따라서 사회복지사는 이용자와의 관계를 평등하고 수평적인 관계로 전환해야 한다. 사회복지사는 전문적인 지식과 기술을 갖춘 전문가이며, 이용자는 자신의 삶에 대한 전문가이므로, 사회복지실천의 모든 과정에 양자가 평등한 파트너로 참여해야 한다(McPherson, 2015).

인권기반 사회복지실천은 사회복지 전 과정에서 인권을 핵심 가치이자 실천 원칙으로 삼는다. 이는 단순히 도움이 필요한 사람을 돕는 것을 넘어, 그들의 권리를 실현하고 권리 주체로서의 역량을 강화하며, 책임 주체에 대한 책무성을 요구하는 실천이다.

사회복지사는 인권기반 사회복지실천에서 클라이언트를 단순한 수혜자가 아닌 권리의 주체로 바라보아야 하며, 클라이언트가 자신의 권리를 인식하고 주장할 수 있도록 적극적으로 옹호해야 한다. 또한 클라이언트가 서비스 결정 과정에 능동적으로 참여할 수 있도록 보장하고, 클라이언트의 자기결정권을 존중해야 한다.

세계인권선언문

전문

모든 인류 구성원의 천부의 존엄성과 동등하고 양도할 수 없는 권리를 인정하는 것이 세계의 자유, 정의 및 평화의 기초이며, 인권에 대한 무시와 경멸이 인류의 양심을 격분시키는 만행을 초래하였으며, 인간이 언론과 신앙의 자유, 그리고 공포와 결핍으로부터의 자유를 누릴 수 있는 세계의 도래가 모든 사람들의 지고한 열망으로서 천명되어 왔으며, 인간이 폭정과 억압에 대항하는 마지막 수단으로서 반란을 일으키도록 강요받지 않으려면, 법에 의한 통치에 의하여 인권이 보호되어야 하는 것이 필수적이며, 국가 간에 우호관계의 발전을 증진하는 것이 필수적이다.
국제연합의 모든 사람들은 그 헌장에서 기본적 인권, 인간의 존엄과 가치, 그리고 남녀의 동등한 권리에 대한 신념을 재확인하였으며, 보다 폭넓은 자유 속에서 사회적 진보와 보다 나은 생활 수준을 증진하기로 다짐하였고, 회원국들은 국제연합과 협력하여 인권과 기본적 자유의 보편적 존중과 준수를 증진할 것을 스스로 서약하였으며, 이러한 권리와 자유에 대한 공통의 이해가 이 서약의 완전한 이행을 위하여 가장 중요하므로, 이에, 국제연합총회는, 모든 개인과 사회 각 기관이 이 선언을 항상 유념하면서 학습 및 교육을 통하여 이러한 권리와 자유에 대한 존중을 증진하기 위하여 노력하며, 국내적 그리고 국제적인 점진적 조치를 통하여 회원국 국민들 자신과 그 관할 영토의 국민들 사이에서 이러한 권리와 자유가 보편적이고 효과적으로 인식되고 준수되도록 노력하도록 하기 위하여, 모든 사람과 국가가 성취하여야 할 공통의 기준으로서 이 세계인권선언을 선포한다.

조문

제1조

모든 인간은 태어날 때부터 자유로우며 그 존엄과 권리에 있어 동등하다. 인간은 천부적으로 이성과 양심을 부여받았으며 서로 형제애의 정신으로 행동하여야 한다.

제2조

모든 사람은 인종, 피부색, 성, 언어, 종교, 정치적 또는 기타의 견해, 민족적 또는 사회적 출신, 재산, 출생 또는 기타의 신분과 같은 어떠한 종류의 차별이 없이, 이 선언에 규정된 모든 권리와 자유를 향유할 자격이 있다. 더 나아가 개인이 속한 국가 또는 영토가 독립국, 신탁통치지역, 비자치지역이거나 또는 주권에 대한 여타의 제약을 받느냐에 관계없이, 그 국가 또는 영토의 정치적, 법적 또는 국제적 지위에 근거하여 차별이 있어서는 아니 된다.

제3조

모든 사람은 생명과 신체의 자유와 안전에 대한 권리를 가진다.

제4조

어느 누구도 노예상태 또는 예속상태에 놓여지지 아니한다. 모든 형태의 노예제도와 노예매매는 금지된다.

제5조

어느 누구도 고문, 또는 잔혹하거나 비인도적이거나 굴욕적인 처우 또는 형벌을 받지 아니한다.

제6조

모든 사람은 어디에서나 법 앞에 인간으로서 인정받을 권리를 가진다.

제7조

모든 사람은 법 앞에 평등하며 어떠한 차별도 없이 법의 동등한 보호를 받을 권리를 가진다. 모든 사람은 이 선언에 위반되는 어떠한 차별과 그러한 차별의 선동으로부터 동등한 보호를 받을 권리를 가진다.

제8조

모든 사람은 헌법 또는 법률이 부여한 기본적 권리를 침해하는 행위에 대하여 권한 있는 국내 법정에서 실효성 있는 구제를 받을 권리를 가진다.

제9조

어느 누구도 자의적으로 체포, 구금 또는 추방되지 아니한다.

제10조

모든 사람은 자신의 권리, 의무 그리고 자신에 대한 형사상 혐의에 대한 결정에 있어 독립적이며 공평한 법정에서 완전히 평등하게 공정하고 공개된 재판을 받을 권리를 가진다.

제11조

1. 모든 형사피의자는 자신의 변호에 필요한 모든 것이 보장된 공개 재판에서 법률에 따라 유죄로 입증될 때까지 무죄로 추정받을 권리를 가진다.
2. 어느 누구도 행위 시에 국내법 또는 국제법에 의하여 범죄를 구성하지 아니하는 작위 또는 부작위를 이유로 유죄로 되지 아니한다. 또한 범죄 행위 시에 적용될 수 있었던 형벌보다 무거운 형벌이 부과되지 아니한다.

제12조

어느 누구도 그의 사생활, 가정, 주거 또는 통신에 대하여 자의적인 간섭을 받거나 또는 그의 명예와 명성에 대한 비난을 받지 아니한다. 모든 사람은 이러한 간섭이나 비난에 대하여 법의 보호를 받을 권리를 가진다.

제13조

1. 모든 사람은 자국 내에서 이동 및 거주의 자유에 대한 권리를 가진다.
2. 모든 사람은 자국을 포함하여 어떠한 나라를 떠날 권리와 또한 자국으로 돌아올 권리를 가진다.

제14조

1. 모든 사람은 박해를 피하여 다른 나라에서 비호를 구하거나 비호를 받을 권리를 가진다.
2. 이러한 권리는 진실로 비정치적 범죄 또는 국제연합의 목적과 원칙에 위배되는 행위로 인하여 기소된 경우에는 주장될 수 없다.

제15조

1. 모든 사람은 국적을 가질 권리를 가진다.
2. 어느 누구도 자의적으로 자신의 국적을 박탈당하지 아니하며 자신의 국적을 변경할 권리가 부인되지 아니한다.

제16조

1. 성인 남녀는 인종, 국적 또는 종교에 따른 어떠한 제한도 없이 혼인하고 가정을 이룰 권리를 가진다. 그들은 혼인에 대하여, 혼인기간 중 그리고 혼인해소 시에 동등한 권리를 향유할 자격이 있다.
2. 혼인은 장래 배우자들의 자유롭고 완전한 동의하에서만 성립된다.
3. 가정은 사회의 자연적이고 기초적인 단위이며, 사회와 국가의 보호를 받을 권리가 있다.

제17조

1. 모든 사람은 단독으로 뿐만 아니라 다른 사람과 공동으로 재산을 소유할 권리를 가진다.
2. 어느 누구도 자의적으로 자신의 재산을 박탈당하지 아니한다.

제18조

모든 사람은 사상, 양심 및 종교의 자유에 대한 권리를 가진다. 이러한 권리는 종교 또는 신념을 변경할 자유와, 단독으로 또는 다른 사람과 공동으로 그리고 공적으로 또는 사적으로 선교, 행사, 예배 및 의식에 의하여 자신의 종교나 신념을 표명하는 자유를 포함한다.

제19조

모든 사람은 의견의 자유와 표현의 자유에 대한 권리를 가진다. 이러한 권리는 간섭없이 의견을 가질 자유와 국경에 관계없이 어떠한 매체를 통해서도 정보와 사상을 추구하고, 얻으며, 전달하는 자유를 포함한다.

제20조

1. 모든 사람은 평화적인 집회 및 결사의 자유에 대한 권리를 가진다.
2. 어느 누구도 어떤 결사에 참여하도록 강요받지 아니한다.

제21조

1. 모든 사람은 직접 또는 자유로이 선출된 대표를 통하여 자국의 정부에 참여할 권리를 가진다.
2. 모든 사람은 자국에서 동등한 공무담임권을 가진다.
3. 국민의 의사가 정부 권능의 기반이다. 이러한 의사는 보통 · 평등 선거권에 따라 비밀 또는 그에 상당한 자유 투표절차에 의한 정기적이고 진정한 선거에 의하여 표현된다.

제22조

모든 사람은 사회의 일원으로서 사회보장을 받을 권리를 가지며, 국가적 노력과 국제적 협력을 통하여, 그리고 각 국가의 조직과 자원에 따라서 자신의 존엄과 인격의 자유로운 발전에 불가결한 경제적, 사회적 및 문화적 권리들을 실현할 권리를 가진다.

제23조

1. 모든 사람은 일, 직업의 자유로운 선택, 정당하고 유리한 노동 조건, 그리고 실업에 대한

보호의 권리를 가진다.
2. 모든 사람은 아무런 차별 없이 동일한 노동에 대하여 동등한 보수를 받을 권리를 가진다.
3. 노동을 하는 모든 사람은 자신과 가족에게 인간의 존엄에 부합하는 생존을 보장하며, 필요한 경우에 다른 사회보장방법으로 보충되는 정당하고 유리한 보수에 대한 권리를 가진다.
4. 모든 사람은 자신의 이익을 보호하기 위하여 노동조합을 결성하고, 가입할 권리를 가진다.

제24조

모든 사람은 노동시간의 합리적 제한과 정기적인 유급휴가를 포함하여 휴식과 여가의 권리를 가진다.

제25조

1. 모든 사람은 의식주, 의료 및 필요한 사회복지를 포함하여 자신과 가족의 건강과 평안에 적합한 생활 수준을 누릴 권리와, 실업, 질병, 장애, 배우자 사망, 노령 또는 기타 불가항력의 상황으로 인한 생계 결핍의 경우에 보장을 받을 권리를 가진다.
2. 어머니와 아동은 특별한 보호와 지원을 받을 권리를 가진다. 모든 아동은 적서에 관계없이 동일한 사회적 보호를 누린다.

제26조

1. 모든 사람은 교육을 받을 권리를 가진다. 교육은 최소한 초등 및 기초단계에서는 무상이어야 한다. 초등교육은 의무적이어야 한다. 기술 및 직업교육은 일반적으로 접근이 가능하여야 하며, 고등교육은 모든 사람에게 실력에 근거하여 동등하게 접근 가능하여야 한다.
2. 교육은 인격의 완전한 발전과 인권과 기본적 자유에 대한 존중의 강화를 목표로 한다. 교육은 모든 국가, 인종 또는 종교 집단 간에 이해, 관용 및 우의를 증진하며, 평화의 유지를 위한 국제연합의 활동을 촉진하여야 한다.
3. 부모는 자녀에게 제공되는 교육의 종류를 선택할 우선권을 가진다.

제27조

1. 모든 사람은 공동체의 문화생활에 자유롭게 참여하며 예술을 향유하고 과학의 발전과 그 혜택을 공유할 권리를 가진다.
2. 모든 사람은 자신이 창작한 과학적, 문학적 또는 예술적 산물로부터 발생하는 정신적, 물질적 이익을 보호받을 권리를 가진다.

제28조

모든 사람은 이 선언에 규정된 권리와 자유가 완전히 실현될 수 있도록 사회적, 국제적 질서에 대한 권리를 가진다.

제29조

1. 모든 사람은 그 안에서만 자신의 인격이 자유롭고 완전하게 발전할 수 있는 공동체에 대하여 의무를 가진다.
2. 모든 사람은 자신의 권리와 자유를 행사함에 있어, 다른 사람의 권리와 자유를 당연히 인정하고 존중하도록 하기 위한 목적과, 민주사회의 도덕, 공공질서 및 일반적 복리에 대한 정당한 필요에 부응하기 위한 목적을 위해서만 법에 따라 정하여진 제한을 받는다.
3. 이러한 권리와 자유는 어떠한 경우에도 국제연합의 목적과 원칙에 위배되어 행사되어서는 아니 된다.

제30조

이 선언의 어떠한 규정도 어떤 국가, 집단 또는 개인에게 이 선언에 규정된 어떠한 권리와 자유를 파괴하기 위한 활동에 가담하거나 또는 행위를 할 수 있는 권리가 있는 것으로 해석되어서는 아니 된다.

CHAPTER 05

사회복지의 구성요소

05 CHAPTER 사회복지의 구성요소

현대 사회는 다양한 사회문제와 복잡한 인간 욕구에 직면해 있으며, 이러한 상황에서 사회복지는 인간의 존엄성과 삶의 질을 보장하는 핵심 제도로서 그 역할과 중요성이 더욱 커지고 있다. 사회복지가 효과적으로 기능하기 위해서는 단순한 지원을 넘어 체계적이고 종합적인 접근이 필요하다. 이를 위해서는 사회복지실천과 운영의 핵심 구성요소인 욕구, 대상, 주체, 자원, 전달체계에 대한 이해가 필요하다. 이들 요소는 상호 유기적으로 연결되어 사회복지 목표 달성에 기여하며, 각 요소의 특성과 역할을 정확히 이해하는 것은 실질적이고 효과적인 복지 실현을 위해 매우 중요하다.

이 장에서는 사회복지를 구성하는 다섯 가지 핵심 요소인 욕구, 대상, 주체, 자원, 전달체계에 대해 살펴보고자 한다.

1. 욕 구

욕구란 인간이 어떤 결핍 상태를 느끼고 그것을 채우고자 하는 내적 동기 또는 심리적 · 생리적 요구 상태를 말한다. 사회복지에서의 욕구란, 인간이 생존하고 사회적 삶을 유지하며 발전하기 위해 충족되어야 하는 조건이나 상태를 의미한다. 사회복지는 인간의 기본적인 욕구를 충족하기 위한 사회적 대응체계이다. 인간은 스스로 자신의 욕구(needs)를 충족시킬 수 없을 때, 외부로부터 도움을 필요로 한다. 이러한 외적 도움을 사회적으로 체계화 ·

제도화한 것이 사회복지이므로, 사회복지를 이해하기 위해서는 먼저 욕구에 대한 이해가 있어야 한다(남세진 · 조흥식, 1995). 여기서는 욕구의 의미의 개념과 욕구의 분류에 대하여 살펴보고자 한다.

1) 욕구의 개념

사회복지에서 욕구란 인간이 생존하고 사회적 삶을 유지하며 발전하기 위해 반드시 충족되어야 하는 조건이나 상태를 의미한다. 이는 단순한 욕망(wants)이 아니라, 삶의 질 향상을 위해 필수적인 요소이다. 욕구란 어떤 목적을 이루기 위해 필요하거나 결여된 것으로, 필요한 것이 부족하여 불편을 겪는 상태를 가리킨다.

욕구는 개인의 특성에 따라 다르게 나타나는 개인적 욕구와, 다수가 처한 상황이 사회가 정한 일정 기준에 미치지 못해 발생하는 사회적 욕구로 구분할 수 있다. 다만, 개인적 욕구라도 개인 차원에서 해결되지 못하고 사회문제로 인식되는 경우에는 사회적 욕구가 될 수 있다(Rubington & Weinberg, 1981). 예를 들어, 개인의 사적 문제로 여겨졌던 취업 욕구가 사회 전체 구성원에게 공통되거나 구조적인 문제로 인식될 경우, 실직은 사회적 관심과 개입의 대상이 된다. 이와 같이 실업뿐 아니라 노인의 빈곤문제, 청소년의 정신건강 문제 등도 개인이 스스로 욕구를 충족하지 못해 국가나 사회의 개입이 필요할 때 개인적 욕구가 사회적 욕구로 전환되는 사례이다. 사회복지는 이러한 개인적 욕구와 사회적 욕구 모두를 충족시키는 데 초점을 둔다.

욕구의 목적에 관해서는 학자마다 다양한 견해가 있다. 매슬로우(Maslow, 1954)는 인간이 결핍 상태를 충족함으로써 성장하고 자아를 실현하려 한다고 보았으며, 브래드쇼(Bradshaw, 1972)는 개인의 삶의 개선과 공공서비스의 정당성을 결정하는 기준으로 욕구를 이해하였다. 마샬(Marshal, 1950)은 욕구의 목적을 사회권(social rights) 실현과 인간다운 삶의 보장으로 보았다.

2) 욕구의 분류

욕구를 분류하는 이유는 사회복지정책 수립, 자원 배분, 서비스 제공에 있어 보다 정확하고 효율적인 개입을 하기 위해서이다. 개인이 겪는 어려움이 개별적으로 해결해야 할 개인적 욕구인지, 아니면 공공의 개입이 필요한 사회적 욕구인지를 명확히 파악해야 적절한 사회복지 개입 방안이 결정될 수 있다.

또한 욕구의 유형에 따라 정책결정과 자원 배분이 달라진다. 예를 들어, 절대빈곤과 같은 규범적 욕구를 가진 개인들의 욕구 충족을 위해서는 제도적 개입이 필요하며, 개별적인 서비스를 요구하는 표출적 욕구를 가진 개인들에게는 맞춤형 개입 방안이 모색되어야 한다.

(1) 매슬로우의 욕구단계이론

매슬로우는 인간의 욕구를 다섯 가지 단계로 분류하고 있다. ① 생리적 욕구(physiological need), ② 안전의 욕구(safety need), ③ 애정 · 소속의 욕구(love/ belonging need), ④ 존중의 욕구(esteem need), ⑤ 자아실현의 욕구(self-actualization need) 등이 그것이다(Maslow, 1954).

첫째, 생리적 욕구는 인간 욕구 중 가장 기본적이고 강한 생물학적 생존 욕구이다. 예를 들어, 배고픔, 갈증, 수면, 성욕, 피로 등 감각적 자극과 관련된 욕구를 말하며, 이러한 생리적 충동은 유기체의 생물학적 유지와 직접적으로 연결된 기본적인 욕구이다.

둘째, 안전의 욕구는 개인이 환경 속에서 신체적 안전, 경제적 안정, 주거 안정, 건강, 미래에 대한 불안 해소 등 안전하고 평온한 상태를 보장받고자 하는 욕구이다. 이 욕구는 생리적 욕구가 충족된 이후에 나타난다. 예를 들어, 직장과 재산 보호, 질병 예방, 법적 안전 보장 등이 이에 해당한다. 사람들이 외부 위험으로부터 자신을 보호하고 건강하고 안정된 생활을 유지하기 위해 주거를 마련하거나 건강보험에 가입하는 행위가 바로 안전의 욕구에 해당한다(이준상 외, 2025).

셋째, 애정과 소속의 욕구는 생리적 욕구와 안전의 욕구가 충족된 후 나타나는 정서적 · 사회적 욕구로, 개인이 한 집단 내에서 타인과 애정 관계를 형성하고, 소속감을 느끼며, 사회적 연결과 인정을 갈망하는 것이다. 이 욕구가 충족되지 않으면 외로움이나 고립감을 경험할 수 있다.

넷째, 존중의 욕구는 자신에 대한 자아존중과 타인으로부터 인정받고 존경받고자 하는 욕구이다. 이는 개인의 능력, 신뢰감, 자신감, 자기계발, 긍정적 자아관 등으로 나타난다. 이 욕구가 결핍되면 열등감이나 무가치감에 빠질 수 있다.

마지막으로, 자아실현의 욕구는 자신이 성취할 수 있는 모든 것을 이루려는 욕구를 말한다. 예컨대, 자아를 실현한다는 것은 자신의 재능, 능력, 잠재력을 충분히 발휘하여 자기가 원하는 유형의 사람이 된다는 것이다. 매슬로우는 이 단계에 이른 사람은 자신만의 기준에 따라 삶을 영위하며, 외부의 안정보다는 내적 만족과 성장에 집중한다고 보았다.

(2) 브래드쇼의 사회적 욕구 구분

브래드쇼는 사회복지정책 수립과 자원 배분의 기준을 마련하기 위해 욕구를 네 가지 유형으로 분류했다. 이 분류는 사회복지학에서 매우 널리 사용되며, 개인의 욕구를 어떻게 인식하고 대응할 것인지에 대한 중요한 분석 틀을 제공한다. 브래드쇼가 제시한 욕구 유형은 규범적 욕구(normative need), 체감된 욕구(felt need), 표현된 욕구(expressed need), 비교된 욕구(comparative need)이다(Bradshaw, 1972).

첫째, 규범적 욕구는 전문가나 제3자가 설정한 객관적 기준이나 사회적 규범에 근거하여 판단된 욕구를 의미한다. 규범적 욕구란, 당사자의 주관적 인식이나 표현 여부와 관계없이, 법적 · 의학적 · 사회적 기준에 따라 '그 사람에게 필요한 상태'로 간주되는 경우이다. 다시 말해, 이는 당사자가 자각하지 못하거나 표현하지 않더라도, 전문가의 판단 또는 공식 기준에 의해 사회복지적 개입이 정당화되는 욕구 유형이라 할 수 있다(Bradshaw, 1972).

실제 복지현장에서 규범적 욕구는 제도 설계, 자격 기준 설정 등 복지정책 수립의 핵심 근거로 작용하며, 제도적 개입의 객관성과 정당성을 확보하는 데 중요한 도구가 된다. 예를 들어, 국민기초생활보장제도에서는 기준 중위소득 50% 이하라는 소득 기준을 충족할 경우, 개인이 별도로 복지 수요를 표현하지 않더라도 지원 대상자로 간주된다. 또한 아동의 신체 발달이 성장 표준에 미달하는 경우 급식지원이 개입되는 사례나, 장애 정도 판정을 기준으로 재활 서비스가 제공되는 경우 등도 규범적 욕구에 해당한다. 규범적 욕구는 전문가의 경험과 지식에 기초해 결정되므로 신뢰도가 높지만, 여전히 사회적 맥락에 따라, 또 이를 정의하는 사람들의 가치와 판단에 따라 달라질 수 있다는 단점이 있다.

둘째, 체감된 욕구는 개인이 특정 상황에서 결핍, 불편, 고통, 곤란 등을 주관적으로 인식하는 상태로 정의된다. 즉, 개인이 스스로 인식하고 표현하는 욕구를 의미한다. 체감된 욕구는 아직 서비스 신청이나 구체적 행동으로 표현되지 않았다는 점에서 표현된 욕구와 구별된다.

체감된 욕구는 개인이 결핍, 불편, 고통 등의 상태를 주관적으로 인식하는 욕구이다. 아직 구체적인 행동으로 표현되지는 않았지만, 개인이 스스로 문제를 느끼고 있는 상태를 말한다. 예를 들어, 한부모가정의 부모가 '요즘 너무 지쳐서 상담을 받아야 할 것 같다'라고 느끼지만 상담센터에 방문하지는 않은 경우, 이는 체감된 욕구에 해당한다. 또는 노인이 자신의 고독감을 인식하면서도 지역 복지기관에 도움을 요청하지 않은 경우도 여기에 포함된다.

체감된 욕구는 개인의 인식 능력과 감정 상태에 따라 주관적으로 해석되기 때문에, 정책 수립의 직접적 기준으로는 한계가 있다. 또한 이러한 욕구는 표현되지 않는 한 행정 통계나 서비스 수요 예측에서 포착되기 어렵다는 문제가 있다.

셋째, 표현된 욕구는 체감된 욕구가 행동으로 나타난 상태이다. 즉, 당사자가 자신의 문제나 필요를 자각하고, 이를 해결하기 위한 서비스 신청, 상담 요청, 민원 제기 등 구체적인 요구 행동을 실천했을 때 해당한다(Bradshaw, 1972). 이러한 욕구는 행정적으로 욕구 파악이 가능하고, 서비스 수요의 실질적인 지표가 되기 때문에 정책 및 프로그램 설계에서 중요한 기준으로 활용된다. 예를 들어, 저소득 가구가 기초생활보장 급여를 신청한 경우나 장애인이 보장구 지원을 신청하거나 재활 서비스에 등록을 한 경우와 같이 사회복지기관에서 실제로 기록되고 집계되므로, 정책 수요 추계 및 자원 배분 기준으로 활용된다. 표현된 욕구는 당사자의 행위로 입증되는 실제 수요이므로, 정책결정자가 복지서비스의 우선순위를 정하고, 예산과 인력을 배분하는 데 매우 유용한 자료가 된다. 행정통계, 민원데이터, 서비스 신청 건수 등은 모두 표현된 욕구의 집합체라 할 수 있다. 특히 공공복지 시스템에서는 표현된 욕구를 통해 수요 기반의 정책 설계가 가능하며, 이는 복지행정의 합리성과 효율성을 확보하는 데 기여한다. 하지만 개인의 모든 욕구가 항상 표현되는 것은 아니기 때문에 통상적으로 표출된 욕구는 실제 개인의 욕구 수준보다 낮게 나타나는 경향이 있다(이준상 외, 2025).

넷째, 비교된 욕구는 유사한 사회적 · 경제적 · 지리적 특성을 가진 두 집단 또는 지역 간 자원 이용의 격차를 통해 상대적 결핍 상태를 인식하는 방식이다. 예컨대, A지역에는 노인복지관이 설치되어 다양한 서비스를 제공하고 있으나, 인접한 B지역에는 유사한 인구구조에도 불구하고 복지관이 없는 경우, B지역 노인들은 비교된 욕구가 존재한다고 볼 수 있다.

비교된 욕구는 자원의 지역 간 불균형이나 복지 사각지대 존재 여부를 진단하는 데 효과적이다. 이를 통해 형평성을 기반으로 한 복지정책 설계가 가능해지고, 정치적 · 행정적 개입의 정당성이 확보된다. 또한 정보 접근이 어려운 비자발적 침묵 집단의 욕구를 간접적으로 파악하는 수단으로 기능한다. 다만, 비교 기준의 선정과 지역 특성의 차이를 고려하지 않을 경우 단순화된 해석으로 오용될 수 있으므로 주의가 필요하다(정익중 외, 2021).

2. 대 상

사회복지는 인간 삶의 질을 향상시키고, 사회적 약자의 권익을 보호하는 것을 목적으로 한다. 이러한 목적을 효과적으로 실현하기 위해서는 사회복지의 대상이 누구인지, 그리고 그들이 직면한 문제와 욕구가 무엇인지에 대한 깊이 있는 이해가 전제되어야 한다.

전통적으로 사회복지의 대상은 빈곤층, 장애인, 아동, 노인 등과 같이 구조적 취약성에 놓인 집단, 즉 사회적 약자나 취약계층으로 간주되어 왔다(박석돈, 2008). 그러나 현대 복지국가의 발전과 복지제도의 확장에 따라, 사회복지의 대상은 이러한 특정 집단에 국한되지 않고 모든 시민으로 확대되고 있으며, 보편적 복지의 관점이 점차 강조되고 있다.

이에 따라 사회복지사는 복지 대상을 단순히 '도움이 필요한 사람'으로만 이해해서는 안 되며, 개인을 사회적 맥락 속에서 권리와 책임을 지닌 주체로 인식할 필요가 있다. 즉, 복지 대상은 수혜자이자 권리 실현의 주체로서 사회복지 대상을 이해해야 한다.

1) 사회복지 대상자

사회복지의 목적은 사람들의 복지를 증진하는 것이다. 사회복지 대상자는 사회복지의 급여나 서비스를 받는 사람을 의미한다. 사회복지의 개입 대상이 되는 사람들은 다양한 사회적 위험에 직면해 있다. 사회들마다 사회복지의 개입 대상이 되는 인구를 결정하는 기준은 다를 수 있다. 과거에는 사회복지의 대상자가 노인, 장애인, 고아 등 사회적 약자와 빈곤층이었으나, 현대 사회에서는 산업화가 야기하는 질병, 실업, 사고 등 사회적 위험을 안고 살아가는 전 국민을 대상으로 하고 있다. 그러나 전 국민이 모든 사회복지서비스를 동일하게 제공받는 것은 아니다. 한정된 사회복지 자원을 효율적으로 사용하기 위해서는 욕구 수준이 상대적으로 높은 대상자를 선정하여 우선적으로 복지서비스를 제공하자는 주장도 있고, 현대 사회에서는 복지수급이 사회권으로 하나의 권리이기 때문에 전 국민을 대상으로 하여야 한다는 주장도 있다(이성기 외, 2023).

한편 산업화, 도시화, 정보화의 진전으로 인한 후기 산업사회에서는 전통적인 사회복지 대상 외에도 다양한 새로운 집단이 사회복지의 대상으로 포함되고 있다. 이는 후기 산업사회에서 나타나는 새로운 사회문제들이 기존의 복지제도로는 충분히 대응하기 어려운 복합적이고 다차원적인 사회적 도전을 제기하고 있기 때문이다. 그 결과, 사회복지 대상의 범위는 과거보다 훨씬 광범위하게 확장되었다.

대표적인 사례로는 일시적 실업자와 비정규직 노동자를 들 수 있다. 정보통신기술의 발달과 글로벌 경제 환경의 변화는 노동시장의 구조를 빠르게 재편시켰고, 이로 인해 고용의 유연화가 심화되었다. 그 결과, 안정적인 일자리를 확보하지 못한 비정규직 근로자나 고용불안에 처한 실업자들이 증가하고 있으며, 이들은 경제적 불안정뿐만 아니라 사회적 안전망으로부터 소외될 위험이 크다. 따라서 이들 또한 현대 사회복지의 중요한 대상으로 간주된다.

또한 후기 산업사회에서는 여성의 노동시장 진출 확대와 함께 성별에 따른 차별과 불평등 문제가 부각되었다. 높은 교육 수준을 갖춘 여성들이 사회진출에 적극적으로 나서고 있음에도 불구하고, 여전히 성별 임금 격차, 경력단절, 승진 차별 등의 문제가 지속되고 있다. 이러한 구조적 불평등은 여성의 사회적 배제를 심화시키며, 이로 인해 여성 역시 후기 산업사회에서 주요한 사회복지 대상으로 포함되게 되었다.

최근에는 젠더 문제와 관련된 다양한 사회적 불평등과 폭력에 대응하기 위한 정책들이 쏟아져 나온다. 또한 세계화와 함께 다문화가정과 이주민 가정을 꾸리는 예가 증가하였는데, 이들이 정착한 국가에서 언어적 · 문화적 차이와 사회적 · 경제적 차별로 인한 어려움을 겪게 되면서 이들을 위한 교육, 주거, 법적 보호 등의 복지서비스가 필요하게 되었다. 또 기후 변화와 같은 환경적 위험으로 인해 새로운 취약계층이 등장하기도 한다. 특히 자연재해, 환경오염 등에 취약한 지역사회의 주민들은 현대 사회복지의 새로운 대상이 되고 있다. 홍수, 폭염, 산불, 태풍 등 기후 재난으로 집과 생계를 잃은 사람들이나 기후 변화로 인해 농작물과 어획량이 감소하면서 생계가 불안정해진 농·어업 종사자들, 환경오염 등으로 인한 생존 환경 악화로 고향을 떠나야 하는 이주민 등이 대표적 예이다(이준상 외, 2025).

2) 사회복지 대상의 분류

사회복지는 사회적 위험과 욕구에 직면한 개인 및 집단을 대상으로 다양한 개입과 서비스를 제공하는 전문 영역이다. 이러한 개입이 효율적이고 적절하게 이뤄지기 위해서는 사회복지 대상이 누구인가를 명확히 정의하고, 이를 체계적으로 분류하는 작업이 필수적이다. 특히 대상 분류는 이론적 기반 구축뿐 아니라 정책 수립과 실천 전략 마련의 기초 자료로 기능한다.

이와 관련하여, 길버트와 테렐(Gilbert & Terrell, 2013)은 사회복지 대상 분류의 기준으로 보편주의(universalism)와 선별주의(selectivity)라는 두 가지 원칙을 제시하였다.

(1) 보편주의

보편주의(universalism)는 특정 인구 집단이 아닌 전 국민을 사회복지의 대상자로 간주하는 방식으로, 시민권(citizenship)에 근거하여 복지서비스를 하나의 권리로 제공하고, 수혜 자격과 기준을 균등하게 적용함으로써 수급자가 낙인감, 열등감, 굴욕감을 느끼지 않도록 한다는 점에 의의가 있다(Titmuss, 1976 : 129). 보편주의에서 가장 중요한 것은 사회복지 수급이 국민의 기본권이라는 인식이다. 대표적인 사례로는 모든 노인을 대상으로 하는 대중교통 요금 감면이나 노인 건강진단, 그리고 모든 취학 아동을 대상으로 하는 초·중등 교육과 무상급식 등을 들 수 있다.

길버트와 테렐(Gilbert & Terrell, 2002)은 보편주의의 원칙을 네 가지로 정리하였다. 첫째, 보편주의는 모든 시민을 대상으로 하는 프로그램을 지향한다. 이는 사회복지를 빈민이나 장애인 등 특정 집단에 국한하지 않고, 모든 시민이 일상적으로 겪을 수 있는 생활문제를 해결하기 위한 보편적 대응으로 본다. 즉, 빈민과 부자, 남성과 여성 등 사회적 범주에 관계없이 공통된 사회적 욕구를 충족시키기 위한 프로그램을 제공하는 국가가 복지국가라는 것이다.

둘째, 보편주의는 모든 시민에게 복지권을 보장해야 한다고 본다. 이는 모든 시민이 정치적 권리를 갖는 것과 마찬가지로, 소득 수준과 관계없이 교육, 의료, 소득보장 등 복지를 하나의 권리로 누릴 수 있어야 한다는 입장이다.

셋째, 보편주의는 사회통합을 중시한다. 기여자(givers)와 수혜자(receivers)를 구분하는 것은 사회적 통합과 인간 존엄의 가치를 훼손한다고 본다. 실제로 공공부조 수급자나 특수교육 대상 장애아동이 느끼는 낙인감은 이러한 구분이 가져오는 부작용을 보여주는 사례이다.

넷째, 보편주의는 정치적 장점을 강조한다. 포괄성(inclusiveness)의 원칙에 입각한 보편주의적 복지 프로그램은 비용이 많이 들 수 있으나, 특정 빈곤층만을 대상으로 하는 자산조사 기반의 복지보다 훨씬 대중적 지지를 받기 쉽다. 실제로 빈곤층만을 대상으로 하는 공공부조는 정치적으로 매우 취약하다는 점에서, 보편주의는 정치적 안정성과 지속가능성 측면에서도 우위를 갖는다고 할 수 있다.

(2) 선별주의

선별주의(selectivism)는 자격을 갖춘 일부 대상자에게만 복지혜택을 제공하는 방식으로, 복지자원의 제한성과 효율성을 강조한다. 즉, 스스로 생계를 유지할 수 없는 계층에게 복지혜택을 집중시키는 것이다. 이 방식은 자산조사(means test)를 통해 수혜 대상을 선정하며, 대표적으로 공공부조, 기초생활보장제도, 공공임대주택 등이 이에 해당한다. 선별주의는 자산조사를 통해 원조의 필요성이 인정된 사람들, 즉 결손가정, 장애인, 무능력자, 노인, 빈민

등을 복지서비스의 대상으로 한다. 이들은 수혜 조건을 갖추었는지를 조사하는 과정과 일반 시민(조세를 통해 그 비용을 부담하는)과의 사회적 관계 속에서 낙인을 피하기 어렵다(Townsend, 1975).

선별주의자들은 복지자원이 한정된 상황에서 자격 기준을 통해 혜택이 꼭 필요한 사람만을 지원하는 것이 예산 지출을 효과적으로 줄이고 자원의 낭비를 막는 방법이라고 본다. 개인이나 가족의 명확한 욕구가 대상자 선정에서 최우선시되어야 하며, 보편주의적 급여보다는 제한적 급여가 필요하다는 입장이다. 또한 자신의 욕구를 스스로 해결할 수 있는 사람은 정부의 사회복지 급여를 받아서는 안 된다고 본다. 사회복지 수급자는 자활이 불가능한 집단에 한정되어야 하며, 그래야 사회복지 재정을 부담하는 납세자들의 공감을 얻을 수 있다고 믿는다. 이러한 대상자의 제한을 위해 자산조사는 필수적이다. 중산층과 같이 정치적으로 영향력이 큰 집단이 복지혜택의 상당 부분을 차지하는 것을 방지하기 위해서도 자산조사는 필요하다고 본다.

(3) 공통점과 차이점

이 두 가지 원칙의 공통점은 모두 비용효과성(cost effectiveness)을 중시한다는 점이다. 보편주의에서는 무상의 보편적 교육과 보건의료서비스를 선호하는데, 이는 이러한 프로그램이 없을 경우 발생할 수 있는 장래의 문제들, 예컨대 청소년 비행이나 정신적 · 신체적 장애로 인한 다양한 사회적 비용을 사전에 예방할 수 있다는 점에서 중요하다. 또한 장기적으로 보았을 때, 보편주의 프로그램이 오히려 비용 절감 효과를 가져올 수 있다는 것이다. 더불어 보편주의 프로그램은 선별주의 프로그램에서 필수적인 지속적인 감시, 점검, 급여 조정 등에 소요되는 행정비용도 절약할 수 있다(이성기 외, 2023).

보편주의에서도 욕구가 가장 큰 사람에게 원조를 집중함으로써 재분배가 이루어지길 원한다. 대부분의 국가에서 보편주의적 조세 정책을 채택하고 있으나, 실제로는 조세 감면 제도를 통해 저소득층에게는 세금을 감면해 주고, 중간계층 이상에게는 일정한 세율로 과세함으로써 소득재분배가 이루어지도록 하고 있다. 연금과 같은 사회보장 급여에 있어 일정 급여 이하의 수급자에게는 과세하지 않는 것도 그 예다. 또한 보편적 가족수당 제도 안에서 한부모가정, 저소득층, 장애아동을 둔 가정에게 추가적인 부가급여를 제공하는 사례 역시 보편주의적 원칙과 재분배의 결합을 보여주는 예라 할 수 있다. 즉, 보편주의는 모든 시민에게 최저한의 동일한 급여를 제공하는 동시에, 욕구가 큰 취약 집단에게는 상대적으로 더 많은 급여를 제공함으로써 소득재분배를 실현하고자 한다. 이러한 방식은 빈민을 위한 급여를 중산층을 대상으로 하는 프로그램에 통합시켜 운영하는 형태로 나타난다(이성기 외, 2023).

선별주의 또한 보편주의가 중시하는 사회적 평등성이나 사회적 효과성(social effectiveness)을 나름대로 추구한다. 다시 말해, 사회가 보다 평등한 방향으로 나아가야 한다고 할 때, 사회복지 급여를 전체 인구에게 고르게 제공하는 것보다 빈민에게 국한하여 집중적으로 제공하는 것이 오히려 평등을 제고하는 데 더 효과적일 수 있다고 본다. 나아가 사회복지 급여를 사회적 욕구가 있는 사람에게 집중할 경우, 오히려 긴장과 적대감을 유발하는 사회적 반목을 줄일 수 있다는 주장도 있다. 요컨대, 사회적 욕구가 제대로 충족되지 않은 사람이 많은 상황에서, 부족한 자원을 욕구가 큰 사람에게 우선적으로 배분하면 사회적 형평성을 높이는 데 기여할 수 있으며, 이는 사회적 평등을 실현하는 데에도 효과적일 수 있다(Gilbert & Terrell, 2002).

요약하자면, 선별주의 복지는 소득이나 자산 등 일정 기준에 따라 자격을 갖춘 사람에게만 복지혜택을 제공하는 방식으로, 효율성과 재정 절감을 강조한다. 그러나 이 방식은 낙인 효과, 수급자 선정의 행정적 비효율성, 사각지대 발생 등의 문제를 동반할 수 있다. 반면, 보편주의 복지는 자격 심사 없이 모든 국민을 대상으로 복지서비스를 제공함으로써 형평성과 사회통합을 중시한다. 이는 복지에 대한 접근성을 높이고, 복지를 시민의 권리로 인식하게 만들 수 있으나, 높은 재정 부담과 제도의 지속가능성에 대한 우려도 존재한다.

3) 사회복지 대상의 선정기준

현대 사회복지제도의 정당성은 복지 대상자의 선정이 국민들의 동의를 얻고 있느냐에 달려 있다. 특히 한정된 사회적 자원을 보다 공정하고 효율적으로 분배하기 위해서는 명확하고 합리적인 선정기준이 필수적이다. 사회복지 대상자의 선정기준은 단순한 행정적 판단기준을 넘어서, 복지 이념과 국가의 정책 방향, 그리고 사회적 가치관이 반영된 기준 체계로 이해되어야 한다. 앞서 설명한 보편주의와 선별주의 접근법은 사회복지 대상을 선정할 때 추상적인 원칙을 제공해 주지만, 실제로 사회복지서비스가 어떤 특정 기준에 근거해 구체적으로 누구에게 제공될지를 결정하는 데 있어 실질적인 준거틀로 활용하기에는 한계가 있다. 이러한 점들을 고려하여, 길버트와 테렐(Gilbert & Terrell, 2002)이 제시한 네 가지 사회복지 대상 선정기준인 귀속적 기준, 보상적 기준, 진단적 기준, 자산조사 기준을 소개하고자 한다.

(1) 귀속적 욕구

귀속적 욕구(attributed need)에 따른 사회복지 대상 자격은 특정 개인이나 집단이 공통적으로 가지는 욕구에 기반해 결정된다. 이는 사회의 가치와 규범이 반영된 욕구로, 구성원들의 욕구가 개인마다 크게 다르지 않을 것이라는 전제에서 출발한다. 다시 말해, 특정한 집단 구성원으로서의 조건을 갖춘 사람을 대상으로 한다. 예를 들어, 전 국민, 맞벌이 부부, 고령층, 저소득층, 농어촌 지역 학생 등 특정 계층이나 지역 주민이 될 수 있다. 모든 시민을 대상으로 무상의 보건의료서비스를 제공하는 영국의 국민보건서비스(NHS), 모든 노인에게 지급되는 노령수당, 모든 아동에게 지급되는 아동수당 등이 이에 해당한다. 이 경우, 욕구에 대한 전문가의 규범적 판단기준에 따라 특정 집단이 대상자로 선정된다.

(2) 보상

보상(compensation) 원칙에 기반한 사회복지 혜택 자격은, 특정 집단이 사회적 · 경제적으로 특별한 기여를 하였거나 인종차별, 성차별 등 사회적 불평등으로 인해 부당한 피해를 입었을 경우에 주어진다. 예를 들어, 건강보험이나 국민연금과 같은 사회보험제도는 가입 요건을 충족하고 일정한 보험료를 납부한 사람을 대상으로 한다. 또한 퇴직 군인, 독립유공자 등 국가에 기여한 사람들, 혹은 인종차별이나 성차별과 같은 사회적 희생을 겪은 사람들에게 복지급여가 보상의 형태로 제공된다. 보상의 원칙에서 중요한 조건은, 형평성에 입각해 전문가가 규범적으로 판단한 특정 집단을 대상자로 선정하는 데 있다.

(3) 진단적 구분

진단적 구분(diagnostic differentiation)은 신체적 또는 정신적 손상을 입어 특정한 재화나 서비스가 필요한 개인을 대상으로 하며, 이러한 판단은 전문가의 진단과 분류 심사에 근거한다. 이 경우 진단은 전문가만이 수행할 수 있으며, 장애연금의 등급 분류가 대표적인 예이다. 진단적 구분 원칙의 핵심은 욕구에 대한 기술적 분류 기준에 따라 개별적으로 대상을 선정하는 것이다.

(4) 자산조사 욕구

자산조사 욕구(means-tested need)는 사회복지 대상자를 선정할 때 주로 활용되는 기준으로, 선별주의 복지제도에서 특히 중요하다. 이 기준은 복지 대상자가 재화와 서비스를 자력으로 확보할 수 없다는 명확한 경제적 증거를 자산조사를 통해 제시할 수 있어야 한다. 수급 여부는 개인의 경제적 여건에 의해 결정되며, 지원은 매우 제한적으로 제공된다. 이 원칙은 경제적 기준에 따라 개별적으로 대상자를 선정하는 것을 기본으로 한다.

이상과 같은 네 가지 사회복지 대상자 선정기준을 욕구 판단기준에 초점을 맞추어 요약하면, 귀속적 욕구는 집단을 대상으로 하고 규범적으로 욕구를 판단하며, 보상은 집단을 대상으로 하되 형평성에 입각하여 규범적으로 욕구를 판단한다. 진단적 구분은 개인을 대상으로 하며 기술적 분류 기준에 따라 욕구를 판단하고, 자산조사 욕구는 개인을 대상으로 하며 경제적 기준에 따라 욕구를 결정한다(이성기 외, 2023).

3. 자 원

일반적으로 자원(resource)이란 사회복지 대상자인 개인, 가족, 공동체 구성원, 그리고 국민 전체의 사회적 욕구를 충족시키거나, 그들이 당면한 문제를 해결하기 위한 수단을 의미한다. 사회적 욕구를 적절히 충족하기 위해서는 자원이 충분히 확보되어야 함은 물론이다. 사회복지에 필요한 자원을 구분하는 방법에는 여러 가지가 있다. 제공주체의 성격에 따라 공식적 자원과 비공식적 자원으로, 자원의 유입 형태에 따라 공공자원과 민간자원으로 분류하기도 한다. 또한 자원 형태에 따라 인적 자원과 물적 자원으로 구분할 수도 있다(이준상 외, 2024).

1) 제공주체에 따른 자원

자원은 제공주체에 따라 비공식적 자원과 공식적 자원으로 분류할 수 있다(이준상 외, 2024).

(1) 비공식적 자원

비공식적 자원에는 대체로 친척, 친구, 이웃, 그리고 자원봉사자가 포함된다. 비공식적 자원은 적절성에 대한 명확한 규칙이 없으며, 그 범위가 매우 광범위하다. 이들은 엄격한 규칙이나 제한성이 없고 자발적이며, 공식적 자원보다 개별적인 욕구를 충족하는 데 훨씬 적합하다. 비공식적 원조자의 유형은 자연적 원조자와 자원봉사자로 구분되는데, 이는 클라이언트와의 관계를 기준으로 나뉜다. 자연적 원조자는 문제 유무와 상관없이 클라이언트와 관계를 맺고 있으며, 친척, 친구, 이웃 등이 이에 속한다. 반면 자원봉사자는 클라이언트가 도움이 필요한 문제가 발생했을 때만 관계를 형성하며, 이러한 관계는 클라이언트의 욕구에 기반하고 욕구가 충족되면 종료된다.

비공식적 자원 중 친척은 혈연에 대한 강한 의무감으로 인해 오랫동안 도움을 제공할 수 있어 중요한 자원이다. 친구는 대체로 적극적으로 행동하지만, 돕는 기간이 비교적 짧다는 단점이 있다. 이웃은 친구의 특수한 형태로 볼 수 있는데, 대부분 사람들은 이웃과 간단한 인사만 나누는 정도지만, 긴급 상황에서 도움을 받을 수 있는 중요한 자원이다. 또한 조기축구회, 친목계, 주일학교, 신앙모임 등과 같이 다양한 집단에 참여하며 알게 된 사람들로 이루어진 비공식적 자원도 있다.

(2) 공식적 자원

공식적 자원은 각종 기관, 조직체, 그리고 전문가를 의미한다. 이들의 지원은 정책이나 규정에 의해 정해지며, 법률과 행정규칙의 지배를 받는다. 이러한 이용 규칙은 문서화되어 있으며, 공식적 자원과 클라이언트 간의 교류 조건은 명확하고 재정적인 성격을 가진다. 공식적 자원은 다시 공적 자원과 사적 자원으로 구분할 수 있다. 공적 자원은 세금으로 운영되며 법률에 의해 규정되고, 교류 조건은 대체로 엄격한 편이다. 공적 자원의 예로는 시청, 행정복지센터와 같은 행정기관, 건강보험공단, 국민연금공단과 같은 공공기관, 그리고 시립청소년회관 등 국가나 지방자치단체 산하 기관들이 있다.

사적 자원은 서비스 이용료와 후원금에 의해 운영되며, 공식적인 정책과 운영 절차에 따라 규정된다. 사적 자원에는 사회복지법인, 학교법인, 종교법인 등에서 운영하는 사회복지시설 및 사회복지기관과 같은 비영리단체와 전문가들이 포함된다. 이러한 공식적 자원을 활용할 때의 문제점은 이용 규정이 지나치게 경직되어 융통성이 부족하다는 점이다.

2) 자원의 유입 형태에 따른 분류

자원은 유입 형태에 따라 민간자원과 공공자원으로 분류할 수 있다.

(1) 민간자원

민간부문에서 서비스의 주체는 민간단체나 개인이다. 지역사회의 주민, 개인, 가족, 사회단체, 기업 등을 통해 재원을 마련하며, 최근에는 정부로부터 보조금을 받아 시설을 위탁 · 관리 · 운영하는 사례가 보편화되고 있다. 공공부문에서 요구하는 것처럼 서비스 수급자격 규정이 엄격하거나 까다롭지는 않다(손병덕, 2021).

공공자원이 현대 복지국가에서 가장 중요하고 비중이 크지만, 민간자원 또한 무시할 수 없는 중요한 복지자원이다. 특히 현대 복지국가에서는 증가하는 복지욕구를 충당하기 위해 공공자원을 보완하는 민간자원의 역할이 강조된다. 이러한 민간자원은 이용자 사용료, 기부금, 기업복지, 그리고 비공식적 자원(가족, 이웃, 친지 등을 통해 얻는 자원) 등으로 나뉜다(최일섭, 2019).

민간부문의 사회복지 공급은 정부의 보편적 사회복지서비스가 충족시키지 못하는 부분을 보완하는 역할을 하는 동시에, 정부가 공급하지 못하는 다양한 서비스를 융통성, 자율성, 전문성을 갖고 제공할 수 있다. 민간부문에는 일반 사회복지기관뿐 아니라 종교단체, 기업, 전문가단체, 학계, 시민단체 등도 포함된다.

(2) 공공자원

현대 복지국가에서 복지자원 측면에서 공공자원의 역할은 매우 중요하다.

실제로 복지선진국에서는 공공자원이 사회복지자원의 거의 대부분을 차지한다(김태성 · 성경륭, 2014). 중앙정부나 지방정부, 또는 이에 준하는 공공기관은 일정한 조건을 충족하는 모든 사람에게 차별 없이 서비스를 제공하되, 서비스 자격요건은 엄격하게 규정한다. 운영 재원은 국가 또는 지방자치단체의 조세 수입으로 충당한다.

중앙정부는 다음 세 가지 방식을 통해 사회복지서비스를 공급한다(손병덕, 2021).

첫째, 특정 범주에 속한 모든 사람에게 소득이나 고용 상태와 무관하게 보편적 급여를 제공한다.

둘째, 사회보험체계를 운영하여 급여를 제공하는데, 급여 수급은 고용 상태나 기여금 납부 여부에 따라 결정된다.

셋째, 특정 수급 조건에 해당하는 사람들을 대상으로 자산조사나 소득 연계 급여를 제공한다.

지방정부는 지방자치제도가 본격화되면서 지역 주민의 다양한 복지욕구에 대응하고 지역복지 수준을 높이는 중요한 역할을 수행한다. 지방정부가 주로 제공하는 복지서비스는 사회복지 관련 법률에 따라 지방정부가 제공해야 할 의무를 지는 지역복지서비스이다. 또한 지방정부는 민간복지기관에 대한 감독자로서의 역할과 이들과의 협력 및 지원자 역할도 담당하고 있다.

3) 자원 형태에 따른 분류

자원은 형태에 따라 인적 자원, 물적 자원으로 분류할 수 있다.

(1) 인적 자원

사회복지는 다양한 자원을 투입하여 대상자의 문제를 해결하고 삶의 질을 향상시킨다. 이러한 자원은 인적 자원, 물적 자원, 정보 자원 등으로 다양하게 분류된다. 인적 자원이란 사회복지실천을 가능하게 하는 사람들의 집합으로, 지식, 기술, 경험, 태도, 전문성을 바탕으로 복지서비스의 계획, 실행,

평가에 관여하는 모든 인력을 포함한다(김영모, 2013). 이는 직접적인 서비스 제공자뿐 아니라, 복지정책을 수립하고 행정적으로 지원하는 인력까지 포괄하는 넓은 개념이다.

한편 협의의 개념으로 보면, 인적 자원에는 사회복지기관에서 일하는 직원, 자원봉사자, 후원자, 봉사자, 그리고 지역사회 내 이웃 등이 포함된다(김종일, 2012). 이들은 특히 사회복지현장에서 각각의 역할을 통해 사회복지실천의 목표를 달성하는 데 기여한다. 예컨대, 사회복지사와 같은 전문 인력은 이용자와의 상담과 문제해결을 주도하며, 자원봉사자들은 다양한 프로그램과 서비스에 참여하여 사회복지사를 지원하는 역할을 담당한다. 또 후원자나 이웃들은 재정적·물적 지원을 통해 서비스의 지속가능성을 높이는 데 기여하기도 한다(이준상 외, 2025).

인적 자원의 관리와 활용은 사회복지서비스의 질을 결정짓는 중요한 요소로, 이들의 역량과 전문성이 높을수록 이용자에게 제공되는 서비스 수준도 높아지게 된다(Pincus & Minahan, 1973). 이때 효율적인 인적 자원 관리는 이들의 동기 부여, 역량 개발, 그리고 능력과 특성에 맞는 업무의 적절한 배치를 포함하며, 이를 통해 사회복지기관은 제한된 자원 내에서 최상의 서비스를 제공할 수 있게 된다. 또한 인적 자원은 다른 자원들과 상호작용하면서 사회복지실천의 다양한 측면을 통합하고 조정하는 역할을 하며, 이는 이용자의 복지증진에 직접적인 영향을 미친다.

인적 자원으로서 대표적인 역할을 수행하는 사회복지사는 단순한 행위자가 아닌 전문직 종사자로서 클라이언트의 욕구를 사정하고, 개입 계획을 수립하며, 그 결과를 평가하는 역할을 수행한다. 이에 따라 전문 지식뿐 아니라 윤리적 가치관과 실천 능력을 필수적으로 갖추고 있어야 한다.

(2) 물적 자원

물적 자원은 복지서비스의 기반이 되는 재정, 시설, 장비, 기술 등 유형

자원을 의미한다. 물적 자원은 사회복지실천에서 매우 중요한 가시적 자원으로, 이용자에게 직접적인 혜택을 제공하는 현금 또는 현물 형태의 자원을 포함한다.

김태성 등(2014)은 물적 자원을 사회복지활동에 필요한 유형적 자산으로 정의하며, 재정 자원(예산), 물리적 공간(시설), 기자재 및 장비, 정보통신기술(ICT) 등을 포함한다고 설명한다. 엄미선 등(2016)은 물적 자원이 사회복지 대상자의 생활안정과 복지향상에 기여하며, 사회복지시설 운영과 서비스 제공에 필수적 요소임을 강조하였다.

사회복지시설에서 충분한 물적 자원을 확보하지 못하면, 이용자에게 제공되는 서비스의 범위가 제한되거나 질이 저하될 수 있다. 따라서 물적 자원의 충분한 확보는 서비스의 질과 양을 직접 결정하는 중요한 요소로 간주된다. 물적 자원의 대표적인 예로는 정부 보조금, 기업 협찬금, 시민 기부금, 이용자가 지불하는 서비스 이용료 등이 있다. 정부 보조금은 공공복지 서비스 제공에 필요한 재정을 지원하며, 기업 협찬금은 특정 사회복지 프로그램이나 프로젝트의 재정 기반을 강화한다. 시민 기부금은 사회복지시설의 다양한 필요를 충족하는 데 중요한 역할을 하며, 서비스 이용료는 특정 서비스의 유지와 발전에 사용된다(이준상 외, 2025).

물적 자원에는 현물 자원도 포함되는데, 현물 자원은 주로 후원자들이 사회복지시설에 제공하는 물품으로, 이용자의 일상생활에 필요한 필수품이나 서비스를 지원한다. 현물 자원은 의류, 식료품, 가전제품, 학용품, 의료용품 등 다양한 형태로 제공되며, 이용자의 기본 생활 유지와 향상에 도움을 준다. 특히 전쟁, 화재, 자연재해 등 긴급 상황에서는 즉각적인 도움을 제공하여 생활환경 개선과 안정적 생활 유지에 필수적이다(이준상 외, 2025).

(3) 정보 자원

정보 자원은 사회복지 운영자와 대상자 모두에게 의사결정과 행동에 중요한 영향을 미치는 다양한 지식, 데이터, 서비스 관련 정보, 이용자의 욕구와 상황에 관한 정보를 포괄한다. 단순한 데이터나 기록을 넘어 사회복지실천의 모든 단계에서 필수적인 도구로 활용된다.

특히 정보 자원은 사회복지실천 과정에서 이용자의 의사결정에 도움을 주며, 이용자의 문제를 이해하고 맞춤형 서비스를 제공하는 데 유용하다(엄미선 외, 2009). 이용자에 대한 사회적 · 경제적 배경, 건강 상태, 심리 상태와 자원에 대한 정확한 정보가 확보되면 사회복지사는 최적의 서비스를 설계 · 제공할 수 있다. 이를 바탕으로 상담과 서비스를 제공하면 이용자는 더 큰 신뢰감을 갖게 되고, 결과적으로 삶의 질 향상으로 이어진다(이준상 외, 2025).

이처럼 인적 · 물적 · 정보 자원은 사회복지현장에서 매우 중요한 요소로, 각 자원의 적절한 관리와 공정한 배분은 사회복지 기관 운영 성과 평가에 핵심적인 사안이다.

4. 전달체계

사회적 욕구를 파악하고 이를 해결하는 데 필요한 자원을 확보하는 일은 현실에서 분리되어 진행되는 경우가 많다. 그러나 사회복지의 궁극적인 성과는 욕구와 자원이 적재적소에 적시에 연결될 때 달성된다. 즉, 욕구와 자원의 연결이 원활하지 않은 현실을 보완하기 위해 전달체계가 사회복지의 핵심 구성요소로 포함된다.

1) 사회복지서비스 전달체계의 개념

사회복지서비스 전달체계란 공공과 민간의 다양한 주체들이 상호 협력하여 사회복지서비스를 기획 · 조직 · 실행 · 평가하는 전체적 구조와 메커니즘을 의미한다(김태성 · 성경륭, 2014). 즉, 전달체계는 사회복지정책이 수혜자에게 구체적인 서비스로 전환되는 실천적 통로이며, 그 구조와 운영 방식은 서비스의 접근성, 효율성, 형평성에 중대한 영향을 미친다.

클라이언트와 지역사회에 필요한 서비스를 제공하는 사회복지는 그 조직적 환경(organizational environment) 여하에 따라 사업의 성패가 좌우된다고 할 수 있다. 복지수급자에게 조직적 환경이란 그에게 직접 도움을 주는 사회복지기관, 시설, 단체는 물론 중앙과 지방의 모든 공사조직을 지칭한다. 이와 같은 모든 공사(公私)기관들은 정부의 정책 혹은 민간기관의 방침에 따라 클라이언트에게 어떤 성질의 서비스를 제공하느냐를 결정짓게 되는 것이다(서상목 외, 1988).

대부분의 클라이언트는 복합적인 문제를 지니고 있어 여러 기관에서 동시에 서비스를 받아야 한다. 예를 들어, 기초생활보장 수급권자의 경우는 저소득에 의한 생계유지의 어려움뿐만 아니라 주택불량, 가구원의 탈선, 교육기회 상실, 건강 결핍, 가족성원 간의 불화, 사회부적응 등 다양한 문제로 어려움을 겪는다. 그렇기 때문에 정부의 공공부조서비스와 동시에 다른 공사 사회복지기관으로부터의 추가서비스를 필요로 하는 경우가 많다. 심신장애인의 경우도 장애와 관련한 의료서비스는 물론 재활에 필요한 특수교육, 직업훈련, 사회 적응 등의 측면에서 여러 전문기관의 도움을 받지 않을 수 없다.

따라서 클라이언트 한 개인이나 가족에 초점을 두고 서비스 효과를 극대화시키려면, 조직적 환경인 서비스 전달체계가 제대로 작동해야 한다. 다시 말해, 서비스를 제공하는 모든 사회복지기관이 서비스 내용, 제공 절차 등에서 유기적 관계를 유지해야 하는 것이다. 그와 같은 일체의 공 · 사 사회복지기관과 이들 기관의 서비스가 전달되는 전체의 연결망을 인간 서비스 전달체계(human services delivery system)라고 부른다(Friedlander & Apte, 1980).

서비스 전달체계가 맡은 바 기능을 제대로 수행하지 못하면, 여러 가지 부작용이 나타나기 때문이다. 예를 들면, 자원의 낭비, 서비스의 중복 또는 누락이 발생할 수 있으며, 심한 경우에는 클라이언트의 치료와 재활에 역기능을 초래한다.

2) 사회복지서비스의 전달체계의 유형

복지정책이 대상자에게 전달되는 실행 메커니즘인 전달체계는 복지정책의 효과성과 형평성에 중대한 영향을 미치며, 일반적으로 공공전달체계와 민간전달체계로 구분된다.

(1) 공공전달체계

사회복지서비스의 공공전달체계란 중앙정부 또는 지방정부 등 공공기관이 직접 주체가 되어 복지서비스를 계획, 집행, 제공하는 구조를 의미한다. 보편적 복지국가에서는 공공성을 보장하고 정책 책임성을 강화하기 위한 수단으로 공공전달체계가 주로 활용된다(김태성 · 성경륭, 2014).

공공전달체계의 특징은 다음과 같다. 첫째, 국가 예산과 법률에 기반한 전달체계는 재정적 · 행정적 안정성을 보장하며, 위기 상황에서도 지속적인 서비스 제공이 가능하다. 둘째, 공공기관이 직접 개입함으로써, 복지를 권리로서 보장하고, 서비스 남용이나 부정수급 등을 제도적으로 통제할 수 있다. 셋째, 전국 단위로 동일한 기준과 절차를 적용함으로써, 지역 간 서비스 편차를 최소화하여 전국적 표준화와 형평성을 확보할 수 있다. 넷째, 사회보장정보시스템(행복e음) 등을 통해 복지 수요자에 대한 자료수집, 평가, 사후관리가 가능하다.

하지만 다음과 같은 단점도 있다. 첫째, 행정 중심의 전달체계로 인하여 서비스 제공보다는 행정절차 이행과 문서화에 집중되는 경향이 있어, 실질적 복지 지원보다 형식적 처리에 머무를 우려가 있다. 둘째, 대상자의 개별 욕구보다 법정 기준 충족 여부를 중심으로 서비스가 제공되며, 탄력성과 유연성 부족 문제가 제기된다. 셋째, 지방정부의 행정력, 재정력, 인력 수준에 따라 전달의 질에 차이가 발생할 수 있으며, 이는 지역 간 복지 불평등을 심화시킨다. 넷째, 기초지자체에서는 복지공무원이 단순 민원 대응이나 수급자격 심사에 몰두하면서, 사례관리 및 예방적 복지활동은 소홀히 다루어지는 경향이 있다.

(2) 민간전달체계

민간전달체계란 사회복지서비스의 전달에 있어 비영리 민간조직(Non-Profit Organizations), 사회복지법인, 종교단체, 시민사회단체(NGO), 자원봉사단체 등이 주체가 되어 공공기관으로부터의 위탁이나 자체 기획을 통해 서비스를 제공하는 체계를 의미한다(김미숙 외, 2020). 이는 공공의 재정지원 아래 민간이 자율성과 유연성을 기반으로 수행하는 방식으로 발전해 왔다.

민간전달체계의 특징은 다음과 같다. 첫째, 민간기관은 지역사회의 문화와 특성을 반영하여 맞춤형 서비스를 제공할 수 있으며, 공공전달체계의 획일성과 경직성을 보완한다. 둘째, 비영리 민간기관은 창의적이고 실험적인 프로그램 운영이 가능하여, 복잡하고 다양해지는 복지 수요에 능동적으로 대응할 수 있다. 셋째, 민간전달체계는 지역 주민의 자발적 참여, 자원봉사, 기부, 후원 등 다양한 사회적 자원을 조직화하고 연계하는 기능을 수행한다. 넷째, 민간기관은 공공정책을 현장에 전달하고 피드백을 제공하는 실천 파트너로 기능하며, 거버넌스 관점에서 핵심 행위자이다.

민간전달체계의 단점은 다음과 같다. 첫째, 서비스의 자율성과 다양성은 때때로 공공성의 약화, 책무성 부족, 성과 편차 등의 문제로 이어질 수 있으며, 정부의 감독이 미흡할 경우 서비스 질의 불균형이 발생한다. 둘째, 민간기관은 정부 보조금 또는 외부 후원에 크게 의존하는 구조를 가지고 있기 때문에 재정의 불안정성이 서비스 지속성의 위협 요인으로 작용한다. 셋째, 단기 계약직, 저임금 구조 등으로 인해 전문 인력의 확보와 유지에 어려움이 있으며, 이에 따라 서비스 질 관리도 어려워질 수 있다. 넷째, 여러 민간기관이 동일 지역에서 유사 서비스를 제공함으로써 자원의 비효율적 분배와 중복 문제, 그리고 서비스 간 연계 부족 문제가 발생하여 서비스의 중복과 분절화가 발생하기 쉽다.

현대 복지국가에서는 공공과 민간이 각자의 한계를 보완하는 협력적 전달체계(hybrid system)의 구축이 필요하다. 공공은 정책적 방향과 재정적 기반을 제공하고, 민간은 서비스 현장의 전문성과 창의성을 발휘할 수 있도록 해야 한다(이혜경, 2021).

CHAPTER 06

사회복지의 역사

06 CHAPTER

사회복지의 역사

사회복지제도가 어떤 역사적 사건과 사상을 배경으로 생겨났는지를 살펴보면 오늘날의 사회복지제도를 이해할 수 있다. 사회복지 역사를 공부하는 방법은 시대에 따라 구분하여 접근하는 것이 일반적이다. 하지만 동일한 시대라 하더라도 국가와 사회가 처한 상황이 달라 필요에 따라서는 특정 사회나 국가, 사회복지제도를 중심으로 사회복지의 역사를 설명하기도 한다.

이 장에서는 서양의 사회복지 역사와 우리나라의 사회복지 역사를 시대를 중심으로 살펴보고자 한다.

1. 서양 사회복지의 역사

서양 사회복지 역사는 기독교 사상을 중심으로 한 자선활동에서 시작해 발달하였다. 봉건사회에서 빈민과 걸인을 관리하기 위해 제정된 「빈민법」, 산업화 이후 빈곤에 대한 새로운 인식이 등장한 시기에 전개된 자선조직협회 활동과 인보관 운동, 그리고 국가의 개입이 본격화되는 사회보험제도를 거치면서 발전하였다(이준상 외, 2025).

1) 기독교의 자선 사상

사회복지 기원이라고 할 수 있는 자선 사상은 사유재산제도가 확립된 고대 그리스에서 기원한 것이다(이준상 외, 2021). 하지만 자선 사상이 중세 유럽

사회 전반에 널리 퍼진 것은 기독교의 전파에서 비롯되었다고 할 수 있다. 기독교의 사회복지 정신은 위로는 하느님을 사랑하고 아래로는 이웃을 사랑하라는 모세율법에 기초하고 있다. 기독교에서 자선이란 신을 대신하여 고통받는 사람을 구제하는 것이다.

기독교에서는 "모든 사람은 하느님의 모습으로 만들어졌으니 서로 사랑하라", 즉 너 자신과 이웃이 모두 하느님의 모습을 닮은 사람이기 때문에 서로 사랑할 것을 강조한다. 또한 모든 인간은 하느님 앞에서는 평등하며, 존엄한 인격을 가졌고, 따라서 정신적 · 신체적 · 물질적으로 인간답게 살 권리를 가졌다고 봄으로써 "너의 이웃을 너 자신과 같이 사랑하라"고 전한다. 기독교의 자선 사상은 인류에 대한 사랑과 약자에 대한 베풂의 정신이다.

2) 빈민법의 등장과 발전

빈민법은 중세 봉건제에서 등장하여 중상주의 시대를 거쳐 자유주의 시대까지 발전한다. 이 시기 빈민과 관련한 주요 입법과 내용을 살펴보고자 한다.

(1) 봉건사회와 빈민법의 등장

이 시기 빈민법이 제정된 주요 이유는 십자군 전쟁(1095~1291)과 흑사병(1347), 그리고 백년전쟁(1337~1453) 등으로 인한 노동력 부족을 해결하기 위해서였다.

① 1531년 「걸인 · 부랑인 처벌법」

헨리 8세(Henry Ⅷ, 1491~1547)가 로마 교황청과 관계를 단절하고 교회를 관리하는 모든 권한이 국왕에게 있다고 선포한 수장령으로 인해 수도원이 해체되었다. 그러자 수 세기 동안 빈민 구제를 담당해 오던 교회 중심의 구제기관이 사라지게 되었고 부랑인은 급증하였다. 국가는 늘어나는 빈민을 통제하기 위해 1531년 「걸인 · 부랑인 처벌법」을 제정하였다(이준상, 2021).

이 법은 처벌이 목적이었지만 구빈에 대한 공적 책임을 인식하는 계기가 되었다.

② 1601년「엘리자베스 빈민법」

1601년의「엘리자베스 빈민법」은 1349년부터 1601년에 이르는 200년이 넘는 기간 동안 빈민 구제에 대한 경험을 집대성한 법이다. 이후 1834년「신 빈민법」이 제정되기까지 200년이 넘는 기간 영국 빈민정책의 근간이 되었다. 이 법은 사회복지의 역사에서 국가가 복지에 대한 개입을 확대한 법이라는 중요한 의의가 있다(이준상, 2021). 이 법의 주요 내용은 다음과 같다.

첫째, 구빈의 책임을 교회가 아닌 정부에 두고 있다.

둘째, 재산세 명목으로 구빈세를 징수하였다.

셋째, 치안판사의 감독하에 구빈 감독관이 구빈 업무와 구빈세 징수 업무를 관장하게 하였다.

넷째, 가족 책임의 범위를 조부모까지 확대 적용하였다.

엘리자베스(Elizabeth) 여왕은 부랑자의 문제가 억압과 교구의 구빈만으로 해결되지 않는다는 것을 인정하고 보다 합리적인 조치를 마련하기 위하여 노동 능력을 기준으로 빈민을 분류하고자 하였고, 이에 따라「엘리자베스 빈민법」은 노동 능력으로 구제 대상자, 즉 빈민을 구분한다.

우선, 일할 수 있는 빈민이나 걸인이 있다. 이들은 교정원이나 강제 노역장에 수용되었으며, 교정원에서 노역을 거부하는 자는 감옥에 투옥하였다. 다음으로 일을 할 수 없는 빈민이 있다. 즉, 병자, 노인, 맹인, 농아인, 신체장애인, 정신장애인, 아동을 양육해야 하는 어머니 등이 이 유형에 속하는데, 이들은 법정 자격의 범위 내에서 원조를 받을 수 있는 구빈원에 수용되었다. 이 외에 부모를 잃은 아동, 버려진 아동, 빈곤아동은 요보호아동으로 분류하여 보호하기를 원하는 시민에게 위탁되었다.

어느 정도 노동을 할 수 있는 8세 이상의 아동은 도시민에게 맡겨 도제 생활을 하도록 하였다. 이 법이 노동력을 기준으로 분류한 숨은 이유는 빈민의 생활을 향상하려는 순수한 인도주의적 동기보다는 빈민을 분류하여 쉽게 관리하고, 이를 통해 노동력을 조직화하고 사회의 생산력을 높이기 위해서였다.

「엘리자베스 빈민법」이 근대 사회복지에 끼친 영향은 다음과 같다.

첫째, 「빈민법」의 조직과 관리, 빈민의 처우 방법, 구제원조기술의 발달에 기여하였다.

둘째, 구빈 문제에 대한 국가적 책임과 연대성의 발달을 촉진시켰다.

셋째, 「빈민법」은 오래된 역사적 경험에도 불구하고, 구빈 목적을 달성하기 위해서는 사후대책만으로는 무익하다는 것을 깨닫게 했다. 즉, 모든 구빈 활동은 빈곤의 원인을 파악하고 그것에 관한 예방적 수단과 정책에 해당되는 고용량의 증대나 공중위생의 향상, 의무교육의 보급 등과 같은 보편적 시책이 필요하다는 것을 인식하게 되었다.

넷째, 건장한 빈민에게 무료로 구제가 행해진다면 누구도 일하지 않으려 한다는 당시의 믿음은 이후 전개된 자본주의적 산업화를 촉진하는 데 어느 정도 영향을 끼쳤다고 할 수 있다.

(2) 중상주의와 빈민법의 발달

15세기부터 18세기에 걸쳐 발달한 유럽의 절대군주 국가는 중앙집권적인 국가제도의 확립과 유지를 위해 많은 예산이 필요하였다. 중상주의는 이 시기에 국가의 근대적 산업체제를 확립하기 위해 발달한 사조이다. 중상주의는 '빈민은 게으르다'라는 시각으로 빈민을 바라본다. 따라서 국가의 부를 위해서는 나태를 없애야 하며, 빈민들에 대해 강력하게 조치해야 한다는 입장이다. 중상주의 시기의 노동 빈민은 근대적인 의미의 노동자가 아니라 착취의 대상이었다(이준상, 2021). 현대인들의 눈으로 보면 중상주의적 노동정책은 구빈법적 강제 노동정책이었다.

① 1662년 「정주법」

빈민의 소속 교구를 명확히 하고 도시로 유입되는 빈민을 막기 위해 찰스 2세(Charles II)는 1662년 정주법(定住法, Settlement Act)을 제정하였다. 이 법에서 정하는 거주지는 출생, 혼인, 도제, 상속에 따라 결정되었다. 결과적으로 「정주법」은 빈민들을 원래 속해 있던 지역에 묶어 두는 것이었고, 일자리를 잃은 빈민들에게 주어질 수 있는 취업의 기회를 크게 제한한 것이었다(Schweinitz, 남찬섭 역, 2001).

그러나 이 법도 산업화의 불가피한 현상인 대도시로의 노동력 유입을 막을 수는 없었다. 「정주법」은 농촌 노동력의 이동을 막기 위한 극단적인 지방주의의 표현이자 봉건제도의 산물로, 1795년까지 130여 년간 지속되었다.

② 1782년 「토머스 길버트법」

지방의 치안판사면서 하원의원이었던 토머스 길버트(Gillbert)가 작업장에서 빈민들의 비참한 생활과 착취를 개선할 목적으로 제정한 법이다(이봉주 외, 2023). 1782년 의회를 통과한 이 법은 주창자의 이름을 따서 「토머스 길버트법」이라 부른다. 이 법은 노동은 가능하나 자활 능력이 없는 빈민을 강제노역장에 보내는 대신 자기 가정 내에 또는 인근의 적당한 직장에 취업할 수 있도록 한다. 이는 시설 외 구조 혹은 원외 구호(outdoor relief)를 처음으로 인정한 의미 있는 법이다(이봉주 외, 2023). 「토머스 길버트법」은 빈민들의 상황을 어렵게 했던 민간사업자와의 계약을 폐지하였다는 점, 빈민 문제를 해결하는 데 구빈 행정 단위를 보다 확대하여 운영의 효율을 높이고자 한 점, 원외 구호를 허용하였다는 점이 주요한 의의로 볼 수 있다(이준상, 2021).

③ 1795년 「스핀햄랜드법」

「스핀햄랜드법」은 빈민에 대한 처우개선책인 임금보조제도(relief allowance system)를 주내용으로 하고 있다. 이 법의 제정에 따라 생계비와 가구원 수에

연동시킨 수당을 저임금 노동자들에게 지급하여 소득을 보충해 주었으며, 일할 능력이 없는 빈민에 대한 원외 구호도 확대하는 계기가 되었다. 이후 이 제도는 영국 전역으로 확산하였고, 일부 교구에서 행해왔던 비공식적인 관행이 이 법의 시행으로 공식화되었다.

이 제도는 다음과 같은 몇 가지 사회복지적인 의미가 있다.

첫째, 경제적 파급효과도 있었지만, 최저생계 수준 이하의 빈민들에게 관심을 기울였다는 점에서 인도주의적이었고 자비적이었다.

둘째, 빈민 구제에 따른 낙인이 존재하지 않았다(원석조, 2016).

셋째, 이 법의 빈곤관이 빈곤을 도덕적 타락으로 보기보다는 사회현상에 따른 불가피한 상황으로 보는 견해가 저변에 자리하고 있었다(이준상, 2021).

(3) 자유주의와 1834년 「신빈민법」

「신빈민법」은 경쟁과 자조의 원칙이 확고히 자리를 잡고 있던 시기에 등장하였다. 18세기 말부터 본격화된 자본주의와 함께 등장한 자유주의는 「빈민법」의 기반이 되었던 봉건적 보호주의(保護主義, protectionism) 또는 온정주의적 책임(溫情主義的 責任, paternal responsibility)에서 벗어나 빈민법 체계를 전면 수정하게 되는 근거를 제공하게 되었다(이준상, 2021).

「신빈민법」은 늘어나는 구빈 비용을 절감하기 위해 「왕립빈민법위원회보고서」를 토대로 제정되었다. 이 법의 주요 원칙은 다음과 같다.

첫째, 열등처우의 원칙(principle of eligibility)이다.

열등처우의 원칙은 구제 대상 빈민의 생활 수준은 최하층의 독립 근로자의 생활 수준과 같아서는 안 되며, 그 이하일 때만 구제가 제공되어야 한다는 것이다. 이것은 빈민들이 스스로 생계를 책임지는 자조적인 삶을 살도록 하는 동시에 독립 노동자들의 도덕적 해이를 막고자 하는 의도가 고스란히 담겨져 있다(Riminger, 한국사회복지학연구회 역, 1997).

둘째, 작업장 수용의 원칙(principle of workhouse system)이다.

원외 구호를 중단하고 작업장 내 구제만 주어지도록 한 이 원칙은 ① 극빈층만이 빈민법의 대상이 되고, ② 구빈 대상자가 구제에 대한 대가로 노동하도록 하며, ③ 빈민에 대한 원조를 억제하려고 하였다.

작업장에서는 빈민을 ① 노인과 장애인 등 노동 능력이 없는 빈민, ② 어린이, ③ 노동 능력이 있는 여성 빈민, ④ 노동 능력이 있는 남성 빈민 등으로 분류하여 수용하였으며, 비록 가족이라도 분리 수용하는 것을 원칙으로 하였다(허구생, 2002).

셋째, 행정의 중앙집권화와 통일을 도모하고자 하는 전국적 통일의 원칙(principle of national uniformity)이다.

「신빈민법」은 빈민 구제의 비용을 줄이려는 목적은 달성했지만, 시행과 동시에 잔혹성 때문에 많은 비판을 받았다. 이 법이 본격적으로 시행되면서 작업장에 수용된 사람들의 처우는 비인간적일 정도로 매우 열악해졌다. 열등처우의 원칙은 일자리가 어느 정도 확보되어 있고 임금이 최저생계비 수준이 될 때 의미가 있는 것이지, 임금이 기아 수준으로 하락할 때 열등처우의 원칙을 강요하는 것은 상당한 문제가 있었다.

3) 자선조직협회와 인보관 운동

빈민들에게 나은 서비스를 제공하고 빈곤으로 인해 나타나는 여러 가지 문제를 해결하기 위해 19세기 후반에 등장한 자선조직협회와 인보관 운동에 대해 살펴보자.

(1) 자선조직협회

19세기로 접어들면서 도시화로 인해 나타나는 빈민들의 욕구에 대응하기 위하여 사회복지기관들이 나타나기 시작하였다. 1861년 당시 런던에는 640개의 자선단체가 있었는데, 자선단체들의 활동은 서로 협력하지 않은 상태에서 무계획적으로 이뤄졌다. 자선단체에서 활동하는 사람들은 주로 상류층으로 구성되어 있었으며, 자선사업에 참여하는 것을 자신의 사회적 지위를 상승시키는 방편이자, 일종의 유행으로 여겼다. 이러한 상황에 대한 일부 지도층의 분노가 자선조직협회(Charity Organization Society)를 태동케 한 직접적인 배경의 하나였다.

이 외에도 자선조직협회가 등장하게 된 배경은 여러 가지다. ① 구빈법을 시행하는 당국과 민간 자선사업단체 간의 협력관계가 거의 형성되지 않았고, ② 다양한 자선기관들 역시 종파적 성격의 차이로 인해 서로 협력하지 않았다. ③ 개인이 자선활동에 관한 정보를 얻는 것은 늘 어려웠고, ④ 구제의 중복과 낭비가 곤궁한 자를 자립시킬 수 있는 귀중한 재원이 효과적으로 사용되는 것을 방해했을 뿐만 아니라, ④ 효과적인 자선에 관한 동기가 약해져서 불충분하고 무책임한 자선활동이 성행하였다.

자선조직협회는 무질서한 자선활동을 조직화하는 것이었다. 자선조직협회는 무차별적이고 중복적인 자선을 해결하기 위하여 훈련받은 전문가와 과학적 조사를 도입하는 등 자선의 과학화를 시도하였다(김덕호, 1994). 자선조직협회의 핵심적인 목표는 ① 중복 구빈을 없애기 위한 자선활동의 조정, ② 환경조사에 의한 적절한 원조 제공, ③ 구걸을 방지함으로써 빈민의 생활 조건을 개선하는 것이다(김태진, 2012).

자선조직협회의 활동 원칙은 다음과 같다.

첫째, 자선조직협회는 자선단체의 합병이나 통일을 목적으로 삼지 않고, 협력과 조직화를 원칙으로 하였다. 각종 단체가 협력함으로써 낭비를 방지함과 동시에 서비스의 질을 향상시킬 수 있도록 하는 것을 목표로 삼았다.

둘째, 원조의 대상을 빈민에 한정하였다. 빈민이 아닌 개인은 자신의 생활에 대한 책임을 져야 하므로 독립심을 해치는 원조를 해서는 안 된다고 보았다.

셋째, 모든 사례에 대해서는 한정적 범위와 원칙이 적용되었다. 자선조직협회의 활동 목적은 빈민들의 생계유지에 있었다기보다 피구제자들의 빈민화를 방지하는 데 가까웠다.

넷째, 금액과 시기의 적절성을 따져 원조를 제공하였다. 이 원칙을 준수하기 위해 모든 사례는 엄격히 선별되었고, 또 자조의 의사가 없다고 인정된 자의 신청은 거부되거나 구빈법의 구빈 행정 영역으로 이관하였다.

자선조직협회의 큰 관심사는 '자선을 받을 만한 빈민'과 '받을 자격이 없는 빈민'을 구별하는 것이었다. 그것의 기준은 인격(personality)이었다. 개인의 인격을 향상시키지 않고 빈곤 상태를 벗어난다는 것은 불가능한 것으로 보았다.

빈곤이 개인의 도덕적 책임이라고 하는 태도는 역사와 무관할 뿐만 아니라 현실적이지도 않다. 자선조직협회 지도자들은 자조의 정신이 워낙 강하였기 때문에 1880년대 이후의 새로운 성격의 빈곤, 즉 사회구조에서 기인하는 빈곤을 제대로 이해하지 못하였다. 이 점이 빈곤이 발생하는 사회적 기반을 가볍게 생각한 자선조직협회의 한계점이라고 할 수 있다. 그러나 무차별 시혜에 의한 구제의 중복을 방지하고 자선과 구빈제도 간의 역할 분담을 명확히 하여 걸식을 방지하는 등 근대 사회복지사업의 성립에 상당한 영향을 미쳤다.

(2) 인보관 운동

1880년대 후반에 인보관(settlement houses)이 설립되었다. 1884년 런던에 세워진 토인비 홀(Toynbee Hall)은 최초의 인보관으로서 미국의 여러 도시에서 인보관을 설립하는 데 큰 영향을 끼쳤다.

인보관 운동이란 빈민 지역이 가지고 있는 사회문제를 해결하기 위하여 지식인이 현지에 들어가 직접 생활하면서 빈곤문제를 비롯하여 환경 위생 문제와 지역 주민의 의식을 개선하고자 하는 운동이다. 인보관 운동에 참여한 활동가들은 다음과 같은 일을 담당하였다. ① 사회조사를 통해 여러 가지 통계자료를 수집하고, ② 지역 주민에 대한 아동 위생 · 보건 교육, 청소년들에 대한 기술 교육, 문맹 퇴치를 위한 성인 교육 등 교육적 사업을 진행하고, ③ 체육관을 건립하여 여가선용과 건강 증진을 도모하고, ④ 인보관을 설립하여 주택, 도서관, 시민회관 등으로 활용하게 하였다. 인보관 운동은 '환경 개선'을 강조하는 동시에 빈민들에게 절제, 절약, 직업에 대한 가치를 지속적으로 가르쳤다. 이들은 빈곤의 원인을 실직으로 보았으며, 실직의 원인을 개인의 무지나 게으름과 같은 도덕적인 문제가 아니라 산업화의 착취 결과로 보았다. 따라서 3R 운동, 즉 정주(residence) · 조사(research) · 사회환경 개혁(reform) 운동을 하였다.

인보관 운동이 사회복지에 끼친 영향은 다음과 같다.

첫째, 지역사회에 기반을 두고 사회복지사업을 하기 시작하였다.

둘째, 지역사회복지의 거점을 인보관을 통하여 확보하고 이를 중심으로 지역사회의 문제를 해결하고자 하였다.

셋째, 주는 자의 입장이 아니라 받는 자의 입장을 중시하였다.

인보관 운동은 지금의 지역사회복지관의 발달에 큰 영향을 주었다.

4) 사회보험제도의 도입

사회보험은 자본제적 생산양식에서 발생하는 여러 가지 사회적 위험에 대처하기 위한 국가의 노력이자 복지국가로의 전환을 의미한다. 사회보험의 대표적인 사례는 독일 비스마르크의 사회보험, 영국의 국민보험, 미국의 「사회보장법」을 들 수 있다.

(1) 독일 비스마르크의 사회보험

19세기 말 당시 가장 선진적인 자본주의 국가인 영국에서 사회보험이 출현한 것이 아니라 후발 공업국인 독일제국에서 세계 최초로 탄생하였다. 당시 독일의 재상 비스마르크(Otto von Bismarck)는 노동자계급을 사회주의 세력으로부터 분리시켜 사회주의의 확산을 막고, 빈곤문제를 해결하기 위하여 국가가 재정을 부담하는 노동재해보험(산업재해보상보험)을 제안하였지만 의회의 반대로 입법에 실패하였다.

독일에서 최초의 사회보험으로 입안되었던 「노동재해보험법」이 의회 통과가 지연되면서 늦게 입안된 「질병보험법(건강보험)」이 1883년에 의회에서 통과되면서 세계 최초의 사회보험 입법으로 기록되었다. 그 이후 1984년에 「노동재해보험법」이 의회에서 통과가 되었고, 1889년에 현재의 연금보험과 유사한 「노령 · 폐질 · 유족연금보험법」이 제정되었다.

(2) 영국의 국민보험

1906년 선거에서 자유당은 노동당과 연합하여 지주계급을 대변하는 보수당을 누르고 집권에 성공하였다. 자유당은 이전의 억압적인 빈민법과는 질적으로 다른 일련의 개혁적 사회복지정책들을 도입하였으며, 영국 복지국가의 초석을 놓았다.

이러한 입법 중 가장 대표적인 것이 로이드 조지(George)와 윈스턴 처칠(Churchill)의 합작품인 1911년의 「국민보험법」이다. 「국민보험법」은 실업보험(unemployment insurance)과 건강보험(health insurance)으로 구성되었다.

처칠은 사회보험은 부자와 빈민 사이의 양극화를 막아주어 사회를 공고히 하는 피라미드의 역할을 할 것이라고 그 필요성을 주장하였다. 사회보험은 피보험자의 보험료로 운영되기에 급여 자격을 획득하기 위해서는 기여를 해야 하므로 노동자의 자존심을 손상하지도 않아 자유주의자가 선호하는 자조의 미덕에도 합치되었다. 또한 산업화로 인해 노동자에 대한 탄압과 억압이 심해지는 등 자본주의의 모순에 반대한 사회주의 물결도 영국이 사회보험을 시작하게 된 원인으로 작용하였다(권중돈 외, 2022).

(3) 미국의 「사회보장법」

프랭클린 D. 루스벨트(Roosevelt) 대통령의 뉴딜정책에서 가장 중요한 것은 「사회보장법」이었다. 그 후 「사회보장법」은 복지국가의 근간이 되었다. 미국의 「사회보장법」은 역사적으로 소련에서 1918년 사회보장이라는 용어를 사용한 것을 제외하고, 영어권의 국가에서 사회보장이라는 용어가 최초로 사용된 법률로서 의의가 있다. 이 법은 강제적인 사회보험과 공공부조로 구성되어 있다. 내용을 살펴보면, ① 연방정부가 관장하는 노령연금, ② 주정부가 운영하고 연방정부가 재정을 보조하는 실업보험, ③ 주정부가 운영하고 연방정부가 재정을 보조하는 공공부조(노인 부조, 시각장애인 부조, 빈곤아동 부조), ④ 주정부가 운영하고 연방정부가 재정을 보조하는 사회복지서비스로 구성되어 있다.

이 「사회보장법」은 기존의 사회보험만을 대책으로 하는 단편적인 정책에서 공공부조와 사회복지서비스를 포함하고 있는 종합적인 정책을 포함하는 것으로 그 의의가 있다. 그러나 건강보험을 포함하고 있지 않았으며, 사회보장급여의 최저 수준이 정해지지 않았다는 것이 「사회보장법」의 한계로 지적되고 있다. 그럼에도 불구하고 「사회보장법」은 빈곤의 가장 근본적인 원인이 되어온 실업, 노령 및 생계유지에 힘든 자들에게 현금급여를 제공함으로써 궁핍과 의존을 예방할 수 있었으며, 자유방임(고전적 자유주의)에서 자유주의적 사회주의에 입각한 개인의 사회적 권리를 확고히 다지는 길로 사회가 나아갈 수 있게 하였다.

「사회보장법」은 국민의 생활 보장에 대한 연방정부의 책임을 명백히 하였다. 또한 많은 다른 국가의 사회보장 발전에도 영향을 미치게 되었다(박광준, 2014). 이와 같은 미국의 「사회보장법」의 도입으로 빈곤이 이론상으로 더 이상 개인의 결함으로 간주되지 않게 되었으며, 전체사회가 사회보장제도와 같은 공적 제도의 확립을 통하여 해결해야 할 문제로 인식하게 되었다.

5) 베버리지 보고서와 사회보장제도

영국 정부는 1941년 6월에 전후 사회개혁을 위한 청사진을 위하여 '사회보험 및 관련 사업에 관한 정부 부처 간 조사위원회'를 설치하여 위원장으로 윌리엄 베버리지(W. Beveridge)를 임명하였다. 이 위원회는 1942년 11월 보고서 「사회보험 및 관련 서비스(Social Insurance and Allied Services)」를 정부에 제출하였다. 이 보고서는 베버리지 보고서의 정식 명칭이다.

이 보고서는 사회보장계획에 대해 세 가지 기본적인 원칙을 제시하였다.

첫째, 미래를 위한 어떠한 제안도 이해관계자 집단에 의하여 제약받아서는 안 된다.

둘째, 사회보험은 5대 악인 결핍(want), 질병(disease), 무지(ignorance), 불결(squalor), 태만(idleness)까지 해결할 수 있어야 한다. 그러므로 사회보장계획은 사회 진보를 위해 의료, 교육, 주택, 고용이 포괄적으로 제공되어야 한다.

셋째, 사회보장은 정부와 민간의 협력으로 이루어져야 한다. 즉, 사회보장은 권리이므로 국가가 제공하고 그 이상의 삶은 개인이 자유롭게 선택할 수 있도록 민간이 협력해야 한다는 것이다.

이 보고서는 모든 사회 구성원이 어떤 경우에도 빈곤에서 벗어날 수 있도록 사회보장의 6개 원칙과 6개 대상자층, 그리고 여덟 가지 욕구와 급여로 내용을 구성하였다.

먼저 사회보장의 6개 기본 원칙을 살펴보면 다음과 같다(이준상, 2021).

① **적당한 급여**(adequacy of benefits) : 급여 수준은 일상생활을 유지하는 데 충분하여야 한다.

② **동일 급여**(flat rate of benefit) : 소득과 관계없이 보험금이 동일해야 한다.

③ **동일 갹출**(flat rate of contribution) : 소득에 상관없이 보험료도 동일해야 한다.

④ **행정 책임의 통합**(unification of administrative responsibility) : 중복된 행정 낭비를 줄이기 위해 사회보험제도의 관리와 운영을 중앙정부가 통합적으로 책임져야 한다.

⑤ **적용 범위의 포괄성**(comprehensiveness) : 기본적이고 예측할 수 있는 모든 욕구를 해결해야 한다.

⑥ **대상의 분류화**(classification) : 국민을 6개의 대상자, 즉 피고용자, 자영업자, 전업주부, 기타 노동 인구, 취업 전 청소년, 노동 불능 고령자로 분류한다.

또한 이들 대상자의 욕구는 당연히 대상자별로 서로 다르다. 이에 베버리지는 시봄 라운트리(S. Rowntree)의 연구 결과를 바탕으로 하여 여덟 가지의 욕구와 급여, 즉 ① 실업-실업 급여, ② 장애-장애 급여, ③ 생계수단 상실-직업훈련 급여, ④ 퇴직-연금, ⑤ 기혼여성-결혼, 출산, 미망인 수당 등, ⑥ 장례-장제비, ⑦ 유아-아동수당, ⑧ 질병과 장애-치료와 재활을 들고 있다(원석조, 2014).

베버리지 보고서의 가장 큰 의의는 모든 시민에게 갹출제 사회보험제도를 통하여 삶에 필요한 기본적 욕구를 충족시켜 주었다는 것이다. 갹출제 사회보험제도에서는 낙인이 찍히는 느낌을 받지 않고 자산조사도 받지 않으며 그저 권리로서의 급여를 받을 수 있었다. 사회보험 급여는 자선이나 시혜의 성격이 아닌 자신의 갹출에 대한 반사이익이었다.

영국은 제2차 세계대전 후 베버리지 보고서를 통하여 완전고용정책을 중심으로 산업국유화정책과 사회보장제도를 정비하고 입법화하여 소위 '요람에서 무덤까지'라는 복지국가의 기본 틀을 갖추게 되었다.

2. 한국 사회복지의 역사

우리나라 사회복지 역사는 크게 대한민국 정부 수립 이전과 이후로 구분한다. 여기서는 구휼제도를 중심으로 발달한 조선시대 이전을 국가별로 살펴보고, 근대적인 의미에서 사회복지체계를 갖추기 시작한 대한민국 정부 수립 이후까지 살펴보고자 한다.

1) 고대사회

우리나라 사회복지의 기원은 고대사회까지 거슬러 올라간다. 고대사회는 모든 것을 왕이 책임지는 책인지심책기(責人之心責己, 남을 꾸짖는 마음으로 자신을 꾸짖음) 사회였으며, 한국사에 기록된 첫 번째 국가인 고조선은 홍익인간(弘益人間)의 이념을 바탕으로 인간 세계를 이롭게 한다는 뜻으로 모든 사람은 평등하며 개인의 이익보다는 공동체의 이익을 존중하는 사회였다.

기록에 의하면 기자조선 문혜왕 원년(B.C. 843)에는 윤환법(輪環法)을 세워 빈민을 구제하도록 하였으며, 성덕왕(또는 위덕왕) 원년(B.C. 793)에는 가뭄으로 백성이 고통받자 왕이 친히 기우제를 드리기도 하였다. 또한 정경왕 13년(B.C. 710)에는 큰 흉년이 들자 관리들의 봉급을 반으로 줄이고 제(齊)나라와 노(魯)나라로부터 양곡을 구입해 백성을 구제하였다. 효종왕 원년(B.C. 675)에는 제양원(濟養院)을 두어 환과고독(鰥寡孤獨, 홀아비, 과부, 고아, 늙고 자식이 없는 사람 등)에 처한 백성들을 거두었다(조성린, 2014).

고조선의 이념과 구휼 활동 등에서 살펴보았듯이 원시적이지만 공동체 의식을 바탕으로 한 구휼 활동은 고대사회에서도 이루어져 왔음을 알 수 있다.

2) 삼국시대

삼국시대에는 자연재해로 인한 피해가 심하였다. 농사를 중심으로 한 사회였기 때문에 천재지변은 백성들의 삶에 직접적인 영향을 미칠 수밖에 없었다. 이러한 백성들을 구휼하기 위한 내용들은 주로 곡식을 나누어 주는 것이었다. 이러한 구휼 활동 외에도 자연재해로 인해 고통받는 백성들을 위해 조세를 감면해 주거나 부채나 이자를 감면해 주는 등 다양한 방법이 있었다(이준상, 2021).

삼국시대 대표적인 구휼제도는 고구려의 진대법이라고 할 수 있다. 진대법은 고국천왕 16년(194) 재상 을파소가 만든 구휼제도이다. 빈민구휼제도인 진대법은 춘궁기(春窮期)에 빈민을 구제하고, 곡물의 낭비와 썩히는 것(사장, 死藏)을 막고, 곡물의 가격을 안정시키고, 농사 실패(실농, 失農)를 방지하고자 하였다(이준상, 2021). 삼국시대의 구휼정책들은 사후대책으로서의 수준이며, 한시적으로 지원해 주는 것에 그치고 있어 제도적으로 정착하지는 못하였다. 하지만 자연재해로 인한 기근과 환과고독에 대해 국가적 차원에서 구휼사업을 진행하였다는 점, 그리고 진대법과 같이 법규를 제정하여 빈민을 구제하였다는 점에서는 의의가 있다고 볼 수 있다.

3) 고려시대

삼국시대를 지나 고려시대에 들어 구제 정책은 발전하게 된다. 고려시대의 구제제도는 크게 창제와 구황(救荒)제도, 그리고 의료 구제로 구분하여 볼 수 있다.

(1) 창제

창제는 우리나라 사회복지 발달의 근원으로 볼 수 있다. 춘궁기에 빈민들을 구휼하기 위해 나라의 창고를 열어 곡식을 빌려주고 추수기에 되갚는 제도로써 흑창, 의창, 상평창으로 구분된다.

① 흑창

고려를 건국한 태조(877~943)는 흑창(黑倉)을 설치하여 빈민들을 구제하고자 하였다. 흑창은 춘궁기에 빈민들에게 곡식을 빌려주고 추수기에 갚도록 하는 구황제도로 만들었으나 제대로 시행되지 못하였다.

② 의창

고려 제6대 왕 성종(961~997)은 흑창이 제대로 기능을 하지 못하자 성종 5년에 흑창제도를 의창(義倉)제도로 개혁하였다. 의창은 빈민을 구휼하는 목적이 강하였으며, 이에 빌려준 곡식의 상환을 엄격하게 하지 않았다.

③ 상평창

성종 12년에 설치한 상평창(常平倉)은 곡물의 값이 낮을 때에는 높은 값으로 사들이고 값이 비쌀 때에는 낮은 값으로 되팔아서 물가를 조절하였다.

상평창은 물가조절 기능과 빈민들의 생활을 안정시키는 기능을 하여 가난하고 약한 백성들을 구제하는 기능을 하였다.

(2) 구황제도

창제가 춘궁기에 빈민들을 위한 제도라면 구황제도는 자연재해를 예방하고 극복하기 위한 제도다. 구황제도에는 은면지제(恩免之制), 재면지제(災免之制), 수한역려진대지제(水旱疫癘賑貸之制), 납속보관지제(納粟補官之制) 등이 있다.

① 은면지제

은면지제는 개국(開國, 나라를 세움), 즉위(卽位, 임금의 자리에 오름), 제제(濟祭, 제례행사), 순행(巡幸, 임금이 나라 안을 두루 살피며 돌아다님), 불사(佛事, 불교에서 행하는 제사 및 법회), 경사(慶事, 나라의 기쁜 일), 난후(亂後, 전쟁이나 난이 끝난 후) 등의 시기에 백성들에게 왕이 은혜로써 세금이나 죄를 면제해 주는 것이다.

② 재면지제

재면지제는 재해로 피해를 입은 백성들에게 조세와 부역을 감면해 주고 환곡 반납도 면제해 주는 제도이다. 자연재해로 인한 질병 등으로 농사를 못 짓게 된 경우도 재면사업의 대상이었다.

③ 수한역려진대지제

수한역려진대지제는 가뭄, 홍수, 전염병 등으로 어려움에 처한 백성에게 쌀, 잡곡, 소금, 간장, 의류, 의료, 주택 등을 제공하여 구제하는 제도를 말한다. 고려시대 진대사업 중에서 사례와 대상이 가장 많았으며, 국가 재정 역시 가장 많이 소비된 사업이었다(김승훈, 2010 : 333).

④ 납속보관지제

납속보관지제는 국가의 재정이 고갈되었을 때 군량을 보충하고 기민들을 구휼하기 위한 재원 마련을 위하여 은(銀)을 바친 사람에게 관직을 주는 것이다.

(3) 의료 구제

고려시대에 의료 구제 사업이 중시되면서 고려 초에는 의학 교육기관인 태의감을 설치하고, 혜민국과 동서대비원, 그리고 제위보를 설치하여 급약, 시료 등의 구호 활동을 하였다.

① 혜민국

혜민국은 자연재해나 전염병 등으로 질병이 창궐하면 백성들에게 시료(施療, 무료로 치료해 줌), 급약(給藥, 약을 줌) 등의 의료행위를 하고, 옷이나 음식 등을 제공하는 사업을 시행한 기관이다.

② 동서대비원

동서대비원은 환자를 치료하고 빈민을 구제하는 기관으로 도성의 병자, 빈민, 고아, 노인, 걸인들을 치료하고 수용보호 사업을 행한 대중적인 의료 구제기관이다.

③ 제위보

제위보는 빈민 구제와 질병을 치료하던 기관으로 빈민이나 행려자의 의료 구제를 담당한 기관이다. 보제도의 기원은 신라시대에서 찾을 수 있는데, 보는 공익에 목적을 둔 재단을 설립하여 운용 기금을 빌려줌으로써 생기는 이익을 통해 사업을 운용하는 것이 원래의 기본 취지였다. 즉, 빈민 구제를 위한 일종의 금융사업으로 볼 수 있다(김태진, 2012).

4) 조선시대

고려시대의 구제 사업이 불교의 기본사상인 자비사상을 근간에 두고 행한 것이라면 조선시대는 유교를 기본 이념으로 왕도정치가 바탕이 되었기 때문에 왕으로서 백성들을 다스리는 왕의 책임이 강조되었다. 조선시대 구제 방식인 무상 구제와 유상 구제, 의료 구제, 그리고 민간의 상조제도를 구분하여 살펴보자.

(1) 무상 구제

무상 구제는 진급(賑給)이나 백급(白給)처럼 무상으로 곡식을 내어 주거나 죽을 쑤어 굶주린 백성을 구휼하는 시식(施食)이나 시죽(施粥)을 하는 제도이다.

① 진급과 백급

진급은 공진(公賑), 사진(私賑), 구급(救急)으로 구분하여 볼 수 있다. 공진은 공곡(公穀, 국가나 관청이 가지고 있는 곡식)을 이용해 굶주린 백성을 구휼하는 것을 말한다. 사진은 공진의 상대되는 말로 각 지역의 관리가 스스로 마련한 곡식으로 구휼하는 것이다. 구급은 긴급한 상황에 놓인 빈민의 생명을 구하기 위한 것이다. 백급은 흉년이 발생했을 때 죽을 지급하는 것이 아니라 마른 곡식을 지급하는 것이다.

② 시식과 시죽

시식과 시죽은 흉황으로 굶는 자를 구제하기 위해 적당한 장소에 진제장(賑濟場)을 설치하여 직접 식사나 죽을 끓여 나누어 주는 제도이다.

(2) 유상 구제

유상 구제는 곡식을 빌려주어 그에 대한 이자를 받는 환곡(還穀)이나 저가로 곡식을 판매하는 발매(發賣) 등으로 나눌 수 있다.

① **환곡**

환곡은 곡식이 떨어진 농가에 대한 긴급구제 사업으로 춘궁기에 백성들에게 곡식을 빌려주고 다음 추수기에 환납하도록 하는 제도다.

② **발매**

발매는 물가안정을 위해 국가가 양곡의 가격이 오르면 제값보다 싸게 곡식을 파는 방식을 말한다. 물가안정은 백성들의 생활안정을 위한 것이며, 기민을 구휼하기 위한 제도이다.

(3) 의료 구제

조선시대의 의료 구제 사업은 고려시대의 것을 계승하여 조선 사회에 맞게 재정비하였다. 조선시대 의료 구제 사업의 특징은 의료기관과 의료원을 창설하고, 의약품을 개발하고 이를 제도화하며 의술의 개발 및 의학서의 저술 활동 등을 장려하는 것이었다.

① **동서활인서**

고려의 동서대비원을 모방한 동서활인서는 도성의 병자들을 치료해 주고, 그 밖에 무의탁 병자를 수용하며, 전염병 발생 때 병막(病幕)을 가설하여 환자에게 음식과 약·의복 등을 지급하였다. 숙종 때 혜민서로 이속되었으며, 영조 때 완전히 폐쇄되었다.

② **혜민서**

고려시대 혜민국을 이름을 고쳐 백성의 치료(治療)와 의녀(醫女)의 교습(敎習)을 담당했던 관청으로, 의약과 서민의 질병을 구료(救療)하는 일을 하였다.

(4) 민간의 상조제도

조선시대에는 공적 차원에서 법과 제도적 구제제도 외에도 민간 차원에서 계, 두레, 향약, 오가작통과 같은 상조(相助)제도들이 시행되었다.

① 계

계(契)는 공적 보호를 통해 해결할 수 없는 문제로부터 스스로 보호하기 위한 민간의 자생적 조직이다. 계는 삼국시대에서부터 민간 단위의 자구책으로써 주민 간의 경제적 상호부조의 형태로 오랫동안 지속되어 왔다. 계는 원시적·협동적 관습으로써 동지결합(同志結合), 동업상집(同業相集), 동리단결(同里團結) 또는 동문동족(同文同族)의 상호부조와 인보상조(隣保相助)에 그 목적을 두고 있다.

② 두레

두레는 촌락 단위로 조직된 농경을 위한 공동 노동 조직을 의미하며, 공동 방위, 공동 제사 및 상호부조 등의 기능을 수행한 마을의 자치 조직이다. 두레는 마을 전체의 농사를 짓는 데 모든 마을 사람이 함께 상부상조하고, 농악이나 춤을 추며 함께 즐기고 협동하는 농촌사회의 상호 협동체로서 발달하였다.

③ 향약

향약(鄕約)은 향촌의 규약을 의미하는 것으로 유교의 기본사상과 이념을 확산시키고, 자연재해 등의 피해를 입었을 때 상부상조하여 구휼하는 것에 목적을 두었다. 향약은 원래 유교적 예절과 풍속을 향촌 사회에 보급하여 도덕적 질서를 확립하고 미풍양속을 진작시키며 각종 재난(災難)을 당하였을 때 상부상조하기 위한 규약이다. 이 규약은 덕업상권(德業相勸), 과실상규(過失相規), 예속상교(禮俗相交), 환난상휼(患難相恤)의 네 가지 덕목에 기초한다.

당시의 지배계층과 피지배계층 간의 관계에서 봤을 때, 향약은 사회질서를 유지하는 측면도 있다.

④ 오가작통

오가작통(五家作統)은 지방의 말단 행정구역을 일정 호수를 기준으로 소지구로 세분하여 구성한 일종의 행정조직이다. 구성원들 간에는 상부상조(相扶相助)·혼상상조(婚喪相助)·환난상휼(患難相恤)·경전상조(耕田相助) 등의 부조활동을 하였다.

5) 일제강점기 및 미군정시대

조선이 건국된 이래로 왕 중심으로 펼쳐 온 구휼정책들은 1910년 일본의 강제 점령(경술국치)으로 대한제국이 몰락하면서 그 기능을 상실하게 된다. 이때부터 우리나라의 전통적 사회복지정책들은 일본에 의해 개편되고 그 틀이 미군정기까지 이어지면서 큰 혼란을 겪게 되었다.

(1) 일제강점기

일본은 빈곤을 개인의 책임으로만 국한하지 않고 사회구조적 문제로 파악하고자 한 서양의 영향을 받아 1929년 「구호법」을 제정하여 근대적 사회복지제도를 시행하였으나 우리나라에서는 이를 1944년에 「조선구호령」이라는 이름으로 시행하였다. 「조선구호령」의 내용은 근대적 사회복지제도의 틀을 갖추고 국가가 국민의 사회적 위험에 대해 책임진다는 내용을 갖추고 있지만 이는 어디까지나 우리 국민을 종속시키려는 정치적인 목적에 기초하였다(이준상, 2021).

「조선구호령」의 주된 내용은 65세 이상의 노약자, 13세 이하의 유아, 임산부, 불구·폐질·질병·상이, 기타 정신 또는 신체장애로 노동할 수 없는 자가 대상이고, 급여의 종류에는 생활·의료·조산·생업 부조 등이 포함되어 있다.

(2) 미군정시대

1945년부터 3년간의 미군정 기간에는 경무국의 위생과를 위생국으로 승격시켰고, 같은 해 10월에 보건후생국으로 개편하여 사회복지사업을 지도 · 감독하였다(이준상, 2014).

미군정기의 구호정책은 일제강점기와 큰 차이가 없었다. 사회복지 대상은 근로 능력이 없는 빈곤자이며, 최저생활보장에 대한 개념조차도 규정되지 않았다. 빈민에 대한 구제는 자선과 시혜의 맥락을 통해 이루어지고 있었고, 결국 '욕구'와 국가의 '책임'에 대해 무관심하여 제도화하지 못하였다. 단지 미군정기의 구호정책과 「조선구호령」의 차이는, ① 구호 대상자에 '6세 이하의 부양할 소아를 가진 모자가정'을 포함하였고, ② 근로 능력 상실자 이외에 '이재민과 피난민' 그리고 '궁민과 실업자'를 포함한 것이다.

6) 사회복지제도의 도입 및 확대

(1) 한국전쟁과 사회복지(1948~1961)

1945년 광복 이후부터 1961년 5 · 16군사정변까지 우리나라는 절대빈곤의 사회였다. 일본의 강제 점령과 한국전쟁으로 전통적인 상호부조체계인 두레, 향약, 계 등의 자생적 근린 조직들이 붕괴되었으며, 사회경제적 혼란으로 정부가 주도하는 공식적인 사회연대 조직의 발달은 기대하기 어려운 상황이었다(이준상, 2014).

이 시기의 구호 사업은 전적으로 외국의 원조에 의존하고 있었으며, 구호행정도 외원기관(外援機關)들의 활동에 초점을 두고 전개할 수밖에 없었다. 결국 국가가 주도하는 공공복지정책보다는 외국 원조에 의한 민간 구호에 의존하였다.

1951년 2월 UN의 38개국은 한국에 대한 원조로 2억 2천만 달러를 제공하기로 협의하였고, 민간단체의 원조는 1952년에 임시수도인 부산에서 7개의 외원기관이 모여 '주한외국인민간원조단체연합회(KAVA : Korrea Association of Voluntary Agencies)'를 설립하였다.

주한외국인민간원조단체연합회(KAVA)는 외원기관들이 정보를 교환하고 사업 내용을 조정하며 협동 조사 등을 통해 단체교섭과 대정부 건의 활동을 하였다. 1950~1960년대에 카바의 사업비는 보사부의 예산보다 많았으며, 대표적인 단체로는 세계기독봉사회(Korea Church Woral Service), 기독교아동복리회(Christian Children's Fund), 월드비전(world vision), 양친회(Foster Parent's Plan) 등 70여 개 단체가 활동하다가 1995년에 해체되었다. 이러한 기관들은 1947년에 설립된 이화여자대학교 기독교사회사업학과와 이후 설립된 중앙신학교(현 강남대학교), 서울대학교, 한국사회사업대학교(현 대구대학교) 사회사업학과 출신들의 좋은 취업처로서 전문 인력 양성에도 크게 기여하였다.

정부는 외국 원조단체와 협력하여 중앙구호협의위원회를 두고 지방에는 구호위원회를 조직하여 긴급구호를 실시하였다. 또한 빈곤 구제를 위해 난민정착사업, 주택복구 및 건설사업, 천재지변에 대한 긴급구호 등을 실시하였다(김동규, 2004).

이승만 정부가 3 · 15부정선거와 4 · 19혁명으로 실각하고 장면 정부가 들어서게 된다. 장면 정부가 새로운 사회보장제도를 형성하기에는 정치적 환경이나 재정적 측면에서 많은 어려움이 있었다.

(2) 권위주의와 사회복지(1961~1988)

박정희 정부와 전두환 정부의 복지정책은 성장을 통한 고용과 시장경제체제 속에서 자연스러운 분배정책을 추구하였다. 이에 따라 이 시기는 근로능력이 없는 사람들을 중심으로 최소한의 생계유지에 필요한 소극적인 복지정책의 시기라고 할 수 있다.

박정희 정부는 일제강점기와 미군정 시기, 그리고 한국전쟁으로 인해 발생한 요보호자들의 생존권을 보장하기 위해 「생활보호법」(1961), 「아동복리법」

(1961), 「갱생보호법」(1961), 「군사원호보상법」(1961), 「재해구호법」(1962), 「국가유공자특별원호법」(1962), 「의료보험법」(1963), 「군인연금법」(1963) 등을 제정하였으며, 산업화를 달성하기 위해 「산업재해보상보험법」(1963)을 제정하였다.

1970년대에 접어들면서 경제성장의 영향으로 외원단체들의 지원이 급격히 줄어들었지만 절대적 빈곤은 상당히 해결되었다. 1970년대 사회복지 관련 입법으로 「사회복지사업법」(1970), 「사립학교교원연금법」(1973), 「국민복지연금법」(1973), 「모자보건법」(1973), 「입양절차에 관한 특례법」(1976), 「의료보험법」의 전부개정(1976), 「의료보호법」(1977), 「공무원 및 사립학교교직원 의료보험법」(1977), 「특수교육진흥법」(1977) 등이 제정되었다.

1979년 10 · 26사건과 12 · 12사태로 정권을 잡은 전두환 정부는 박정희 정부의 국가경영전략과 유사하게 국가를 운영하였다. 박정희 정부가 마련해 놓은 경제발전 중심의 기본 원칙 안에서 노인과 장애인 등 다양한 계층의 복지 수요를 충족시키는 조치를 하였다. 먼저 노인, 장애인, 아동 등에 대한 지원 근거 법률을 마련하기 위하여 사회복지 관련 입법을 제정하거나 개정하였다.

1980년 「사회복지사업기금법」을 시작으로 「노인복지법」과 「심신장애자복지법」의 제정(1981), 「아동복지법」의 전면개정(1981), 「사회복지사업법」 및 「생활보호법」 개정(1983), 「모자보건법」과 「국민연금법」(1986)을 개정하였다. 하지만 이 시기에 제정된 「노인복지법」과 「심신장애자복지법」은 거의 선언적인 수준이었기 때문에 장애인을 비롯한 주요 서비스 대상자에게 주어지는 실질적인 서비스는 이전 정부와 크게 다르지 않았다.

(3) 민주화와 사회복지(1988~1998)

노태우 정부는 1987년 민주화 이후 최초로 대통령 직선제를 통해 수립되었지만 정치적 지지기반은 과거와 동일한 보수적인 정권이었다. 이 시기에 장애인등록제(1988)를 시행하였으며, 「장애인고용 촉진 등에 관한 법률」(1990), 「영유아보육법」과 「고령자고용촉진법」(1991)이 각각 제정되었다.

1990년대에 들어오면서 출범한 문민정부(1993~1998)는 생산적 국민복지를 천명하였고 사회복지정책을 제도적으로 확립하기 시작하였다. 지역사회정신보건의 제도적 기반을 마련한 「정신보건법」(1995), 민간자원의 활성화를 위한 「사회복지공동모금회법」(1997) 등 사회복지를 위한 실천적 서비스에 관한 법 제정이 이루어졌다. 1997년 외환위기로 인한 사회경제적인 혼란은 사회의 양극화현상과 다양한 복지 대상자를 양산하였다. 국제통화기금(IMF)에서 구제 금융을 겪으면서 국민 의식과 생활의 변화, 그리고 구조조정으로 대변되는 신자유주의 경제정책에 입각한 산업과 금융구조의 재편, 이로 인한 대량실업과 노숙자의 발생, 빈익빈 부익부 현상의 심화 등은 사회적 · 정치적 · 경제적 구조의 변화를 가져왔다. 이러한 상황은 사회복지에도 영향을 미쳤다(이준상, 2014).

(4) 외환위기 이후의 사회복지(1998~)

1997년 말 외환위기를 겪으면서 심각한 경제 상황과 함께 출범한 김대중 정부는 경제위기 속에서 출발하였기 때문에 위기 극복과 구조조정을 통해 발생한 실직자 등 취약계층을 보호하기 위한 복지정책을 확대하였다(최병호, 2014). 김대중 정부의 사회복지정책에서 가장 큰 변화는 「국민기초생활보장법」(1999)과 「국민건강보험법」(1999)의 제정이다.

김대중 정부에 이어 등장한 노무현 정부는 제2차 사회보장 장기발전계획(2004~2008)을 통해 정책의 목표를 참여복지 공동체 구축에 두었다. 참여복지의 핵심은 빈부격차 해소와 중산층 확대를 통한 더불어 잘사는 국가를 지향하는 것이었다. 주요 입법으로는 「기초노령연금법」(2007), 「노인장기요양보험법」(2007), 「긴급복지지원법」(2005), 「건강가정기본법」(2005)이 제정되었다.

이명박 정부(2008~2012)의 복지정책의 모토는 능동적 복지였다. 능동적 복지는 국가의 책임을 강화하고 자립의 기회를 확대하려는 데 초점을 두었다. 주요 입법으로는 「다문화가족지원법」(2008), 「성폭력방지 및 피해자보호 등에 관한 법률」(2010), 「장애아동복지지원법」(2011), 「장애인활동지원에 관한 법률」(2011), 「사회복지사 등에 대한 처우 및 지위향상을 위한 법률법」(2011), 「노숙인 등의 복지 및 자립지원에 관한 법률」(2011) 등이 제정되었다.

경제민주화와 복지를 슬로건으로 내걸고 당선되었던 박근혜 정부는 '맞춤형 고용 · 복지'를 국정 목표로 삼고 출발하였다. 주요 입법으로는 「기초연금법」(2014), 「양육비 이행확보 및 지원에 관한 법률」(2014), 「발달장애인 권리보장 및 지원에 관한 법률」(2014) 등이 제정되었다.

문재인 정부의 '포용적 복지'는 과거 선 성장, 후 복지 패러다임에서 벗어나 복지와 성장이 조화를 이루는 복지정책으로 복지영역에서 국가의 책임이 확대되고 그에 따른 전달체계의 변화와 복지공급 주체의 다양화에 초점을 두었다.

외환위기 이후의 사회복지 발달의 특징은 사회복지 관련법들의 입법화가 상당히 많이 이루어졌으며, 각 정부의 복지입법을 통해서 사회복지정책의 방향성을 유추해 볼 수 있다는 점이다. 이 시기에 두드러지는 것은 사회복지의 적용 대상이 선별주의 접근에서 보편주의 접근으로 확대되는 경향이 뚜렷이 나타나고 있다는 점이다.

CHAPTER 07

사회복지와 복지국가

1. 복지국가의 개념
2. 복지국가의 유형
3. 복지국가의 발전과 위기
4. 복지국가의 과제

07 CHAPTER 사회복지와 복지국가

현대 사회는 급속한 산업화와 도시화, 그리고 세계화의 진전에 따라 다양한 사회문제에 직면하고 있으며, 이러한 문제를 해결하고 국민 삶의 질을 향상시키기 위한 제도적 장치로서 사회복지의 중요성이 더욱 커지고 있다. 사회복지는 단순한 경제적 지원을 넘어 인간의 존엄성과 권리를 보장하고, 사회적 약자의 삶을 보호하며, 모든 국민이 최소한의 삶을 영위할 수 있도록 하는 국가의 기본적 책무이다.

이러한 사회복지의 실현은 단순한 개별 프로그램을 통해 이루어지는 것이 아니라 정치적 · 제도적 체계를 통해 구체화된다. 복지국가는 국민의 생애 전반에 걸쳐 사회적 위험으로부터 보호하고 사회적 통합을 추구하는 국가 형태로, 각국의 역사적 · 문화적 배경에 따라 다양한 양상으로 발전해 왔다.

이 장에서는 복지국가의 개념과 유형, 발전단계, 그리고 복지국가의 위기와 재편에 대해 중점적으로 설명하고자 한다.

1. 복지국가의 개념

복지국가는 보편적 복지, 사회보험, 공공 서비스 제공 등을 통해 소득 불평등을 완화하고 국민 삶의 질을 향상시키는 것을 목표로 한다. 따라서 복지국가는 국가가 적극적으로 국민의 복지에 개입하는 형태를 의미한다. 복지국가에 대한 정의는 학자마다 다양하게 제시되고 있다.

대표적인 학자들의 정의를 살펴보면 다음과 같다(김태성 · 성경륭, 2014).

1) 윌렌스키(Wilensky, 1975)의 정의

"복지국가의 핵심은 국가가 모든 국민에게 최소한의 수입, 영양, 건강, 주택, 그리고 교육을 보장하는 것이다. 국가에 의한 이러한 복지 제공은 자선이 아니라, 모든 국민이 누리는 정치적 권리에 대응하여 주어지는 것이다. 최소한의 수준을 보장하기 위해 국가가 시행하는 제반 프로그램들은 비록 그 결과로 재분배를 통해 평등을 증진시킬 수 있다고 하더라도, 그 목적 자체는 평등과 아무런 관계가 없다."

윌렌스키의 정의는 복지정책의 결과로 소득재분배나 사회적 평등이 어느 정도 이루어질 수 있지만, 복지정책의 목적 자체가 '평등'을 만들기 위한 것은 아니라는 것을 의미한다.

2) 헥셔(Heckscher, 1984)의 정의

"복지국가는 자국 내에 거주하는 국민들의 삶에 대해 집합적 책임을 지는 국가이다. 따라서 복지국가는 빈곤을 제거하기 위해 노력하며, 국민들이 빈곤 상태에 빠지는 경우 그들을 위해 적절한 사회보장을 제공한다. 또한 복지국가는 기회의 평등을 촉진하여 국민들의 삶을 향상시키기 위해 노력한다."

이 정의는 복지국가가 단순한 결과의 평등이 아니라 기회와 조건의 평등을 중시한다는 의미로 해석할 수 있다. 헥셔는 복지국가를 자본주의가 가져온 불평등과 어려움을 해결하려는 사회제도로 보았다.

3) 미쉬라(Mishra, 1990)의 정의

"복지국가란 국민들의 삶과 관련된 '최소한의 전국적 기준(national minimum standards)'을 유지하기 위해 국가의 책임을 제도화하는 것이다. 특히 제2차 세계대전 이후의 복지국가는 이러한 최소한의 전국적 기준을 보장하기 위해 완전고용의 실현, 국민의 기본 욕구를 충족시키기 위한 보편적 서비스 제공, 그리고 빈곤의 해소와 예방에 정책의 초점을 둔다."

이 정의는 복지에 대한 국가의 적극적 개입을 강조하며, 모든 국민에게 보장되어야 할 삶의 최저 수준을 국가가 책임지고 확보해야 한다는 기준을 제시하고 있다.

4) 코르피(Korp, 1983)의 정의

"복지국가의 발전 정도는 정치적 민주주의와 국민들에 대한 최소한의 사회보장을 전제조건으로 하여 상대적 빈곤이 어느 정도 감소되는가 혹은 결과의 평등이 어느 정도 실현되는가에 의해 결정된다."

코르피는 복지국가의 발전을 평가할 때, 단지 제도의 존재 유무가 아니라 상대적 빈곤의 감소와 결과의 평등 실현이라는 실질적 성과에 주목하며, 이를 위해서는 적극적인 재분배정책이 필요하다고 보았다.

5) 에스핑-안데르센(Esping-Andersen, 1990)의 정의

"복지국가에는 다양한 형태(즉, 자유주의적, 조합주의적, 사회민주적 등)의 복지체계가 존재한다. 그러나 복지국가의 발전 정도는 국가에 의해 부여되는 사회권이 국민들의 시장에 대한 의존성을 얼마나 줄이느냐, 즉 탈상품화(decommodification)의 정도에 달려 있다."

에스핑-안데르센은 상대적 빈곤 감소를 넘어 국민에 대한 사회서비스가 시장 논리에 좌우되지 않고 필요에 따라 제공되는지, 즉 탈상품화 정도에 초점을 두고 있다. 탈상품화란 인간의 삶이 노동시장에 전적으로 의존하지 않아도 기본적인 생계를 유지할 수 있는 상태를 의미한다. 즉, 시장에서 '노동력'이라는 상품이 되지 않아도 국가가 일정 수준의 소득, 복지, 권리를 보장해 주는 정도를 말한다. 이 개념은 에스핑-안데르센이 1990년 『The Three Worlds of Welfare Capitalism』에서 제시한 핵심 개념이다.

복지국가에 대한 학자들의 다양한 정의에도 불구하고, 이들 학자 간에는 다음 세 가지 측면에서 공통점을 발견할 수 있다.

첫째, 복지국가는 자본주의 경제체제 속에서 발전했다는 점이다. 즉, 복지국가는 자본주의적 산업화의 진전에서 발생하는 사회악(광범위한 빈곤, 산업재해의 빈번한 발생과 악화, 불평등의 심화, 경기변동에 따른 비자발적 실업의 반복 등)을 사회주의 혁명과 같은 급격한 방법이 아니라, 국가의 개입을 통해 점진적이고 누진적인 복지개혁으로 해결하고자 한다는 것이다.

둘째, 복지국가가 탄생할 수 있는 필요조건이자 필수조건으로서 민주주의를 전제한다는 점이다. 정치적 민주주의는 그 자체로 중요한 복지의 의미를 지니고 있다. 만약 억압적이고 권위적인 군주나 독재자에 의해 거주와 이전의 자유, 사상과 표현의 자유, 결사의 자유를 비롯한 자유권과 선거권 및 참정권 등이 박탈된 상태에서 국민들에게 다소 향상된 물질적 보장이 이루어진다면, 그것을 참된 '복지'라고 할 수 있을까? 많은 복지 이론가들이 권위주의 국가나 공산주의 국가에서 제공되는 복지를 복지국가라고 부르지 않는 이유는 바로 자유권과 정치권을 핵심으로 하는 민주주의가 그러한 국가에서 부정되고 있기 때문이다(김상균, 1987).

셋째, 복지국가 개념 정의에서 학자들은 '최소한의 전국적 수준'을 강조한다. 이는 1942년 베버리지 보고서에 제시된 개념으로, 국가가 어떤 일을 하고 어느 정도 책임을 져야 하는가를 규정하는 근거가 된다. 복지국가가 모든 국민 삶의 안전을 위해 최소한의 전국적 수준을 보장한다는 것은 복지국가의 책임 범위를 명확히 할 뿐만 아니라, 과거 '열등처우(less eligibility)의 원칙'에 따라 빈민 구제를 실시했던 국가와 복지국가를 구별하는 기준이 된다.

복지국가는 전형적으로 ① 모든 시민에게 권리 성격의 급여를 제공하고, ② 경제에 대한 정부의 통제를 실시하며, ③ 완전고용이라는 거시적 원칙을 가진다. 따라서 복지국가는 이념적으로 사회민주주의를 추구하고, 정치적으로는 의회민주주의를 신봉하며, 경제적으로는 혼합경제를 지향하고, 사회적으로는 완전고용과 사회보장제도가 실현된 국가를 의미한다고 볼 수 있다(박병현, 2011).

2. 복지국가의 유형

민주주의 정치체제, 혼합경제 체제, 중도 이념을 기반으로 한 복지국가는 국가마다 상당한 차이가 있을 수 있기 때문에, 이들 국가를 유형화(typology) 하려는 노력이 오래전부터 시도되어 왔다.

복지국가의 유형은 사회복지 수준, 목적, 그리고 국가의 역할에 따라 분류할 수 있다. 윌렌스키와 르보의 잔여적 복지국가와 제도적 복지국가, 퍼니스와 틸턴의 적극적 복지국가, 사회보장국가, 사회복지국가, 그리고 에스핑-안데르센의 자유주의적 복지국가 모형, 조합주의적 복지국가 모형, 사회민주주의적 복지국가 모형 등이 대표적이다. 여기서는 퍼니스와 틸턴의 복지국가 유형과 에스핑-안데르센의 복지국가 유형에 대해 살펴보고자 한다.

1) 퍼니스와 틸턴의 복지국가 유형

1976년 퍼니스와 틸턴(Furniss & Tilton)은 서구 선진국가들의 정치적 선택을 설명하기 위한 규범적 기준을 설정하고자 복지국가를 세 가지 유형으로 분류하였다. 이들은 복지국가가 사회문제에 대응하는 방식, 국가와 시장의 역할 설정, 그리고 복지 수준과 범위 허용 정도에 따라 유형을 구분하였다 (Furniss & Tilton, 1977).

이들은 ① 국가정책의 목적, ② 국가정책의 방향, ③ 사회정책의 방향을 복지국가의 유형을 결정하는 중요한 변수라고 보았다. 이들이 제시한 세 가지의 복지국가 유형은 ① 조합지향의 적극 국가(the crporate-oriented positive state), ② 최소수준 보장의 사회보장국가(the social security state), ③ 철저한 민주주의와 평등주의를 지향하는 사회복지국가(the social welfare state)이다.

조합지향의 적극 국가에서는 국가와 기업 간 협력이 중시되며, 복지체계는 시장 기능 강화를 위한 사회통제적 성격이 강하다. 퍼니스와 틸턴은 미국을 대표 국가로 꼽았다.

사회보장국가 유형에는 영국이 속하며, 국민의 최저생활 보장이 목표이고 평등이 강조된다.

사회복지국가의 대표적인 사례는 스웨덴으로, 정부와 노동조합 간 협력이 중요시되며, 최저 수준을 넘는 삶의 질 평등을 추구하는 복지체계를 운영한다.

퍼니스와 틸턴은 서구 선진국을 3등분했지만, 조합지향적 적극 국가는 복지국가로 보지 않아, 복지국가 유형으로는 2등분이 되는 셈이다.

세 가지 유형의 복지국가를 비교하면 〈표 7-1〉과 같다.

〈표 7-1〉 퍼니스와 틸턴의 복지국가 유형 비교

구 분	조합지향의 적극 국가	사회보장국가	사회복지국가
핵심 특징	국가-기업 협력, 시장 보완, 사회통제적 성격	최저생활 보장, 기회 평등 강조	노동조합-정부 간 협력, 삶의 질 평등 지향
대표국가	미국	영국	스웨덴
비 고	복지국가로 보기 어려움	선별적 복지 강조	보편적 복지 중심

2) 에스핑-안데르센의 복지국가 유형

복지국가의 성격을 분석하는 질적 복지국가 유형화론에서 가장 최근의 그리고 가장 과학적 연구를 수행한 사람은 에스핑-안데르센이다. 그는 세 가지 유형의 복지국가를 제시하였다(Esping-Andersen, 1990). 그가 사용한 유형화 기준은 개인의 복지가 시장에 의존하지 않고도 충족될 수 있는 이른바 탈상품화(decommodification)의 정도와 복지국가정책에 의한 사회계층체계의 형태, 국가와 시장의 상대적 역할 관계의 세 가지를 기준으로, ① 자유주의적 복지국가, ② 보수주의적 조합주의 복지국가, ③ 사회민주적 복지국가로 구분하였으며, 각각의 주요한 특징을 정리하면 다음과 같다(김태성 · 성경륭, 2014; 오봉옥 외, 2022).

첫째 유형은 자유주의적 복지국가(liberal welfare state)이다. 자유주의적 복지국가는 가장 낮은 수준의 복지국가 유형으로서 자산조사를 통해 저소득층을 대상으로 한 공공부조를 상대적으로 중시하는 경향이 있다. 낮은 수준의 보편적 급여와 낮은 수준의 사회보험을 특징으로 하고 있으며, 미국, 캐나다, 호주 등이 이에 해당된다. 잔여적 복지 모형에 의해서 시장이 제대로 유지될 수 있다는 자유주의적 인식에서 출발되었으며, 국가복지는 시장 또는 민간자원단체들의 복지활동에 대한 보조역할의 수준 이상으로 확대하기 어렵다고 보고 있다. 그 결과 사회권(social rights)이 제한받고 사회계층은 다원화되면서 계층 간에 대립적 관계가 형성되기 쉽다.

자유주의적 복지국가에서는 경제적인 여유가 있는 계층은 시장을 통해서 사회복지적 욕구를 해결하며 구체적인 개인연금 형태의 민간보험에 가입하여 노후를 대비하고 있다. 또한 사회보험에 있어서 퇴직 근로자보다 현직 근로자를 더 중시하며 근로경력이 없거나 일을 포기한 사람들은 사회보험의 급여대상에서 배제된다. 공공부조의 대상 선정에서도 근로를 조건으로 제시하여 노동시장 참여를 유도한다(김귀환, 2021).

둘째 유형은 보수주의적 조합주의 복지국가(conservative corporatist liberal welfare state)이다. 사회복지정책을 통해 사회적 지위의 차이를 유지하는 것을 목표로 하고 있다. 따라서 직업 및 계층별로 복지급여가 다르게 제공되고 사회보험의 비중이 크다. 국가가 사회복지의 주된 제공자로서 민간의 역할이 상대적으로 덜 강조되는 특징이 있다. 다만, 가족이 사회적 연대의 근원이며 국가는 가족을 지원하고 보완하는 역할을 하는 보수적 모형으로서 탈상품화 효과에 한계가 있다고 볼 수 있다(Esping-Andersen, 1990). 이 유형에 속하는 나라들로는 오스트리아, 프랑스, 독일, 이탈리아가 손꼽힌다.

보수주의적 조합주의 복지국가에서의 사회보험은 급여 수준이 높고 소득보장 수준도 낮지 않지만 수급자격은 엄격하게 정해진다. 보수주의적 조합주의 복지국가 모형에서 중요한 역할을 하는 가족은 남성 가장의 역할을 중시하므로 여성의 지위가 낮고 국가는 여성의 노동시장 참여에 적극적이지 않고 심지어 근로여성을 위한 사회복지서비스 수준도 높지 않다. 또한 노동조합의 영향력이 큰 편이므로 노동시장이 유연하지 않고 임금수준이 높으며 노동생산성이 낮은 근로자의 취업률은 낮다(원석조, 2021).

셋째 유형은 사회민주적 복지국가(social democratic welfare state)이다. 보편주의(universal-ism) 원칙과 사회권을 통한 탈상품화 효과가 가장 크고 취약계층부터 중간계층까지를 복지급여의 대상으로 확대하고 있다. 최소한의 생활 수준을 보장하는 것을 넘어 최대 수준의 생활 수준을 보장하며 평등을 추구하기 때문에 모든 사회계층이 보편적 복지체제에 통합되는 특징을 나타내므로 보편적인 모델이라고도 불린다(Esping-Andersen, 1990). 국가복지는 가능한 한 하나의 보편적이고 포괄적인 체계로 통합된다. 복지와 노동을 적절히 배합시키기 위해 완전고용정책을 강력하게 유지하려 한다. 또한 국가가 강력한 사회복지정책을 시행함에 따라 시장의 복지기능은 약하며, 대표적으로 스웨덴을 비롯한 스칸디나비아 국가들이 이러한 유형에 속하는 나라들이다.

사회민주적 복지국가의 시장 의존성은 매우 약하고 탈상품화 정도는 매우 높은 수준이다. 강력한 보편주의와 평등주의를 바탕으로 모든 국민을 복지의 대상으로 두는 포괄성에 초점을 두고 있으며, 그 결과 세계 최고 수준의 사회복지국가로 평가받고 있다. 고용확대정책, 무상교육정책, 그리고 보육정책의 결과 높은 취업률과 여성의 적극적인 노동시장 참여가 가능하며 사회복지정책에 소요되는 비용을 조달하기 위한 국민의 조세부담율은 매우 높은 편이다(권중돈 외, 2022).

〈표 7-2〉 에스핑-앤더슨의 복지국가 유형 비교

구 분	자유주의적 복지국가	보수주의적 조합주의 복지국가	사회민주적 복지국가
탈상품화 수준	약함	중간	강함
복지제도의 발달 정도	빈곤대책 중심	사회보험 중심	사회입법 중심
국가의 역할	소극적	보조적	적극적

소득재분배 효과	낮음	중간	높음
주요 프로그램	공공부조	사회보험	보편적 사회보장제도
급여 단위	가족	가족	개인
완전고용	없음	경기연동	있음
국가개입 수준	최소화	조합주의적 전통	공공서비스망 구축
대표적 국가	미국, 호주, 캐나다, 스위스, 일본	독일, 오스트리아, 벨기에, 프랑스, 스페인, 이탈리아	스웨덴, 노르웨이, 핀란드, 덴마크, 네덜란드

출처 : Esping-Andersen(1990) 발췌 및 재구성.

3. 복지국가의 발전과 위기

복지국가는 20세기 현대 국가의 가장 두드러진 제도적 성과 중 하나로, 국민 삶의 질을 향상시키고 사회적 연대를 강화하는 핵심 장치로 기능해 왔다. 산업화와 자본주의의 진전에 따라 심화된 사회적 불평등과 위험에 대응하기 위해 등장한 복지국가는, 특히 제2차 세계대전 이후 유럽을 중심으로 보편주의적 복지체제를 확립하며 '복지국가의 황금기'를 맞이하였다. 이 시기 복지국가는 실업, 질병, 노령, 빈곤 등 다양한 사회적 위험으로부터 국민을 보호하며, 사회통합과 경제적 안정에 기여하는 중요한 제도로 자리 잡았다.

그러나 1970년대 이후 세계적 차원의 저성장, 고실업, 재정 위기, 그리고 신자유주의의 확산은 복지국가의 지속가능성에 근본적인 의문을 제기하였다. 복지 지출 확대가 경제성장을 저해하고 노동 유인을 약화시킨다는 비판과 함께, 많은 국가에서 복지제도의 축소, 민영화, 선별주의 강화 등 구조조정이 추진되었다. 이러한 변화는 복지국가가 과거와 같은 방식으로는 존속하기 어렵다는 현실을 보여주는 동시에, 복지국가의 본질과 미래에 대한 재검토를 요구하게 되었다.

이에 따라 이 절에서는 복지국가의 역사적 발전과정을 살펴보고, 복지국가가 직면한 위기의 원인을 분석한 뒤, 앞으로 복지국가가 나아가야 할 방향에 대해 살펴보고자 한다.

1) 복지국가 발전과정

복지국가는 단순히 사회적 약자를 보호하는 장치를 넘어, 국민 삶의 질을 향상시키고 사회적 통합을 도모하며, 시장경제의 한계를 보완하는 제도적 장치로 기능해 왔다. 이러한 복지국가의 발전은 단선적이거나 보편적인 경로를 따르기보다는, 각국의 역사적 · 정치적 · 경제적 맥락에 따라 다양한 방식으로 전개되었다.

복지국가의 기원은 19세기 말 산업화의 심화와 노동문제의 대두 속에서 제도화되기 시작했으며, 제2차 세계대전 이후에는 보편주의적 복지국가의 확산을 통해 '복지국가의 황금기'를 맞이하였다. 그러나 1970년대 이후 세계경제의 불안정성과 신자유주의의 부상은 복지국가에 대한 위기 담론을 불러왔고, 이에 따라 다양한 형태의 복지국가 조정과 재편이 이루어지게 되었다.

이에 따라 여기에서는 복지국가의 발전과정을 '복지국가의 기원기', '정착기', 그리고 '성장 및 발전기'로 구분하여 살펴보고자 한다.

(1) 복지국가의 기원

자본주의와 민주주의라는 국가체제에서 모든 국민의 기본 욕구를 적정 수준으로 충족시켜 안락한 삶을 보장하기 위해 노력하는 국가를 복지국가라고 보면, 복지국가의 기원은 1880년대 독일에서 제정된 사회보험제도에 있다고 하여도 과언이 아니다. 19세기 후반에 사회보험제도가 수립되고 복지국가가 등장하게 된 역사적 조건은 다음과 같이 세 가지로 제시해 볼 수 있다. 첫째, 19세기 후반에 이르러 유럽의 많은 국가에서 자본주의적 산업화가 고도로 진행되면서 빈곤문제, 실업문제, 주택문제, 환경문제, 질병문제 등 새로운 사회적 문제들을 해결해야 했다. 둘째, 강력한 국민국가의 형성이다. 이는 자본주의적 산업화가 초래한 부산물인 제반 사회적 문제들을 해결하는 역할을 충분히 해낼 수 있도록 한 중요한 요인이었다. 셋째, 19세기 들어 확산되기 시작한 정치적 민주주의였다. 대중의 정치적 권리가 신장되고 노동계급의 정치참여가 허용되면서 복지국가 등장의 역사적 조건을 형성한 것이다(엄기욱 외, 2013).

(2) 복지국가의 정착기

서구 사회에서는 1920~1945년 시기를 '복지국가의 정착기'로 설명한다. 제1차 세계대전과 제2차 세계대전, 그리고 1920년대 말과 1930년대 대공황을 거쳐 오면서 빈곤문제와 실업문제를 해결하기 위해 정부가 적극적으로 복지재정을 확대하면서 복지국가로서의 제도적인 정비가 이루어졌다. 이 시기에는 복지에 관한 제도적·재정적 기반이 확립되면서 복지의 수혜자도 확대되는 특징을 갖고 있었다(김태성 외, 2010).

제1, 2차 세계대전이 진행되는 동안 전쟁에 참여한 국가들은 국민을 전시에 동원하기 위해 전쟁이 끝나면 국가가 더 나은 삶을 보장해 주겠다는 약속을 할 수밖에 없었다. 또한 전쟁은 엄청난 수의 사상자와 빈민을 양산하여 종래의 구빈제도나 시장을 통한 상업보험제도는 더 이상 작동할 수 없었다. 그 결과 전쟁 기간 중에 혹은 그 직후에 노령연금과 실업보험 같은 중요한 사회복지제도가 수립되었고, 또 각종 제도의 수혜자가 증가하게 된 것이다(엄기욱 외, 2013).

또한 1930년대 경제 대공황은 막대한 실업자를 발생시켰고, 이로 인해 사회 전반적으로 경제적 어려움에 대해 사적 부문만으로는 대응할 수 없다는 인식이 확산되었다. 이에 따라 정부의 역할 확대에 대한 사회적 공감대가 형성되었고, 뉴딜정책과 같은 대규모 국가사업을 통해 복지의 범위가 대폭 확대되었다. 당시 미국을 제외한 유럽 국가들은 실업보험과 가족수당을 제도화하였으며, 미국은 1935년 「사회보장법(Social Security Act)」을 제정하여 취약계층 지원 체계를 마련하였다.

(3) 복지국가의 성장과 발전기

제2차 세계대전이 종결된 1945년부터 1975년까지는 '복지국가의 팽창기'로 불린 시기였다. 경제성장이 지속되면서 사회 전반적인 발전이 이루어졌고 서구 사회 여러 국가에서는 다양한 복지제도들이 제정되었다. 당시에는 노동자, 사용자, 그리고 국가의 협력으로 경제가 성장하였고, 국가와 사용자의 입장에서는 재정이 증대되었고 노동자의 입장에서는 완전고용과 복지혜택의 확대로 인해 소위 복지국가의 황금기였다(김태성 외, 2010). 영국에서는 보수당이 집권을 유지하기 위해 노동조합의 협조가 필요하였고, 동시에 노동자들이 공산주의의 영향을 받는 것을 우려하던 시기였다. 1944년 베버리지 보고서가 발표된 이후 노동당이 집권하였고, 노동당은 베버리지 보고서의 내용을 실천하기 위해 노력하였으며, 그 결과 1948년 「사회보장법」과 국민보건서비스(NHS)가 시행되었다. 영국은 물론 독일에서도 보건의료, 주택, 교육 등의 서비스를 국가가 보편적으로 보장하였다(오봉욱 외, 2022).

이 기간에 구미 선진국들이 높은 경제성장률, 낮은 인플레이션, 그리고 낮은 실업률을 기록하였다는 것은 그만큼 이들 국가들이 복지비 지출을 더 많이 할 수 있는 조건을 가지고 있었다는 뜻이다. 일본과 미국을 제외한 대부분의 나라들이 1960년대까지 대체로 GDP 대비 10%대의 복지비를 지출했으나, 1970년대 중반에 오면 모두 20% 이상을 복지비로 지출하였다(엄기욱 외, 2013).

2) 복지국가의 위기와 재편

1970년대 오일쇼크는 전 세계적으로 경제위기를 초래하였다. 대부분의 국가에서 경제성장률은 둔화되고, 복지 지출은 증가하는 현상이 나타났다. 그 결과 복지국가 자체가 위기에 봉착했다는 인식이 확산되었고, 복지 지출을 축소하거나 제도적 개혁을 통해 이러한 위기를 극복하려는 시도가 국가별로 나타나기 시작했다. 아울러 국가의 역할이 기존과는 다른 방식으로 수행되어야 하며, 시민사회 및 시장과 조화를 이루지 못하는 복지제도 운영은 바람직하지 않다는 주장도 제기되었다.

특히 경제시장에서 국가 간 경계가 모호해지면서, 국가정책의 영향력 범위가 축소되는 현상이 나타났고, 이는 신자유주의적 복지국가 재편과 같은 국가 역할의 적극적인 변화 시도로 이어졌다. 복지국가는 인구 고령화, 국가 간 노동력의 자유로운 이동, 가족 형태의 다양화, 여성의 사회적 역할 변화와 같은 새로운 사회적 현상에도 대응해야 하는 과제에 직면하게 되었다.

(1) 복지국가 위기의 원인

1970년대 두 차례에 걸쳐 발생한 오일쇼크는 제2차 세계대전 이후 약 30년간 지속되어 온 복지국가의 성장을 흔드는 결정적인 계기가 되었다. 오일쇼크로 인해 물가는 급격히 상승하고 경제성장률은 하락했으며, 대규모 실업자가 발생하였다. 국가는 전반적인 긴축 재정이 불가피한 상황에 놓였고, 동시에 증가하는 복지 수요를 감당해야 하는 이중의 위기에 직면하게 되었다.

경기침체로 실업자 또는 불안정한 상태의 일자리에 머무는 사람의 숫자가 늘어나면, 이는 국가가 사회보장을 통해 보호해야 하는 인구의 증가를 의미하는 동시에 세원의 감소를 의미한다. 또한 대부분의 국가에서 출산율은 저하하고, 노인인구는 늘어나면서 인구구조가 고령화되어 의료비, 노령연금 등 지출에 대한 증가요인이 발생하였다. 아울러 젊은 세대의 가치관의 변화도 급격히 진행되어 근면성, 사회적 연대성 등에 대한 산업자본주의 시대의 복지국가를 밑받침해 온 시민적 가치의식들이 약화되는 현상도 사회보장제도에 대한 지지기반의 약화에 한몫하게 된다(조흥식 외, 2012).

사회보험제도처럼 보험료를 통해 유지되는 핵심 사회보장제도 운영에서 만성적인 실업과 인구구조 변화로 인한 수급자와 납입자 사이의 불균형 현상이 발생하였고, 이는 국가에 대한 재정압박으로 이어지게 된다. 이에 더하여 경기가 회복되어도 더 이상 일자리가 늘어나지 않는 소위 '고용없는 성장'도 신빈곤층의 발생과 같은 새로운 복지욕구를 창출하면서 재정적인 압박요인으로 작용하게 된다. 재정 부담을 늘리는 것에 반대하는 입장에서는 사회보장제도가 관료화하면서 가용자원이 적재적소에 배분이 되지 않고 있다면서 복지국가가 효율성 위기에 처했다고 비판하게 된다. 또 국가가 적절한 수준의 급여를 제공할 여력이 줄어들고, 세금 등 개별적인 부담이 늘어나는데 반해 사회보장의 미래가 불투명해지면서 기존 제도의 유지가 과연 정당한 것인가에 대해 회의하는 사람의 수가 늘어나면서 전후 복지국가의 정당성에 대한 사회적 합의의 기반이 흔들리게 된다(조흥식 외, 2012).

복지국가가 위기에 직면하게 된 원인에 대해서는 다양한 관점이 존재하는데, 대표적으로 신자유주의 관점, 신마르크스주의 관점, 실용주의적 관점에서 다음과 같이 설명할 수 있다.

첫째, 신자유주의 관점은 복지국가의 위기를 국가의 과도한 사회복지 지출에서 비롯된 것으로 본다. 정부의 지나친 개입은 시장의 효율성을 저해하고, 복지 수혜에 대한 의존성을 심화시켜 노동 의욕을 약화시킨다는 주장이다.

둘째, 신마르크스주의 관점은 복지국가의 위기를 자본주의 체제의 근본적인 모순, 즉 자유와 평등 간의 구조적 불균형에서 기인한다고 본다. 이에 따르면 복지국가의 위기는 일시적인 현상이 아니라 자본주의 내재적 모순의 표출이라고 한다.

셋째, 실용주의적 관점은 복지국가의 위기를 복지제도의 발전과정에서 나타난 시행착오나 사회적 변화에 따른 일시적 현상으로 본다. 즉, 복지국가의 위기는 사회경제적 환경 변화에 제대로 적응하지 못한 결과로, 인구 고령화, 저성장, 기술 변화 등 새로운 사회적 위험에 효과적으로 대응하지 못한 데서 비롯되었다는 해석이다.

(2) 세계화와 복지국가의 위기

1980년대에 접어들면서 자본, 노동, 상품, 지식이 국가의 규제를 넘어 자유롭게 유통되고 교환되는 글로벌 경제화가 진행되었고, 동시에 동구와 소련의 사회주의가 붕괴하면서 미국의 헤게모니 아래 초국가적 국제기구와 비정부기구(NGO)가 강력한 영향력을 행사하는 정치적 세계화가 전개되었다. 이러한 변화는 복지국가의 패러다임 전환을 요구하게 되었다.

세계화가 사회복지에 미치는 영향은 다음과 같다(조흥식 외, 2012).

① 세계화로 개발도상국과 선진국 사이의 빈부격차가 심화되고, 한 국가 안에서의 소득 불평등도 심화된다. 세계 경쟁력이 약한 국가들에서는 국가부채 증가로 인해 교육과 복지 등에 사용할 수 있는 자원이 감소한다.

② 자본의 자유로운 이동이 가능하기 때문에 세금이 낮은 국가로 생산입지를 이전하는 기업이 많아지면서 개별 국가의 일자리 유지가 국가정책만으로 유지하기가 어려워지고 국가 차원의 자산변동이 순간적으로 가능해진다.

③ 같은 국경 안에 머물고 있다고 하더라도 다국적 기업종사자, 비공식부문 종사자 사이의 복지 격차는 커질 수밖에 없기 때문에 시민적 권리로서 보편적 사회보장의 제공이 점차 퇴보할 가능성이 높아진다.

④ 글로벌 경제의 흐름에서 배제된 국가에서는 세금, 규제나 사회지출 등의 정상적 기능이 마비되면서 빈곤층이 국가로부터 보호받는 것이 어려워진다. 이는 세계화의 흐름에서 벗어나 있는 국가에 속한 시민들의 사회적 배제를 촉진하게 된다.

⑤ 개별 국가 차원에서 사회적 재분배가 불가능함을 인지하고 국제기구들의 세계적 차원의 빈곤문제 해결을 위해 대책을 마련하는 등 '전 지구적 사회정책(global social policy)'의 중요성이 대두된다.

⑥ 저발전 국가의 복지 문제를 해당 국가에 위임하지 않고 국제기구와 정부를 대신한 영리기업, NGO 사이의 협업에 의해 해결하는 사례가 늘면서 글로벌 복지시장의 부상도 새로운 추세로 언급할 수 있겠다.

(3) 복지국가의 재편

1980년대에 접어들면서 영국과 미국에서 신자유주의 이념을 신봉하는 신우파 정당이 집권하였고, 이들 정권은 복지국가 해체를 공약으로 내세웠다. 과도한 사회복지 지출이 경제성장을 저해하고 정부의 재정 위기를 초래한다는 신념을 바탕으로, 이들 신우파 정권은 복지비 삭감과 지출 구조의 변화, 공공서비스를 포함한 공공부문의 민영화(privatization), 기업에 대한 규제 완화, 지방정부 역할 축소, 그리고 노조 등 사회세력의 약화 정책을 추진하였다.

신우파들이 득세한 1980년대의 복지국가는 복지제도의 내용과 양적인 측면에서 많은 변화(주로 축소 경향)가 초래되었음에도 불구하고 결코 해체된 것은 아니었다. 오히려 신우파의 공약과는 달리 복지 지출에서의 감소보다는 완만한 증가가 이어졌다. 즉, GDP 대비 사회복지비 지출 비율은 증가하였으나 그 증가율은 과거에 비해 낮아졌던 것이다. 또한 복지 제공의 전제조건으로 일할 것을 요구하는 이른바 노동연계 복지(workfare)가 발전하였다(최일섭, 2019).

이 외에도 복지국가의 위기를 재편하는 기간 동안에 사회복지 분야에도 커다란 변화가 일어나게 되었다. 첫째, 민영화의 결과로 주민의 참여, 기업, 종교, 사회단체 등의 복지 역할이 증대하게 되었다. 둘째, 이의 연속선상에서 이른바 민과 관의 파트너십이 강조되었다. 셋째, 복지비용의 효율성을 제고하기 위해 공공 및 민간사회복지기관들에게 사회적 책임성(social accountability)을 다하도록 하는 압력이 가해졌다. 사회적 책임성이란 '사회복지기관들이 그들이 수행하는 사업에 대한 정당한 분석과 설명을 제시할 수 있는 능력으로서, 주어진 돈으로 무엇이 성취되었는지를 객관적으로 증명함으로써, 사업을 정당화할 수 있는 능력'이다(최일섭 · 이창호, 1993). 이러한 요구에 따라

1980년대 이후 사회복지 분야에서는 기관 평가, 프로그램 평가, 과학적 운영 기법의 활용 등 획기적인 변화가 일어났다.

4. 복지국가의 과제

21세기 복지국가는 세계화로 인한 자유시장의 보편화와 자본의 세계적 통합이라는 국가 경계 너머의 도전 이외에도, 국내적인 사회구조의 급격한 변화를 고려하여 기존의 사회보장체제를 어떻게 정비해 나갈 것인가 하는 과정에 직면하고 있다. 변화의 징조는 크게 노동시장, 가족과 가구 안에서 젠더관계의 변화, 그리고 인구구조의 변화라는 키워드를 통해 감지될 수 있을 것이다(조흥식 외, 2012).

첫째, 20세기와 같은 남성 정규직 숙련노동자를 중심으로 한 노동시장은 더 이상 존재하지 않는다. 탈산업화 및 지식기반사회에서는 성별보다 인적자원의 우수성이 노동시장 참여의 전제조건이 되며, 서비스 경제가 확대되고 있지만 기술지향적 고임금 서비스직과 단순 저임금 서비스직이 혼재하는 상황이다. 단순 · 저숙련 서비스 노동자의 기술 수준 향상만으로는 이들을 성공적인 노동시장 지위로 전환시키기 어려우며, 국가가 공공부문 일자리를 무한정 제공하는 것도 현실적으로 쉽지 않다. 안정적인 일자리 비중이 줄고 저임금 일자리가 증가함에 따라 노동시장 양극화 문제는 모든 복지국가의 중요한 고민거리가 될 것이다. 또한 육체적 사고나 작업과정 관련 질병 위험보다 생산성 향상에 따른 책임 분권화, 노동강도 변화, 비정형 근로자 증가 등 새로운 문제들이 대두되면서 노동자의 정신적 스트레스가 건강보장체계의 핵심 해결 과제가 될 가능성도 크다.

둘째, 가족, 가구 및 젠더관계의 변화에 주목할 필요가 있다. 여성의 노동시장 진출이 보편화되고 경제적 자립을 기반으로 가족 내 젠더관계가 점차 평등해졌으며, 대안적 가족 형태를 선택하는 사람들도 증가하고 있다. 전후 시기의 가족정책은 남성 가장의 소득보장과 다자녀 가구에 대한 지원을 중심으로 운영되었으나, 현재는 혼자 생계를 책임질 만한 소득을 올리는 가구가 상대적으로 적고 맞벌이 가구가 늘어나면서 여성의 취업과 보육 수요가 증가하는 것이 일반적인 현실이 되었다. 동시에 지식기반 경제에서는 인적 자원의 우수성이 평생 학습과 고용 잠재력을 결정하므로, 전 생애에 걸친 좋은 삶과 노동 기회는 어린 시절에 크게 좌우된다. 이에 교육과 능력 개발 투자는 단순히 개별 가정의 선택을 넘어 국가 차원에서 차세대 인재 확보를 위한 사회적 투자로 기획되어야 한다.

셋째, 인구 고령화는 매우 중요한 사회정책 과제로 대두되고 있다. 전후 관대한 부과 방식 급여를 전제로 한 연금제도는 실질 임금의 지속적 성장과 수급자 대비 기여자 수의 우위 유지로 운영될 수 있었다. 그러나 현재 연금 개혁은 단순히 공적연금 급여 축소나 보험료 인상만으로는 해결될 수 없다. 출산 장려, 이민 확대, 민영연금 가입 촉진 등도 부분적 대안일 뿐이다. 복지국가는 현세대와 미래세대 모두에게 안정적인 노후를 보장하는 한편, 평균수명 증가에 따른 평생 교육 · 취업 · 훈련 · 퇴직 시기 조정과 급증하는 장기요양 서비스 수요에 대응할 수 있는 해법을 마련해야 한다.

CHAPTER 08

사회복지실천의 대상과 공급자

1. 사회복지실천의 대상
2. 욕구의 주체, 권리의 주체로서 사회복지 대상자
3. 국가와 민간의 역할

08 CHAPTER 사회복지실천의 대상과 공급자

사회복지실천의 핵심은 도움을 필요로 하는 사람과 그들이 속한 사회체계의 요구를 이해하고 적절한 지원을 제공하는 데 있다. 현대 사회복지에서는 대상자를 단순한 수혜자가 아닌, 자신의 삶을 주도하는 권리의 주체로 인식한다.

또한 국가와 민간이 제공하는 사회복지서비스의 협력과 역할 분담은 대상자가 필요한 서비스를 적시에 받을 수 있도록 하고, 지역사회복지 수준을 높이는 데 필수적이다.

이 장에서는 다양한 사회복지 대상과 그들의 문제를 이해하고, 서비스 공급자와의 상호작용을 통해 효과적 사회복지실천이 이루어지는 방안을 살펴본다.

1. 사회복지실천의 대상

사회복지실천은 도움이 필요한 개인을 돕는 데 그치지 않고, 그 개인을 둘러싼 복합적인 환경, 즉 사회체계를 이해하고 개입하는 데 초점을 둔다. 인간은 고립된 존재가 아니라 가족, 집단, 지역사회, 그리고 사회 전체라는 다양한 수준의 사회체계와 끊임없이 상호작용하며 살아간다. 따라서 사회복지실천의 대상은 단순히 문제를 겪는 '개인'에 국한되지 않고, 개인의 안녕과 기능에 영향을 미치는 미시체계(개인, 가족), 중간체계(집단, 조직), 거시체계(지역사회, 사회정책) 등을 포함한다. 이와 같은 관점에서 사회복지실천은 개인, 가족, 집단, 조직, 지역사회가 사회적 기능을 회복·증진하고, 이들이 목표하는 사회적 조건을 창조할 수 있도록 돕는 전문적 활동으로 정의된다(Zastrow, 2013).

1) 개 인

사회복지사는 사회체계적 관점을 바탕으로 클라이언트의 문제를 다각도로 파악하며, 개인과 환경 간 상호작용 속에서 문제의 원인을 분석한다. 이를 통해 효과적인 개입 전략을 수립하고, 클라이언트 삶의 질 향상과 사회적 기능 회복을 위해 활동한다.

개인 대상 사회복지실천은 개인적 또는 사회적 문제를 겪고 있는 사람과 1:1로 만나 지원하는 활동으로, '개인 대상 사회복지실천(social case work)'이라 불린다. 이 실천은 클라이언트가 문제를 해결하고 성장할 수 있도록 돕는 전문적 활동이다. 즉, 대처능력 개발과 환경 적응 지원뿐만 아니라 클라이언트에게 부정적 영향을 미치는 사회·경제적 상황 변화를 위해 다양한 수준에서 개입하는 것을 포함한다(손병덕 외, 2021).

개인 대상 사회복지실천에서 사회복지사가 만나는 클라이언트는 매우 다양하며, 그 문제 역시 복합적이다. 문제의 원인은 개인의 내적인 어려움뿐 아니라 외부 환경 및 사회체계와의 상호작용 속에서도 찾을 수 있다. 주요 문제 유형은 다음과 같다.

① 정신건강 문제 : 우울증, 불안장애, 조현병, 양극성 장애 등 다양한 정신 질환을 앓고 있는 클라이언트들로서, 질병 자체의 고통뿐만 아니라 사회적 낙인, 대인관계의 어려움, 직업 기능 상실 등 여러 가지 어려움을 겪고 있는 사람

② 경제적 어려움 : 실업, 저임금, 과도한 부채, 기초생활 유지의 어려움 등 경제적인 문제로 고통받는 클라이언트들로서, 주거 불안정, 건강 악화,

자녀 교육 문제 등 다른 문제로 이어지는 복합적인 어려움을 가지고 있는 사람

③ 가족관계 문제 : 가족 내 갈등, 부부 문제(이혼, 별거 등), 자녀 양육의 어려움, 노인 부양 문제, 가정폭력 등 가족구성원 간의 역기능적인 관계로 인해 어려움을 겪고 있는 사람

④ 신체 건강 문제 및 장애 : 만성질환, 갑작스러운 질병, 신체적 장애 등으로 인해 일상생활에 어려움을 겪거나 사회활동에 제약을 받는 클라이언트들로서, 의료비 부담, 재활의 어려움, 사회적 편견 등으로 고통을 받고 있는 사람

⑤ 중독 문제 : 알코올, 마약, 도박, 인터넷 등 다양한 형태의 중독으로 인해 개인의 삶과 주변 관계가 파괴되는 경우로서, 신체적 · 정신적 건강 문제뿐 아니라 법적 · 경제적 문제까지 야기할 가능성이 높은 사람

⑥ 사회적 고립 및 관계 단절 : 사회적 지지망이 부족하거나 대인관계에 어려움을 겪어 고립감을 느끼는 클라이언트들로서, 외로움, 우울감으로 이어질 수 있으며, 위기 상황에서 적절한 도움을 받지 못하고 있는 사람

⑦ 교육 및 직업 관련 문제 : 학습 부진, 학교 부적응, 진로 결정의 어려움, 취업의 어려움, 직장 내 부적응 등 교육 및 직업과 관련된 문제로 인해 개인의 성장과 자립에 어려움을 겪고 있는 사람

⑧ 폭력 및 학대 경험 : 아동학대, 노인학대, 가정폭력, 성폭력 등 다양한 형태의 폭력 및 학대를 경험한 클라이언트들로서, 외상 후 스트레스, 관계의 어려움, 낮은 자존감 등 심각한 후유증을 겪고 있는 사람

⑨ 주거 불안정 : 최저 주거 기준 미달, 노숙, 전월세 사기 등으로 안정적인 주거 공간을 확보하지 못해 기본적인 생활 자체가 어려운 사람

이 외에도 여러 가지 문제들 가지고 있는 클라이언트들이 많이 있으며, 이들의 문제 및 욕구를 성공적으로 해결하기 위해서 사회복지사는 인간발달

및 행동, 인간심리의 기본 원리, 사회환경 및 체계 등과 관련한 폭넓은 지식들을 갖추고 있어야 한다.

2) 가 족

인간에게 가장 친밀하고 영향력 있는 환경은 가족이다. 가족구성원들은 서로 의존하며 영향을 주고받는 역동적인 체계를 이루고 있다. 가족 내 한 구성원의 문제가 다른 구성원에게 영향을 미치며, 이는 가족 전체의 기능과 밀접하게 연결된다. 가족 대상 사회복지실천은 가족을 단위로 서비스를 제공하는 활동으로, 가족 단위의 문제가 주요 개입 대상이 되거나 때로는 개인 문제해결을 위해 가족 전체에 개입하기도 한다. 따라서 가족을 사회체계로서 이해하는 것이 필수적이다(권중돈 외, 2022).

이 실천은 단순히 개인의 문제를 해결하는 것을 넘어, 가족 전체를 개입 단위로 삼아 가족구성원 간 상호작용을 개선하고 가족기능을 강화하며, 궁극적으로 각 구성원의 안녕과 성장을 돕는 전문적 활동이다.

사회복지사는 가족 체계에 대한 전문 지식과 기술을 바탕으로 가족구성원과 협력하여 긍정적인 변화를 이끌어 내는 전문가이다. 가족구성원들이 자신의 감정과 생각을 효과적으로 표현하고, 서로의 의견을 경청하며 이해할 수 있도록 지원하며, 가족 스스로 문제를 해결하고 위기에 대처하는 능력을 키울 수 있도록 돕는 역할을 수행한다.

가족 체계들이 겪고 있는 문제 유형들을 살펴보면 다음과 같다.

① **가족 구조 및 형태의 변화와 관련된 문제** : 핵가족이 보편화된 데 이어, 한부모가족, 재혼가족, 다문화가족, 1인가구, 비혼가구, 동거가족, 조손가족 등 다양한 형태의 가족이 증가하고 있으며, 각각 특유의 어려움과 사회적 편견에 직면해 있는 가족

② **가족기능 약화와 관련된 문제** : 빈곤, 실업, 저임금으로 인한 경제적 부양

기능 약화, 가족화, 1인가구 증가, 여성의 사회활동 참여 증가 등으로 돌봄 기능 약화로 인해 독거노인 문제, 아동방임, 부모 부양 부담 등의 문제에 직면해 있는 가족

③ 정서적 지지 및 사회화 기능 약화 : 가족구성원 간의 대화 부족, 유대감 약화로 가족 내 불화와 갈등이 빈번해지고, 정서적 지지 기능이 약화되어 가족구성원의 심리적 소외감이 증가하고, 가족 공동체로서의 사회화 기능이 약화된 가족

④ 가족 내 역동성 및 상호작용 문제 : 가족구성원 간의 오해, 갈등 심화 등으로 인해 의사소통에 어려움을 겪는 가족으로, 특히 아동이 청소년 비행, 학교 부적응 등의 문제를 가지고 있는 가족

⑤ 가족 갈등 및 폭력 : 부부 갈등, 자녀와의 갈등, 세대 간 갈등 등이 가족 내에 지속되면 가정폭력, 아동학대, 노인학대 등의 문제를 가지고 있는 가족

⑥ 사회적 불평등 : 빈곤, 질병, 실업 등 사회경제적 문제가 가족의 관계와 기능에 영향을 끼치고 있는 가족

⑦ 열악한 주거 환경 : 가족의 안정적인 삶을 저해하는 불안정한 주거에서 생활하고 있는 가족

⑧ 부적절한 사회복지서비스 전달체계 : 가족문제의 복합성에 비해 사회복지서비스를 제대로 받지 못하고 있는 가족

이 외에도 가족들이 겪고 있는 문제들은 매우 다양하고 복잡하며, 가족들이 직면하고 있는 문제와 욕구를 성공적으로 해결하기 위해서 가족을 대상으로 하는 사회복지사는 가족의 복잡한 역동과 문제를 이해하는 데 필요한 가족 체계와 관련된 이론, 다양한 가족 형태 및 특성에 대한 이해, 가족문제 유형에 따른 사회복지 개입 전략 등과 관련한 지식과 기술을 갖추고 있어야 한다.

3) 집 단

집단 대상 사회복지실천은 유사한 목표를 가진 사람들을 하나의 집단으로 묶어, 집단 내 역동성을 활용하여 개별 구성원의 목표와 집단 전체의 목적을 함께 달성하려는 실천방법이다. 이 과정에서 상호원조가 중요한 역할을 하며, 이는 집단 대상 사회복지실천이 다른 실천방법과 구별되는 핵심 요소이다(권중돈 외, 2022). 단순히 여러 사람을 모아 개별 상담을 하는 것과 달리, 집단 내 상호작용과 역동을 활용하여 구성원 각자의 변화와 성장을 촉진하는 데 중점을 둔다.

집단 대상 사회복지실천은 크게 두 가지 유형으로 나눌 수 있다. 첫째는 개인의 성장과 변화를 목표로 하는 치료집단(treatment group)이고, 둘째는 집단 자체의 문제해결을 목적으로 하는 과업집단(task group)이다.

(1) 치료집단

치료집단은 집단 구성원 개개인의 교육, 성장, 행동 변화, 문제해결, 사회화 및 사회·정서적 욕구 충족을 주요 목표로 하는 집단 대상 사회복지실천이다. 이 집단은 성원들의 개인적인 변화와 발달에 초점을 맞춘다.

치료집단에서의 사회복지실천은 개인이 직면한 문제(예 대인관계 어려움, 스트레스, 특정 질병에 따른 심리적 고통 등)를 해결하고, 효과적인 대처 기술 습득, 자기 인식 및 이해 증진, 잠재력 개발을 통해 개인의 성장을 촉진하는 데 목적이 있다.

집단 차원에서 사회복지사는 집단 목표를 명확히 하고 집단 규칙과 규범을 설정하며, 유사한 경험이나 문제를 가진 구성원들이 서로 지지·격려하고 정보를 공유할 수 있도록 긍정적이고 안전한 분위기를 조성하는 역할을 수행한다.

치료집단에 참여하는 성원들이 가지고 있는 문제 유형은 다음과 같다.

① **대인관계 및 사회적 기술 부족 문제** : 친구를 사귀거나 모임에 나가는 데 어려움을 느끼는 대인관계에 문제를 가지고 있는 사람들

② **의사소통 어려움** : 자신의 생각을 표현하거나 타인과의 상호작용에 어려움을 가지고 있는 사람들

③ **사회적 불안** : 여러 가지 신경증적 불안, 즉 다양한 공포증을 느끼고 있는 사람들

④ **정신건강 문제** : 우울증, 불안장애, 공황장애, 강박증 등 정신건강 문제로 어려움을 겪는 사람들

⑤ **중독 문제** : 알코올, 약물, 도박, 게임 등 중독으로 고통받는 사람들은 회복을 위한 지지 집단에 참여하여 재발 방지 기술을 배우고, 동료들로부터 지지와 격려를 받으며 단주 또는 단약을 유지할 필요가 있는 사람들[예 익명의 알코올중독자(AA) 모임]

⑥ **만성질환 및 장애** : 암, 당뇨, 희귀 난치병 등 만성질환이나 신체적 장애로 인한 심리적·사회적 어려움을 겪는 사람들

⑦ **트라우마 경험자** : 성폭력, 가정폭력, 재난 등 트라우마를 경험한 사람들

⑧ **사별/ 상실 경험자** : 배우자, 자녀 등 사랑하는 사람과의 사별로 인한 슬픔과 상실감에 잠겨 있는 사람들

⑨ **부모교육** : 자녀 양육에 어려움을 느끼거나 새로운 양육 기술을 배우고 싶은 부모들

⑩ **노년기 적응** : 은퇴 후의 삶, 배우자 사별, 건강 문제 등 노년기에 겪을 수 있는 다양한 변화에 적응하고 새로운 삶의 의미를 찾으려는 어르신들

⑪ **실직자/ 취업 준비생** : 실직으로 인한 상실감과 불안감을 가지고 있고, 재취업을 위한 정보 공유 및 동기 부여, 면접 기술 연습 등이 필요한 사람들

⑫ **이주민/ 다문화가정** : 새로운 문화와 환경에 적응하는 데 어려움을 겪는 이주민이나 다문화가정 구성원들

⑬ **분노조절 문제** : 자신의 분노를 효과적으로 관리하지 못해 대인관계나 일상생활에 어려움을 겪는 사람들

⑭ **자존감 향상** : 낮은 자존감으로 인해 자신감이 부족하고 타인의 평가에 예민하여, 긍정적인 자아 개념을 높이는 것이 필요한 사람들

⑮ **리더십 및 문제해결 능력 향상** : 특정 목표 달성을 위해 협력하고 문제를 해결하는 과정에서 리더십이나 의사결정 능력을 향상시키고자 하는 사람들

치료집단을 구성하고 진행하기 위해서 사회복지사는 인간행동과 발달에 대한 지식, 집단 역동 및 과정에 대한 지식, 의사소통 촉진 기술 등에 대한 지식과 기술을 함양하고 있어야 한다.

(2) 과업집단

과업집단은 특정 과업을 달성하거나 외부와 관련된 명확한 목표를 해결하기 위해 구성된 집단을 의미한다. 치료집단이 성원 개개인의 내면적 성장과 변화에 중점을 둔다면, 과업집단은 집단 외부의 문제나 요구에 대응하여 구체적이고 실질적인 결과를 도출하는 데 목표를 둔다. 과업집단에서 사회복지사는 치료집단 사회복지사와는 다른 역량을 요구받는다. 이들은 성원들의 목표 달성을 위한 상호작용을 촉진하고, 과업 수행을 위한 계획수립과 자원동원, 전문 지식 및 정보제공, 그리고 과업 달성의 진행 상황을 모니터링하고 평가하는 역할을 맡는다.

따라서 과업집단 사회복지사는 조직이론, 행정 및 법규, 의사결정 이론, 리더십 이론 등의 지식과 함께 회의 진행 기술, 갈등관리 기술 등 다양한 실무적 능력을 갖추어야 한다.

과업집단의 유형은 다음과 같다.

① **위원회**(Committees) : 특정 기능이나 목적을 위해 공식적으로 구성된 집단이다. 위원회는 상설 위원회와 한시적으로 운영되는 특별 위원회(ad hoc committees)로 나눌 수 있다(예 지역사회복지관 운영 위원회, 프로그램 평가 위원회 등).

② **행정 집단**(Administrative Groups) : 정조직이나 기관의 목표 달성을 위해 계획, 조직, 인사, 지시, 통제 등의 관리 기능을 수행하기 위한 위원회이다(예 복지관 부서장 회의, 정부 부처 국장단 회의 등).

③ **팀**(Teams) : 공통의 목표를 달성하기 위해 상호 의존적이고 협력적으로 일하는 소규모 집단으로 구성되어 있다. 각 구성원은 특정 기술이나 전문성을 가지고 목표 달성에 최적화되어 있다(예 다학제 간 치료 팀(의료사회복지 분야), 지역사회복지프로젝트 팀, 신규프로그램개발 팀 등).

④ **치료 회의**(Treatment Conferences) : 특정 클라이언트의 복합적인 문제를 해결하기 위해 다양한 분야의 전문가들이 모여 정보를 공유하고, 치료 계획을 수립하며, 진행 상황을 논의하는 집단이다(예 솔루션 회의, 아동보호 사례 회의 등).

과업집단은 집단이 가지고 있는 공동의 목표(예 특정 사회 문제해결을 위한 캠페인, 특정 주제에 대한 교육 및 정보 공유)를 달성하도록 도와주고, 민주적 가치관, 사회적 책임 의식, 공동체 의식을 함양하여 집단의 문제를 집단 성원들 스스로 해결하도록 하는 것을 목적으로 한다.

4) 지역사회

지역사회는 일정한 지리적 영역을 전제로 그 지역에 거주하는 사람들의 집합체를 의미한다(오봉욱 외, 2022). 전통적으로 사회복지실천 분야에서는 '지역사회복지(community welfare)'라는 용어보다 '지역사회조직(community organization)'이라는 용어를 주로 사용하였다. 지역사회조직은 개인 대상 사회복지, 집단 대상 사회복지와 함께 사회복지실천의 대표적인 방법론 중 하나로, 지역사회를 실천의 대상으로 삼는 전문적 사회복지실천 방법을 의미한다.

1990년대 후반 지방자치제도의 실시 이후 지역사회 서비스 제공이 보다 체계적이고 다양해지면서 지역성에 대한 관심이 강화되었고, 이로 인해 '지역사회복지'라는 용어가 본격적으로 사용되기 시작했다(권중돈 외, 2022). 지역사회복지는 단순한 실천방법론을 넘어서 사회복지의 중요한 분야로 자리 잡았다.

사회복지실천방법론으로서의 지역사회복지실천은 지역사회복지 전문가가 지역 내 여러 제도와 시스템에 영향을 미치고, 지역사회의 문제를 예방 및 해결하기 위한 일체의 사회적 노력을 포함한다(최일섭 · 이현주, 2006). 지역사회복지사는 지역 주민들의 욕구를 파악하고, 지역사회의 충족되지 않은 욕구 및 문제의 원인을 과학적으로 분석하여, 지역사회의 경제적 · 사회환경적 조건을 개선하고 문제해결을 돕는 역할을 수행한다.

사회복지사들이 개입하는 지역사회의 문제 유형은 다음과 같다.

① 경제적 불평등 및 빈곤문제 : 지역사회의 실업 및 불안정한 고용, 고령층 실업, 경력 단절 여성, 비정규직 증가 등으로 인한 경제적 어려움에 대한 문제

② 지역사회 주거 불안정 및 열악한 주거 환경문제 : 주거 사각지대, 노숙인, 쪽방촌 주거 환경, 비닐하우스 등 비인간적인 주거 환경에 거주하는 취약계층 문제

③ 노후 주택 및 슬럼화 : 안전과 위생에 취약한 노후 주택 밀집 지역의 환경 개선 문제

④ 지역사회 정신건강 문제 : 지역사회 주민들의 우울증, 불안장애, 스트레스 증가로 인한 자살률 상승, 정신질환에 대한 사회적 편견 및 낙인과 관련한 문제

⑤ 만성질환 관리 및 돌봄 부재 : 지역사회 고령화로 인한 만성질환자 증가와

효과적인 관리 시스템 및 돌봄 자원 부족 문제

⑥ **우범 지역 및 범죄 증가** : 특정 지역의 높은 범죄율, 안전 취약 환경(어두운 골목길, 부족한 CCTV), 부족한 치안 인프라와 관련한 문제

⑦ **재난 및 위기관리 미흡** : 자연재해(지진, 홍수 등) 및 인적 재해(화재, 붕괴 등)에 대한 지역사회 대비 및 대응체계의 문제

⑧ **환경오염** : 대기오염, 수질오염, 쓰레기 문제, 소음 등 지역 주민의 건강과 삶의 질을 위협하는 환경문제

⑨ **공공시설 부족** : 주민들이 이용할 수 있는 도로, 공원, 문화시설, 체육시설 등 지역사회 생활편의시설 문제

⑩ **교통사고 위험 및 보행환경 문제** : 좁고 복잡한 골목길, 과속 차량, 무단횡단 등 어린이, 노인 등 교통약자의 교통사고 위험이 높은 도로교통 문제

이러한 문제들은 단순히 개별적인 현상이 아니라 지역사회 구조와 환경에서 비롯된 구조적 문제로 인식되어야 한다. 지역사회복지실천은 이러한 문제들을 주민 개개인의 책임으로 돌리지 않고, 지역사회 전체의 공동 문제로 접근하며 주민들의 집단적 힘과 참여를 통해 해결하고자 한다. 따라서 사회복지사는 지역사회에 대한 이론과 분석 능력, 네트워크 구축 능력, 주민 조직화와 리더십 개발에 필요한 다양한 기술과 전문 지식을 갖추고 있어야 한다.

2. 욕구의 주체, 권리의 주체로서 사회복지 대상자

사회복지실천에서 '대상자'를 바라보는 관점은 단순히 도움이 필요한 수동적 존재에서 벗어나, 자신의 삶을 주체적으로 이끌어가는 '욕구의 주체'이자 '권리의 주체'로 전환되고 있다. 이는 사회복지실천의 기본 방향과 궁극적 목

적을 설정하는 데 핵심적인 기준으로 작용하며, 실천의 전 과정에서 대상자의 참여와 역량 강화를 중시하는 근거가 된다.

1) 욕구의 주체로서 사회복지 대상자

전통적으로 사회복지 대상자는 결핍이나 문제를 지닌 존재로 인식되어 왔다. 그러나 현대 사회복지에서는 대상자를 단순히 부족함을 채워야 할 객체가 아니라, 스스로 삶을 영위하고 발전시킬 수 있는 다양한 욕구를 지닌 능동적 주체로 보고 있다. 욕구의 주체로서 사회복지 대상자는 인간의 기본적 욕구는 물론, 사회적 욕구를 지닌 존재이다. 이러한 관점에서 사회복지 대상자는 다음과 같은 특징을 가진다.

첫째, 욕구의 주체로서 사회복지 대상자는 자신의 욕구를 인식하고 표현할 수 있는 주체성을 가진다. 과거에는 사회복지사가 대상자의 문제와 욕구를 정의하고 서비스를 일방적으로 제공하는 방식이 일반적이었다면, 오늘날에는 대상자 스스로 자신의 삶에서 무엇이 결핍되고 어떤 지원이 필요한지를 인식하고 표현할 수 있는 능력과 권리를 가진 존재로 간주된다. 즉, 자신에게 필요한 것을 직접 말하고 요구할 수 있는 역량을 가진 사람이다.

일반적으로 욕구의 주체로서 사회복지 대상자들이 가지고 있는 문제를 유형별로 살펴보면, ① 소득보장, ② 의료보장, ③ 주거보장, ④ 교육보장, ⑤ 사회서비스 보장 등으로 분류해 볼 수 있다(이봉주 외, 2023).

둘째, 욕구의 주체로서 사회복지 대상자는 다양하고 복합적인 욕구를 지니고 있다. 이들은 단편적이거나 일차원적인 욕구에만 국한되지 않는다. 구체적으로는, ① 의식주, 건강, 안전 등 생존과 직결된 기본적 욕구, ② 정서적 안정, 자존감, 소속감, 인정받고 싶은 욕구 등 심리적 욕구, ③ 대인관계 형성, 사회참여, 공동체 소속감 등 사회적 욕구, ④ 자신의 잠재력을 개발하고 성장하며 삶의 의미를 추구하는 자기실현의 욕구를 포함한다. 이처럼 사회복지 대상자는 인간으로서 전 생애에 걸쳐 다양한 차원의 욕구를 지닌 총체적 존재이다.

셋째, 욕구의 주체로서 사회복지 대상자는 사회복지실천 과정에 능동적으로 참여하는 주체이다. 이들은 단순히 욕구를 가진 존재를 넘어, 그 욕구를 충족하기 위한 과정에 적극적으로 관여할 의지와 역량을 지닌다. 따라서 사회복지사는 대상자가 자신의 욕구를 해결하기 위한 방식을 스스로 선택하고 결정할 수 있도록 자기결정권을 최대한 존중해야 한다. 더불어 대상자를 단순한 서비스 수혜자가 아닌 문제해결의 동등한 파트너로 인식하고 협력해야 하며, 이들이 자신의 삶을 주도하고 욕구를 충족시킬 수 있도록 역량을 강화하고 지지하는 것이 중요하다.

결론적으로, "욕구의 주체로서의 사회복지 대상자"라는 관점은 사회복지실천이 단순히 결핍을 보완하는 차원을 넘어서, 대상자가 자신의 내재된 잠재력과 역량을 발휘하고, 삶에 대한 통제력과 자율성을 회복하도록 돕는 진보적이고 인간 중심적인 접근임을 강조한다.

2) 권리의 주체로서 사회복지 대상자

도움을 필요로 하는 사람은 단순히 동정과 시혜의 대상이 아니라, 인간으로서 마땅히 누려야 할 기본적인 권리를 가진 존재이다. 이는 복지서비스가 국가나 사회의 '선의'가 아니라, 국민이 정당하게 요구하고 보장받아야 할 '권리'라는 인식에 기반을 두고 있다. 권리의 주체로서 사회복지 대상자는 사회권적 기본권을 보장받는 존재로 이해되며, 다음과 같은 권리를 갖는다.

첫째, 「대한민국헌법」 제34조 제1항에 "모든 국민은 인간다운 생활을 할 권리를 가진다."고 명시되어 있듯이, 인간으로서의 최소한의 품위를 유지하고 건강한 삶을 영위하기 위한 경제적 · 사회적 · 문화적 권리를 보장받는다.

둘째, 권리는 특정 계층이나 상황에 국한된 것이 아니라, 모든 사람이 인간이라는 이유만으로 보편적으로 보장받아야 한다.

셋째, 사회복지서비스와 급여는 「사회보장기본법」, 「국민기초생활보장법」,

「장애인복지법」 등 관련 법률에 근거하여 제공되며, 대상자는 이에 대한 법적 청구권을 가진다.

넷째, 개인은 자신의 삶과 관련된 중요한 결정(예컨대, 어떤 서비스를 받을지, 어떻게 살아갈지)에 대해 스스로 결정할 수 있는 자기결정권을 가진다.

다섯째, 복지정책 수립, 서비스 기획 및 전달 과정에서 자신의 의견을 제시하고 의사결정 과정에 참여할 권리를 가진다.

이처럼 권리의 주체로서 사회복지 대상자를 바라보는 관점은 서비스 이용 과정에서 발생할 수 있는 낙인감을 완화하고, 대상자가 수동적인 수혜자에서 벗어나 문제해결 과정에 능동적으로 참여하며, 자신의 목소리를 내고 자존감을 회복할 수 있도록 돕는다.

궁극적으로 사회복지 대상자를 권리의 주체로 인식하는 것은, 인권 존중이라는 핵심 가치를 사회복지실천의 출발점이자 최우선 원칙으로 설정하는 것을 의미한다.

3. 국가와 민간의 역할

현대 복지국가에서 사회복지서비스는 국가(공공)와 민간부문 간의 역할 분담을 통해 제공된다. 과거에는 개인의 빈곤을 개인의 책임으로 보는 시각이 주를 이루었지만, 국가가 점차 이러한 책임을 인식하게 되면서 다양한 사회복지서비스를 제공하기 시작하였다. 그러나 사회가 발전함에 따라 국민의 복지에 대한 기대와 욕구도 함께 증가하게 되었고, 이로 인해 국가의 재정은 한계에 부딪히게 되었다. 이러한 맥락에서 민간부문의 역할과 중요성이 점차 부각되고 있다.

우리나라의 경우, 현대 복지국가들과 달리 오랜 기간 외원기관의 지원과 민간 중심의 사회복지서비스 체계가 유지되어 왔다. 이러한 역사적 배경은 현재에도 민간부문이 사회복지서비스 제공에 있어 큰 영향력을 미치고 있음을 보여준다. 따라서 우리나라 사회복지서비스의 효과성과 효율성을 제고하기 위해서는 공공과 민간부문 간의 적절한 역할 분담과 협력 방안에 대한 심도 있는 논의가 필요하다.

1) 국가의 역할

현대 사회에서 사회복지서비스는 더 이상 개인이나 가족의 노력만으로 해결할 수 없다. 급격한 산업화, 도시화, 정보화는 인구 고령화, 저출산 심화, 경제적 불평등의 확산, 사회적 관계의 단절 등 다양한 사회적 위험을 초래하였다. 이러한 변화는 국민 개개인의 삶의 질을 위협할 뿐만 아니라, 사회 전체의 안정성과 지속가능한 발전을 저해하는 요인으로 작용하고 있다. 이러한 복합적인 사회문제에 효과적으로 대응하기 위해서는 국가의 역할이 필수적이며, 특히 중앙정부와 지방정부 간의 명확한 역할 분담과 긴밀한 협력이 요구된다.

중앙정부나 지방정부, 또는 이에 준하는 공공기관은 일정한 조건을 충족하면 누구나 차별 없이 서비스를 받을 수 있도록 보장하지만, 서비스 제공에는 엄격한 자격요건이 적용되며, 운영 재원은 국가 또는 지방자치단체의 조세 수입으로 충당된다는 공통된 특징을 지닌다(손병덕 외, 2021).

(1) 중앙정부의 역할

중앙정부는 복지정책의 기본 틀을 마련하고 이를 실현하기 위한 법과 제도를 제정·개선하는 중심적 역할을 수행한다. 특히 다음의 세 가지 방식을 통해 사회복지서비스를 공급하고 있다. 첫째, 특정 범주에 속한 모든 사람에게 소득이나 고용 상태와 관계없이 보편적 급여를 제공한다. 둘째, 사회보험 체계를 운영함으로써 기여금 납부 여부나 고용 상태에 따라 급여를 제공한다. 셋째, 일정한 수급 요건에 해당하는 사람에게 자산조사 또는 소득 연계를 통해 급여를 제공한다.

중앙정부의 구체적 역할은 다음과 같다.

① 중앙정부(보건복지부, 고용노동부 등)는 국민의 인간다운 삶을 보장하기 위한 사회복지정책의 비전과 목표를 수립하고, 기본적인 법률과 제도를 제정한다.

② 「국민기초생활보장법」, 「국민연금법」, 「건강보험법」 등 전국적으로 통용되는 사회보장제도의 기본 틀을 마련하고, 수급자격 기준 및 급여 수준을 설정하여 지역 간 형평성을 유지하려 노력한다.

③ 국세 수입을 통해 복지 재원을 확보하고, 지방정부에 대한 국고보조금의 비율을 설정하며, 전체 복지 재정의 배분 원칙과 방향을 제시한다.

④ 사회 변화에 따른 새로운 복지 수요(예 고립 · 고독사, 기후 위기 복지 등)를 예측하고, 전국 단위의 복지정책 모델을 연구 · 개발하여 지방정부에 가이드라인을 제공한다.

⑤ 소득세, 법인세 등 국세와 국민연금 · 건강보험료 등 사회보험료를 징수하여 복지 재정의 주된 재원을 조성한다.

⑥ 지방정부 간 재정 자립도 격차를 보완하고, 복지정책이 원활히 추진될 수 있도록 국고보조금 및 지방교부세 등의 방식으로 재정적 지원을 제공한다.

⑦ 전국적인 사회복지서비스의 질을 보장하기 위해 전달체계를 표준화하고 관리 · 감독 기능을 수행한다.

⑧ 노인장기요양보험, 아동수당 등 개별 복지서비스에 대해 전국 공통의 서비스 기준, 제공 지침, 평가 기준 등을 수립하고, 이를 지방정부와 민간기관이 준수하도록 한다.

⑨ 사회보장정보시스템(예 행복e음)을 운영하여 서비스 간 연계성과 대상자 관리를 지원한다.

⑩ 지방정부의 복지사업 추진 실적을 평가하고, 민간복지기관에 대한 감독 및 총괄 평가 기능을 수행한다.

(2) 지방정부의 역할

지방정부는 지방자치제도가 본격화되면서 지역 주민의 다양한 복지 욕구에 대응하고 지역복지 수준을 높이기 위해 중요한 역할을 맡고 있다. 주로 제공하는 복지서비스는 지역복지서비스의 시행자로서, 사회복지 관련 법률에 따라 지방정부가 제공해야 할 의무를 지는 서비스이다. 또한 민간복지기관에 대한 감독자로서의 지위를 가지며, 이들과 협력하거나 지원하는 역할도 수행한다(손병덕 외, 2021). 지방정부(광역자치단체 및 기초자치단체)는 지역 주민의 삶에 가장 밀접하게 연결되어 있으며, 지역 특성과 주민 욕구에 기반한 맞춤형 복지실천에서 중추적인 역할을 담당한다. 지방정부의 역할을 살펴보면 다음과 같다.

① 지방정부는 중앙정부의 큰 틀 안에서 해당 지역사회의 특수한 인구학적·사회경제적·문화적 환경을 반영하여 구체적인 복지정책을 수립하고 관련 조례를 제정한다.
② 고령화율이 높은 지방자치단체는 노인 돌봄 서비스 강화 조례를 제정하거나, 특정 지역의 아동 돌봄 수요에 맞춰 공동육아나눔터를 확대하는 등 지역 주민의 구체적인 욕구에 부합하는 지역 특화 서비스를 개발한다.
③ 지역 내 빈곤, 주거, 환경, 안전 등 고유한 사회문제를 직접 파악하고, 이를 해결하기 위한 지역사회 중심의 복지사업을 추진한다.
④ 지방정부는 중앙정부의 지원과 함께 자체 재원을 활용하여 지역복지사업에 필요한 재정을 분담하고, 지역 내 자원을 효율적으로 동원한다.
⑤ 지방세, 세외수입 등을 통해 자체적으로 재원을 확보하고, 이를 지역복지사업에 우선적으로 투자한다.
⑥ 지역사회 내 민간기업, 시민단체, 종교단체, 자원봉사자 등 다양한 인적·물적 자원을 발굴하고 네트워크를 구축하여 복지서비스 제공의 기반을 확대한다.

⑦ 지방정부는 주민들과 직접 소통하며 복지서비스를 전달하는 최종 전달자의 역할을 수행한다.

⑧ 읍면동 주민센터를 중심으로 주민들이 가장 가까이에서 복지상담을 받고 필요한 서비스를 연계받을 수 있도록 인적·물리적 전달체계를 구축한다.

⑨ 복합적인 욕구를 가진 대상자(다문화가족, 복합적인 건강 문제를 가진 독거노인 등)에 대해 다양한 서비스를 통합적으로 연계하고 지속적으로 관리하는 역할을 수행한다.

⑩ 일부 공공 영역의 서비스(예 보건소의 건강증진 프로그램, 시립 복지시설 운영)는 지방정부가 직접 제공한다.

⑪ 지방정부는 지역사회복지의 주체인 주민들의 참여를 이끌어 내고, 공동체 역량을 강화한다.

⑫ 주민자치회, 지역사회보장협의체 등 주민 자치 조직을 활성화하고, 주민들이 지역사회 문제해결 과정에 주체적으로 참여할 수 있도록 주민 조직화 사업을 지원한다.

⑬ 지역사회 내 민간 사회복지기관, 자원봉사단체 등과의 긴밀한 협력을 통해 민관 협력 모델을 구축하고, 복지서비스의 효율성과 효과성을 높인다.

사회복지서비스에 있어서 중앙정부와 지방정부의 역할은 복지국가 발전에 있어서 매우 중요하다. 궁극적으로 한국 사회복지서비스의 효과성과 지속가능성을 확보하기 위해서는 중앙정부가 지방정부의 자율성을 존중하고 충분한 재정지원을 제공하며, 지방정부가 지역 주민의 참여를 기반으로 창의적이고 유연한 복지실천을 전개하는 상호 보완적이고 협력적인 파트너십이 중요하다.

2) 민간의 역할

민간부문에서 서비스의 주체는 민간단체나 개인이다. 지역사회의 주민이나 개인, 가족, 사회단체, 기업 등을 통해 재원을 마련하되, 최근에는 정부로부터 보조금을 받아 시설을 위탁, 관리, 운영하는 사례가 보편화되고 있다. 공공부문에서 요구하는 것과 같은 정도로 서비스 수급자격 규정이 엄격하거나 까다롭지는 않다(손병덕 외, 2021).

민간부문은 국가의 역할을 보완하고, 다양성과 전문성, 유연성을 바탕으로 사회복지서비스의 영역을 확장하며 사회복지 대상자들 삶의 질을 향상시키는 데 매우 중요한 역할을 하고 있다. 민간영역에는 사회복지법인, 사단법인, 재단법인 등의 법인 형태를 가진 사회복지 조직과 사회복지 관련 기관 및 종교단체, 복지영역별 협회와 단체, 시민단체 등이 있으며, 다양한 주체들의 이념 속에서 자발적으로 참여하여 자원 개발 및 연계, 취약계층의 욕구조사, 프로그램 계획 및 운영 등으로 개인 및 가족, 집단을 대상으로 물질적 · 비물질적인 지원을 제공하는 역할을 수행한다(오봉욱 외, 2022).

민간부문의 역할을 살펴보면 다음과 같다.

① 민간부문 공급주체들은 정부의 관료적 규제로부터 상대적으로 자유로워 지역사회의 특수한 욕구와 문제에 신속하고 유연하게 대응할 수 있는 강점을 가진다. 이는 새로운 서비스 모델 개발, 맞춤형 프로그램 제공, 다양한 유형의 대상자 발굴 등으로 이어진다. 예를 들어, 민간에서 운영하는 지역사회복지관은 지역 주민의 특성에 맞는 다양한 프로그램을 개발하여 서비스 대상자에게 융통성 있는 서비스를 제공한다.

② 민간부문 공급주체들은 지역사회에 밀착하여 주민들의 욕구를 직접 파악하고, 지역사회 자원(인적 · 물적 자원)을 효과적으로 발굴하고 연계하는 데 장점을 가지고 있다. 이는 지역사회 조직화, 주민 참여 유도, 자조집단 형성 등 지역사회 기반의 사회복지서비스를 강화한다.

③ 경쟁 환경에 노출된 민간부문 공급주체들은 서비스의 효율성과 효과성을 높이기 위해 지속적으로 혁신을 추구하며 전문성을 강화하여 사회복지서비스의 질적 향상과 새로운 복지 기술 및 기법을 개발한다.

④ 민간부문 공급주체들은 공공전달체계의 한계로 인해 미처 발견되지 못한 복지 사각지대의 주민들을 발굴하고, 이들의 권익을 옹호하며 사회적 관심과 지원을 이끌어 내는 역할을 한다.

⑤ 민간부문 공급주체들은 자체적인 모금 활동, 기업 후원, 개인 기부 등을 통해 사회복지 재원을 다양화하고 확충하는 데 기여한다. 이는 국가 재정 부담을 완화하고, 더 많은 서비스 제공을 가능하게 하는 역할을 한다.

3) 국가와 민간부문의 이상적인 역할 분담 및 협력 방안

국가와 민간은 경쟁 관계가 아니라 상호보완적이고 협력적인 파트너십을 통해 사회복지실천의 효과성을 극대화할 수 있다. 양측이 각자의 역할을 이상적으로 분담하고 협력 방안을 강화하기 위해서는 다음과 같은 노력이 필요하다.

① 명확한 역할 분담 원칙 수립

- 국가의 책임 강화 : 보편적 서비스, 사회보험, 공공부조 등 기본 복지 영역에 대한 국가 책임을 명확히 하고 지방정부에 재정지원을 안정적으로 제공해야 한다. 특히 인권과 생존에 직결된 서비스는 국가가 최후의 보루로서 직접 책임져야 한다.
- 민간의 특성과 장점 활용 : 민간이 다양성, 유연성, 전문성을 바탕으로 지역 특화 서비스, 새로운 복지 수요 발굴, 복지 사각지대 해소 등의 역할을 담당할 수 있도록 중앙정부와 지방정부가 적극 지원해야 한다.

② 협력적 거버넌스 구축

- 공공–민간 협력 네트워크 강화 : 지역사회보장협의체와 실무협의체를 통해 공공과 민간이 함께 지역 문제를 논의하고 해결하는 협력 체계를 마련해야 한다.
- 수평적 파트너십 강화 : 국가와 민간부문이 상호 존중과 신뢰를 기반으로 수평적 파트너 관계를 형성하고, 민간기관의 자율성과 창의성을 존중하는 동반자 관계를 구축해야 한다.

③ 재정지원 및 관리 합리화

- 안정적인 보조금 지원 : 민간기관의 서비스 질과 지속성을 담보할 수 있도록 국가가 예측 가능하고 안정적인 보조금 체계를 마련해야 한다.
- 투명하고 합리적인 평가 · 감독 : 재정 낭비를 방지하고 서비스 품질을 높이되, 민간의 자율성을 존중하는 균형 잡힌 관리 감독 체계를 운영해야 한다.
- 다양한 재원 확보 지원 : 민간기관의 자체 모금, 기업 사회공헌 연계 등 다양한 재원 확보 노력을 지원하고 장려하는 정책적 뒷받침이 필요하다.

④ 인적 자원 역량 강화 협력

- 전문성 향상 교육 확대 : 국가와 민간 사회복지 실무자들의 전문성 강화를 위한 교육과 훈련 기회를 확대해야 한다.
- 인력 교류 및 순환 제도 고려 : 공공과 민간 간 인력 교류를 활성화하여 상호 이해를 높이고 전문성을 공유할 수 있는 방안을 마련해야 한다.

사회복지실천에서 국가와 민간은 상호 의존적이며 보완적인 파트너이다. 국가는 보편성과 형평성을 바탕으로 복지 시스템을 총괄하며, 민간은 다양성과 유연성, 전문성으로 지역사회 특수 욕구에 대응하고 복지 사각지대를 해소하는 역할을 맡는다.

향후 한국 사회복지 발전을 위해서는 국가가 민간의 자율성과 창의성을 존중하면서도 투명하고 합리적인 지원 및 관리 체계를 통해 민간 역량을 최대한 활용하는 협력적 파트너십을 더욱 강화해야 한다. 이러한 상호보완적 관계를 통해 모든 국민이 인간다운 삶을 누리는 진정한 복지사회가 구현될 것이다.

CHAPTER 09

사회복지의 미시적 실천방법

09 CHAPTER 사회복지의 미시적 실천방법

사회복지실천은 클라이언트의 체계 수준에 따라 미시적, 중범위, 거시적 접근방법으로 구분할 수 있다. 이 중 미시적 접근방법은 개인과 가족을 대상으로 하는 사회복지실천 방법이다.

미시적 수준의 실천은 직접적 실천 또는 임상적 실천이라고도 하는데, 사회복지사가 접하는 대상이 개인, 부부, 가족, 집단 등 다양한 클라이언트 집단이며 대면접촉을 통해 서비스를 제공하기 때문이다(조흥식 외, 2012).

1. 미시적 접근방법의 관점과 모델

사회복지실천은 클라이언트의 변화를 위해 지식을 활용하고 이론을 적용하는 과정이다. 사회복지사는 실천에서 다양한 관점과 모델을 활용한다. 사회복지실천은 단순히 문제를 해결하는 것이 아니라, 클라이언트의 상황을 이해하고 가장 효과적인 개입 방법을 찾기 위해 체계적인 지식이 필요하다. 미시적 접근방법에서는 수많은 관점, 모델, 이론이 사용된다.

관점(perspective)은 클라이언트의 행동과 그를 둘러싼 환경을 이해하고 분석하는 '시각'을 제공한다. 예를 들어, 어떤 문제에 접근할 때 개인의 심리적 요인에 집중할지, 아니면 가족관계나 사회적 맥락에 더 집중할지 결정하는 데 필요한 큰 틀을 제시한다.

모델(model)은 이론과 유사하게 사용되지만, 한 가지 이상의 이론에 기초하여 좀 더 구체적인 '개입을 이끌어 내는 데 유용한 개념과 원리들의 총합'을 의미한다. 이는 실제 경험이나 실험을 통해 보편화되는 경향이 있다. 즉, 이론이 '무엇을 설명하는가'에 초점을 둔다면, 모델은 그 이론을 바탕으로 '어떻게 개입할 것인가'에 대한 구체적인 지침이나 절차를 제공한다.

이론(theory)은 실천에 필요한 '지식과 기술의 원천'이다. 특정 상황이나 행동이 왜 일어나는지 설명해 주고, 더 나아가 그 상황이나 행동을 어떻게 변화시킬 수 있는지에 대한 체계적인 지식을 제공한다. 예를 들어, 학습이론은 특정 행동이 어떻게 학습되고 유지되는지 설명하며, 이를 변화시키기 위한 구체적인 기법을 제시한다. 따라서 이론은 관점과 모델에 기본 이론을 제공한다(Sheafor & Horejsi, 2012).

이 세 가지 요소(관점, 이론, 모델)는 서로 독립적으로 존재하기보다는 상호 관련되어 있다. 사회복지사는 이들을 통해 인간을 이해하고, 사람들이 어떻게 기능하며, 어떻게 변화하는지 파악할 수 있다. 이는 복잡한 클라이언트의 상황 속에서 문제를 분석하고 효과적인 개입 전략을 수립하는 데 매우 유용하다.

여기서는 미시적 접근방법에서 활용되는 관점과 모델을 간략히 설명하고자 한다.

1) 관 점

사회복지실천의 준거틀로 활용되는 관점들은 매우 다양하다. 사회복지실천에서 자주 사용되는 관점은 클라이언트와 그들의 환경을 이해하고 분석하는 데 필요한 큰 틀과 시각을 제공한다. 이론이나 모델보다 더 넓은 개념으로, 사회복지사가 특정 상황을 바라보는 기본적인 렌즈라 할 수 있다. 여기서는 사회복지실천에서 자주 활용되는 대표적인 관점들을 살펴보고자 한다.

(1) 생태체계적 관점

생태체계적 관점은 인간을 환경과 분리할 수 없는 존재로 이해한다. 개인의 문제나 기능은 개인 자체의 문제라기보다는 개인과 환경 간의 적응 또는 부적응의 결과로 본다. 스트레스나 어려움은 개인의 약점 때문이 아니라 개인과 환경의 상호작용 속에서 발생한다고 해석한다. 따라서 생태체계적 관점은 사회문제를 다룰 때 개인, 환경, 그리고 개인과 환경 간의 상호관계에 동시에 초점을 맞춘다. 이는 사회복지실천에서 중요하게 여기는 '환경 속의 인간' 개념을 뒷받침하는 대표적인 관점으로, 인간과 환경 간의 상호작용과 상호교류를 강조한다.

특히 개인의 욕구와 사회의 요구 사이에서 조화와 균형의 정도를 나타내는 '적합성(goodness of fit)', 개인과 환경 간의 적절한 결합으로 환경 변화를 위한 행동 또는 인간 스스로 환경 변화에 적응하는 '적응성(adaptation)', 그리고 개인이 환경과 효과적으로 상호작용할 수 있는 능력을 의미하는 '유능성(competence)' 등의 개념을 포함한다. 이 관점은 일반체계이론과 생태학이론을 통합한 형태로, 이론이나 모델로도 불리지만, 문제 현상의 전체적 성격과 다양한 변수를 객관적으로 사정하고 평가하는 데 초점을 둔 관점에 가깝다. 대상 집단의 크기에 관계없이 모든 사회체계에 적용 가능하며, 개입 시에는 하나의 모델에 국한하지 않고 다양한 모델을 절충적으로 활용할 수 있다(백은령 외, 2008).

(2) 강점 관점

강점 관점은 클라이언트의 문제나 병리적 측면보다는 그들이 가진 잠재력, 자원, 강점에 초점을 맞춘다. 모든 개인, 가족, 지역사회는 문제를 해결하고 성장할 수 있는 고유한 강점과 능력을 지니고 있다고 믿는다. 사회복지사는 클라이언트가 가진 역량, 회복탄력성, 희망, 문제해결 능력 등을 발견하고 이를 활용하여 문제해결을 돕는 데 중점을 둔다.

전통적으로 사회복지사들은 병리적 관점에서 문제해결에 접근하는 경향이 있었다. 그러나 병리적 관점은 사람 자체를 병리적으로 낙인찍는 스티그마를 조장할 뿐만 아니라, 클라이언트의 문제를 지나치게 강조하여 비관적 기대를 낳고, 사회복지사와 클라이언트 간의 권력 불균형을 초래하기도 했다. 이에 대한 대안으로 등장한 것이 바로 강점 관점이며, 클라이언트가 지닌 강점과 자원을 발견하도록 돕는 역할을 강조한다.

강점 관점은 클라이언트에게 개발되지 않은 능력과 역량이 존재한다는 믿음에 기반한다. 사회복지실천현장에서 만나는 많은 클라이언트가 복합적인 문제를 안고 있기 때문에 부정적인 시각을 가지기 쉽지만, 사회복지사는 모든 사람이 능력, 에너지, 용기, 저항력 등 다양한 강점을 지니고 있음을 간과해서는 안 된다. 최근 사회복지현장에서는 강점 관점에 기반한 사정과 개입을 점차 강조하고 있으며, 이를 위해 다음과 같은 원칙들을 준용한다(이원숙 · 임수정, 2020).

첫째, 모든 개인, 집단, 가족 및 지역사회는 강점을 가지고 있다.

둘째, 외상과 학대가 상처가 되기도 하지만 도전과 기회가 되기도 한다.

셋째, 성장과 변화의 가능성은 무한하다는 가정하에 개인, 집단, 지역사회의 포부를 진지하게 받아들여야 한다.

넷째, 클라이언트와 협력할 때 최상의 서비스를 제공할 수 있다.

다섯째, 환경은 자원으로 가득 차 있다.

여섯째, 서로에 대해 돌봄을 주고받는 것이 시민참여의 가장 기본적인 형태이다.

이러한 관점들은 사회복지사가 클라이언트를 이해하고 개입 방향을 설정하는 데 필수적인 사고의 틀을 제공하며, 종종 서로 결합되어 통합적인 방식으로 활용된다. 어떤 관점을 주로 사용할지는 클라이언트의 상황, 문제의 성격, 그리고 사회복지사의 전문성에 따라 달라질 수 있다.

2) 모 델

'관점'이 사회복지사가 클라이언트를 이해하는 '렌즈'라면, '모델'은 그 이해를 바탕으로 실제 개입을 어떻게 진행할지에 대한 구체적인 틀과 절차를 제공하는 도구이다. 모델은 대개 특정 이론에 근거하지만, 현장 경험과 연구를 통해 발전하며, 개입의 단계, 사회복지사의 역할, 사용되는 기법 등을 명확하게 제시한다.

사회복지실천에서 자주 활용되는 주요 실천 모델들은 다음과 같다.

(1) 정신역동모델

이 모델은 프로이트의 정신분석이론에 기초하여 인간의 성격과 정신세계의 역동성을 설명한다. 그 목적은 개인의 내적 사고와 갈등, 감정을 보다 잘 이해하도록 도와 개인의 사회적 기능을 향상시키는 데 있다. 이 모델에 따르면 인간의 정신은 의식, 전의식, 무의식으로 구성되며, 성격은 원초아(id), 자아(ego), 초자아(superego)로 이루어져 있다. 또한 인간의 발달단계를 성적 발달 과정으로 보고 구강기, 항문기, 남근기, 잠재기, 생식기 등 5단계로 구분한다. 이 모델은 진단주의학파에 영향을 미쳤다.

(2) 심리사회적 모델

이 모델은 가장 전통적이고 광범위하게 사용되는 사회복지실천 모델 중 하나이다. 1930년대 해밀턴(Hamilton)에 의해 시작되어 1960년대 홀리스(Hollis)에 의해 체계화되었다. '환경 속의 인간(Person-in-Environment)'이라는 관점을 기본으로 하며, 문제의 원인을 개인의 심리적 특성뿐 아니라 신체생리적 현상과 사회적 환경까지 포괄적으로 고려한다. 이 모델은 정신분석이론, 자아심리학, 체계이론 등의 영향을 받아 발전하였다.

클라이언트 문제의 원인과 영향을 심층 분석하여 정확한 진단과 사정을 중시하며, 사회복지실천을 직접적 개입과 간접적 개입으로 구분한다. 직접적 개입은 클라이언트와 직접 대면하여 심리적 변화를 돕는 방식이고, 간접적 개입은 사회환경 변화를 목표로 한다. 즉, 내면 탐색(지지, 탐색 기술, 역동성 반영)과 함께 자원 연계, 환경 조정 등의 개입을 병행하는 모델이다.

(3) 문제해결모델

문제해결모델은 1950년대 후반 펄만(Perlman)에 의해 발전되었으며, 인간의 생활을 문제해결 활동의 연속으로 본다. 이 모델은 문제(Problem), 사람(Person), 장소(Place : 기관), 과정(Process)이라는 네 가지 요소 간의 상호작용을 통해 클라이언트의 문제해결 과정을 설명한다. 또한 클라이언트가 자신의 문제를 이성적으로 분석하고 단계적으로 해결할 수 있도록 돕는다. 문제해결모델은 명확한 문제정의와 목표설정을 통해 단기적인 효과를 기대할 수 있는 실천 모형이다.

(4) 과제중심모델

과제중심모델은 1970년대 초 레이드(Reid)와 엡스타인(Epstein)에 의해 개발된 단기 개입 모델이다. 정신분석이론에 기초한 장기 치료의 대안으로 등장한 단기 치료에 영향을 받았다. 이 모델은 문제의 원인보다는 클라이언트가 해결해야 할 과업(task)에 초점을 둔다. 과거의 복잡하거나 심각한 문제해결에는 적합하지 않으며, 현재 클라이언트가 일상생활에서 직면한 과업 수행 실패 문제에 유용하다(손병덕 외, 2021). 주요 특징은 구조화된 단기 개입으로 2~3개월 동안 진행되며 회기마다 명확한 목표와 과제가 설정된다는 점이다.

(5) 위기개입모델

위기개입모델은 사고, 재난, 실직, 사별 등 갑작스럽고 충격적인 사건으로 인해 평소의 대처 능력을 상실하고 심각한 혼란을 겪는 개인이나 가족에게 즉각적이고 단기적인 개입을 제공하여 위기 이전의 기능 수준으로 회복하도록 돕는다. 위기 상황으로 인한 스트레스를 최소화하고 대처 능력을 향상시키며, 클라이언트의 의사결정과 행동을 지원하는 동시에 사회적 지지망을 활용하여 자원을 동원한다. 주요 특징은 위기 발생 후 4~6주 이내의 초기 개입이 중요하며 문제 발생 직후의 위기 상황에 집중하는 단기 개입 모델이라는 점이다.

(6) 인지행동모델

인지행동모델의 이론적 기반은 인지이론, 행동주의 이론, 학습이론 등이다. 이 모델은 인간의 감정과 행동이 사고(인지)에 의해 결정된다는 가정에 바탕을 두며, 비합리적이거나 왜곡된 사고방식을 파악하고 수정함으로써 문제행동과 부정적 감정을 변화시키려 한다. 사고, 감정, 행동의 세 요소가 서로 영향을 주고받는다고 본다.

클라이언트가 역기능적 감정과 행동을 유발하는 왜곡된 생각이나 비합리적 신념을 가지고 있음을 중시하며, 이를 보다 현실적이고 긍정적으로 인식하고 해석하는 방법을 학습하도록 도와 사회적 기능 향상을 도모한다. 이를 위해 클라이언트가 자신의 왜곡된 사고 유형을 확인하고, 인지 재구조화, 모델링, 역할 시연 등의 다양한 기법을 활용해 개입한다(손병덕 외, 2021).

(7) 임파워먼트 모델

임파워먼트는 역량 강화, 권한 부여, 능력 고취 등 다양한 용어로 사용된다. 이 모델은 무기력을 경험하는 클라이언트가 자신의 잠재된 역량을 개발하고 힘을 발휘하여 필요한 자원을 획득하도록 지원하는 것이다(조흥식 외, 2012). 사회복지사는 클라이언트가 자신의 삶을 스스로 통제하고, 사회적 불평등이나 억압에 대처할 수 있도록 힘(power)을 부여하는 데 초점을 둔다. 사회복지사는 클라이언트의 잠재력을 인정하며, 그들이 자신의 삶과 환경에 대한 통제력을 높이고 의사결정 과정에 적극 참여하도록 지지한다. 개인적, 대인관계적, 사회정치적 수준에서 클라이언트의 역량 강화를 목표로 한다.

(8) 가족치료모델

가족치료모델은 가족구성원 한 명의 문제를 개별적 현상으로 보지 않고, 가족 전체의 상호작용 체계 안에서 이해하고 해결하려는 접근법이다. 즉, 가족을 하나의 살아있는 유기체 또는 시스템으로 간주하며, 그 안에 존재하는 역기능적 패턴이나 관계 문제를 변화시켜 가족구성원 각자의 안녕과 가족의 건강한 기능 증진을 목표로 한다. 주요 가족치료모델은 다음과 같다.

① **체계적 가족치료** : 보웬(Bowen)은 가족을 정서적 단위로 보고, 문제의 원인을 현재 가족 내 역기능적 상호작용뿐만 아니라 여러 세대에 걸쳐 전수된 가족 패턴에서 찾는다. 핵심 개념으로 '자아분화', '삼각관계', '가족투사과정' 등이 있다.

② **구조적 가족치료** : 미누친(Minuchin)은 가족문제를 가족구조의 역기능적 결과로 보며, 건강한 가족구조로 재구조화하는 것을 목표로 한다. 주요 개념은 가족 내 권력, 위계, 하위체계(부부, 부모, 자녀 하위체계) 및 경계(명확한 경계, 밀착된 경계, 유리된 경계) 등이다.

③ **경험적 가족치료** : 사티어(Satir), 휘태커(Whitaker) 등이 발전시킨 모델로, 문제해결보다는 가족구성원들이 진정한 자기 표현과 성장을 이루고, 가족 내 솔직한 교류를 통해 가족 전체가 변화하는 데 초점을 둔다. 가족구성원 각자의 내면 경험, 감정, 자발성, 성장 잠재력을 중시한다.

④ **전략적 가족치료** : 헤일리(Haley)가 발전시킨 모델로, 가족문제를 역기능적 의사소통 패턴이나 권력 갈등으로 보며, 문제행동을 유지하는 상호작용 패턴 변화를 위한 간결하고 직접적인 전략을 사용한다. 치료자는

가족에게 명확한 지시나 과제를 주어 행동 변화를 유도하며, 가족 내 권력과 위계 불균형을 문제 원인으로 본다.

각 가족치료모델은 특정 유형의 가족문제에 더 효과적일 수 있으며, 사회복지사는 클라이언트 가족의 특성, 문제의 성격, 가족의 준비도 등을 고려하여 가장 적절한 모델을 선택하거나, 여러 모델의 강점을 통합해 절충적(eclectic) 또는 통합적(integrative) 접근을 취하는 경우가 많다. 가족치료는 개인의 변화뿐 아니라 가족 시스템 전체의 건강과 성장을 도모하는 강력한 개입 방법이다.

2. 개인 대상 사회복지실천

1) 개 념

개인 대상 사회복지실천의 뿌리는 자선조직협회(COS)에서 찾아볼 수 있다. 리치몬드(Richmond)는 1917년 저서 『사회 진단(Social Diagnosis)』에서 체계적인 이론과 실천방법을 제시하였다. 그는 개인 대상 사회복지실천을 "개인과 사회환경 간의 개별적이고 의도적인 조정을 통해 개인의 인격 발달을 돕는 것"으로 정의하였다.

개인 대상 사회복지실천은 다음과 같은 특징을 가지고 있다.

첫째, 개인 대상의 사회복지실천은 개인의 존엄성과 자기결정권이라는 사회복지실천의 기본 가치를 바탕으로 한다.

둘째, 클라이언트와 사회복지사의 1:1의 관계에 기초하여 개별화된 원조 과정을 진행한다.

셋째, 사회복지사와 클라이언트 간의 관계는 단순히 친목 관계가 아니라, 치료적이고 목적 지향적인 전문적 관계이다.

넷째, 사회복지사는 개인의 적응과 변화를 위해 다양한 이론 및 실천 모델을 활용하여 개인의 변화 또는 개인과 환경의 상호작용을 변화시키기 위해 노력한다.

2) 개인 대상 사회복지실천의 기본 원리

개인 대상 사회복지실천에서 사회복지사와 클라이언트의 관계 형성은 매우 중요하다. 비에스텍(Biestek)은 개인 대상 사회복지실천의 기본 원리로서 개별화, 의도적인 감정 표현, 통제된 정서적 관여, 수용, 비심판적 태도, 자기결정, 비밀보장 등 일곱 가지를 제시하였다.

① **개별화**(individualization)**의 원리** : 모든 클라이언트가 고유하고 독특한 존재임을 인식하며, 그들의 개별적 특성과 욕구에 맞춘 서비스를 제공해야 한다는 것이다. 즉, 같은 문제를 겪더라도 각 개인의 경험, 가치관, 성격, 강점, 약점, 사회적 배경이 다르기에 개입 방법도 달라져야 한다. 이를 위해 사회복지사는 편견과 선입관에서 벗어나 인간행동에 관한 지식을 갖추어야 한다.

② **의도적인 감정 표현**(purposeful expression of feeling)**의 원리** : 클라이언트가 자신의 감정, 특히 부정적이거나 고통스러운 감정을 자유롭게 표현할 수 있도록 돕는 것이다. 사회복지사는 이를 경청하고 방해하거나 비난하지 않아야 하며, 때로는 감정 표현 자체가 문제해결의 일부가 되기도 한다.

③ **통제된 정서적 관여**(controlled emotional involvement)**의 원리** : 사회복지사가 클라이언트의 감정을 민감하게 인식하고 그 의미를 이해하며 적절히 반응해야 한다는 것이다. 사회복지사는 감정에 대한 민감성과 이해력, 그리고 개별화된 반응 능력을 갖추어야 한다.

④ **수용**(acceptance)**의 원리** : 사회복지사가 클라이언트를 있는 그대로, 강점과 약점, 긍정적 · 부정적 감정과 행동 모두를 편견 없이 받아들이는 것

을 의미한다. 이는 잘못된 행동을 인정하는 것이 아니라 클라이언트의 현재 상태를 받아들이는 것이다.

⑤ **비심판적 태도**(non-judgement attitude)**의 원리** : 사회복지사가 클라이언트의 상황과 행동, 가치관, 문제의 원인에 대해 도덕적으로 평가하거나 비난하지 않는 것이다. 비난하지 않을 때 클라이언트는 자신의 문제를 스스로 생각하고 결정할 힘을 갖게 된다.

⑥ **자기결정**(self-determination)**의 원리** : 클라이언트가 실천 과정에서 모든 의사결정에 참여하여 스스로 선택할 권리를 존중하는 것이다. 사회복지사는 직접 문제를 해결하기보다 클라이언트가 합리적 결정을 내릴 수 있도록 필요한 정보를 제공하고 지원한다.

⑦ **비밀보장**(confidentiality)**의 원리** : 사회복지사가 클라이언트로부터 알게 된 정보를 클라이언트의 동의 없이 제3자에게 누설하지 않는 것을 말한다. 비밀보장이 보장되지 않으면 신뢰 관계 형성은 불가능하며 효과적인 개입도 어려워진다.

이 일곱 가지 원리는 도움을 제공하는 전문적 원조 관계를 형성하기 위한 기본 전제 요소이다. 이러한 기본 요소에 인간적인 측면이 더해질 때, 비로소 효과적인 사회복지실천이 가능해진다.

3) 실천 과정

개인 대상 사회복지실천은 클라이언트의 문제해결과 성장을 돕기 위해 체계적이고 단계적으로 이루어진다. 일반적으로 기본적인 과정은 접수, 사정, 계획, 개입, 종결의 5단계로 구성된다. 이 과정들은 클라이언트와 처음 만나는 순간부터 시작되며, 마치 계단처럼 순차적으로만 진행되는 것이 아니라 일부 단계는 동시에 이루어지기도 한다(이준상 외, 2024). 또한 이러한 과정들은 순환적이며, 각 단계가 서로 유기적으로 연결되어 있다.

(1) 접수(Intake)

접수 과정은 클라이언트의 문제와 욕구를 확인하여 기관에서 서비스를 제공할 수 있는지 여부를 판단하는 단계이다. 주요 과업은 다음과 같다.

① **기본적인 정보 수집** : 이름, 연락처, 주소, 가족구성 등 인구사회학적 정보와 경제적 상황, 건강 상태, 학력, 직업, 과거 서비스 이용 경험 등 문제 이해에 필요한 배경 정보를 수집한다.
② **문제 및 욕구 파악** : 클라이언트가 기관을 찾아온 이유가 무엇인지, 현재 겪고 있는 가장 시급하고 핵심적인 문제가 무엇인지, 궁극적으로 원하는 것이 무엇인지를 확인한다.
③ **서비스 적격성 결정** : 클라이언트의 욕구, 문제의 유형, 긴급성, 클라이언트의 상황, 기관의 서비스 이용 규정, 기관이 제공할 수 있는 서비스 내용 등을 종합적으로 고려하여 서비스를 제공할 수 있는지를 결정한다.
④ **신뢰 관계 형성** : 따뜻하고 수용적인 태도로 클라이언트를 맞이하고, 경청과 공감을 통해 신뢰감을 쌓는다.

(2) 사정(Assessment)

사정 과정은 접수 과정에서 파악한 문제, 욕구, 강점, 자원을 심층 분석하는 단계이다. 주요 과업은 다음과 같다.

① **문제와 욕구의 명확화** : 문제의 근본적인 원인과 특성을 파악하고 클라이언트의 욕구를 명확히 한다.
② **강점 및 자원 파악** : 개인적 · 환경적 강점과 활용 가능한 자원을 확인한다.
③ **생태체계적 관점** : 가계도나 생태도를 활용해 가족, 학교, 직장, 지역사회 등 다양한 환경 체계와 클라이언트 간 상호작용을 분석한다.

(3) 계획(Planning)

계획 과정은 사정 결과를 바탕으로 구체적인 개입 목표를 설정하고 이를 달성하기 위한 전략과 활동을 수립하는 단계이다. 주요 과업은 다음과 같다.

① **문제의 우선순위 설정** : 클라이언트의 의견, 문제의 긴급성 및 심각성, 개입 가능성 등을 고려하여 우선순위를 결정한다.
② **목표설정** : SMART 원칙에 따라 구체적이고(Specific), 측정 가능하고(Measurable), 성취 가능하며(Achievable), 현실성 있고(Realistic), 목표 달성 시기(Time-Bound)를 적용하여 목표를 수립한다.
③ **단기 목표와 장기 목표 설정** : 장기 목표와 이를 지원하는 단기 목표를 수립한다.
④ **개입 전략 및 활동 계획** : 목표를 달성하기 위한 개입 모델이나 기법을 선택하고, 누가(Who), 무엇을(What), 언제(When), 어디서(Where), 어떻게(How) 수행할 것인지에 대한 구체적인 활동 계획을 작성한다.

(4) 개입(Intervention)

개입 과정은 클라이언트의 변화를 촉진하고, 문제해결을 위한 구체적인 활동들이 이루어지는 핵심적인 단계로서, 개입 과정은 직접적 개입과 간접적 개입으로 구분해 볼 수 있다.

① **직접적 개입** : 클라이언트와 사회복지사가 직접적으로 상호작용하며 이루어지는 개입으로, 상담 및 치료, 교육 및 훈련, 정보제공 등이 대표적이다.
② **간접적 개입** : 클라이언트의 환경을 변화시키거나 클라이언트에게 영향을 미치는 체계에 개입하는 활동으로, 자원 연계, 환경 개선, 사회적 지지망 강화, 정책 및 제도 개선 옹호 등이 대표적이다.

(5) 종결(Termination)

종결 과정은 전문적 관계를 마무리하는 단계이며, 클라이언트가 개입을 통해 달성한 변화를 유지하고 독립적으로 기능할 수 있도록 돕는 데 중점을 둔다. 주요 과업은 다음과 같다.

① **종결 시기 결정 및 논의** : 클라이언트가 종결을 준비하고 감정적으로 대처할 시간을 갖도록 미리 알려준다.
② **성과 검토 및 평가** : 개입 과정 전반을 점검하고 목표 달성 여부를 평가한다.
③ **종결에 대한 감정 다루기** : 상실감, 슬픔, 불안, 해방감, 감사함 등 클라이언트의 다양한 감정을 자유롭게 표현하도록 돕고 수용한다.
④ **변화 유지 및 재발 방지 계획 수립** : 새로운 대처 전략을 개발하고 사후관리 계획에 대해 논의한다.

3. 집단 대상 사회복지실천

1) 개념 및 특징

집단 대상 사회복지실천은 두 명 이상의 개인이 모여 형성된 집단을 주요 개입 단위로 삼아, 집단 내 역동과 구성원 간 상호작용을 적극적으로 활용함으로써 개인의 성장과 변화를 촉진한다. 나아가 집단 자체의 기능 향상과 공동의 문제해결을 돕는 전문적인 사회복지실천 방법이다. 또한 집단사회복지실천은 전문가가 의도적으로 설계한 집단 경험을 통해 개인의 사회적 기능을 증진시키고, 개인 및 집단이 문제에 보다 효과적으로 대처할 수 있도록 지원하는 활동이다(Konopka, 1972).

집단 대상 사회복지실천의 특징을 정리하면 다음과 같다(김혜란 외, 2006; 임춘식 외, 2007).

첫째, 목적 지향적인 활동이다. 집단 대상 사회복지실천에서 추구하는 목적은 집단 구성원의 지지와 교육, 사회화와 개인적 성장, 문제해결, 지도력 개발, 사회환경의 변화 등 다양한 내용이 포함되며, 이를 성취하기 위한 활동으로 이루어진다.

둘째, 집단 구성원, 집단, 집단이 속한 환경이라는 세 가지 초점을 가지고 있다. 이는 집단 대상 사회복지실천이 개별 성원의 목적뿐 아니라 집단 그 자체의 목적에 초점을 두며, 이러한 활동들이 집단이 속한 환경의 영향을 받는다는 것을 의미한다.

셋째, 일반적으로 소집단 활동으로 이루어진다. 소집단일 경우 집단 구성원 간의 상호작용이 활발하며, 이는 구성원으로서 정체감을 형성할 수 있도록 한다.

넷째, 집단은 문제가 있는 개인뿐 아니라 건강한 개인으로 구성될 수 있다. 이는 집단 활동이 예방에서부터 문제해결을 위한 활동까지 광범위하게 이루어질 수 있다는 의미이다.

다섯째, 전문가인 사회복지사의 지도와 원조를 통해 이루어진다. 사회복지사는 개인과 집단에 대한 사회복지실천기술과 지식을 바탕으로 사회복지실천을 원조한다.

2) 집단의 유형

집단은 크게 자연집단과 형성집단으로 구분된다. 자연집단은 특정한 목적 없이 사람들 간의 공통된 관심사, 경험 또는 개인 간 친분에 의해 자발적으로 형성된 집단이다. 대표적인 자연집단으로는 가족, 또래집단, 친구집단, 갱 집단 등이 있다.

반면, 형성집단은 집단 구성원 또는 집단 자체의 특정 목표를 달성하기 위해 외부의 영향이나 중재에 의해 조직된 집단이다. 형성집단은 치료집단(Treatment Groups)과 과업집단(Task Groups)으로 나눌 수 있으며, 대표적인 예로는 치료집단과 각종 위원회 등이 있다.

치료집단은 사회정서적 욕구 충족을 목적으로 하며, 지지집단, 성장집단, 치료집단, 교육집단, 사회화집단 등이 포함된다. 과업집단은 특정 과업을 수행하기 위해 조직된 집단으로, 작업팀, 위원회, 이사회, 사회행동집단 등이 이에 해당한다.

집단 대상 사회복지실천에서는 주로 형성집단 중 치료집단에 초점을 맞춘다. 따라서 여기에서는 치료집단을 중심으로 다룬다(Zastrow, 2013).

(1) 지지집단

지지집단(Support Group)은 유사한 문제나 생활상의 어려움을 겪고 있는 개인들이 모여 서로 정서적 지지를 제공하고, 정보를 공유하며, 효과적인 대처 방안을 모색함으로써 문제 적응 능력을 향상시키는 것을 주된 목적으로 한다. 사회복지사는 집단 구성원들이 정서적 지지와 정보 공유, 희망과 동기를 받을 수 있도록 촉진자 역할을 수행한다.

대표적인 지지집단으로는 익명의 알코올중독자(AA : Alcoholics Anonymous) 모임, 암 환자 및 가족 지지집단, 사별 가족 지지집단, 장애아동 부모 지지집단 등이 있으며, 이들은 종종 사회복지사의 개입 없이 자조집단이나 동료집단으로 발전하기도 한다.

(2) 교육집단

교육집단(Educational Group)은 구성원들에게 특정 주제에 관한 지식, 정보, 기술을 체계적으로 전달하고 학습시키는 데 초점을 둔 집단이다. 사회복지사는 교사, 강사, 정보 제공자의 역할을 수행하며, 전문 지식을 전달하고 학습 과정을 효과적으로 이끌며 구성원의 참여를 독려한다.

교육집단의 예로는 부모교육집단, 분노조절 교육집단, 취업준비 교육집단, 건강증진 교육집단 등이 있다.

(3) 성장집단

성장집단(Growth Group)은 개인이 자신의 강점과 약점을 탐색하고, 감정, 가치관, 신념 등을 깊이 이해하며, 보다 만족스럽고 의미 있는 삶을 살아갈 수 있도록 돕는 데 목적을 둔다. 사회복지사는 구성원이 자기 인식과 자존감을 높이고 개인적 성장을 추구할 수 있도록 지원한다.

성장집단은 특정 문제해결이나 심각한 병리 치료보다는 '더 나은 나'를 발견하고 개발하는 데 중점을 둔다는 점에서 다른 집단과 구별된다.

예로는 자기 발견 및 자아실현 집단, 리더십 개발 집단, 의사소통 및 관계 증진 집단, 스트레스 관리 및 회복탄력성 증진 집단, 창의성 개발 집단 등이 있다.

(4) 치료집단

치료집단(Therapy Group)은 구성원들의 심리적 · 정서적 · 행동적 문제를 진단하고 해결하여 개인의 변화와 치유를 도모하는 집단이다. 개인의 내면 문제와 과거 경험, 역기능적 사고나 행동 패턴을 다루며, 전문 사회복지사의 개입하에 심층적 탐색과 통찰, 새로운 대처 방식을 학습하게 된다.

사회복지사는 집단의 역동을 이해하고 정신역동, 인지행동, 인간중심 등 다양한 치료 이론에 기반해 전문적 개입을 수행하며, 집단 분위기를 조성하고 상호작용을 촉진하는 역할을 한다.

치료집단의 예로는 우울증 치료집단, 인지행동 치료집단, 외상 후 스트레스 장애(PTSD) 치료집단, 대인관계 문제 치료집단, 불안장애 치료집단, 성인 애착 문제 치료집단, 정서조절 기술 훈련집단 등이 있다.

(5) 사회화집단

사회화집단(Socialization Group)은 개인이 사회생활에 필요한 기본 기술과 규범을 배우고, 타인과 긍정적인 관계를 형성하며 다양한 사회적 상황에 적절히 대응할 수 있도록 돕는 데 중점을 둔다. 개인의 사회적 기능 향상과 소속감 증진이 목표다.

사회복지사는 교육자, 모델, 촉진자, 지지자의 역할을 수행하며, 안전하고 격려적인 환경을 조성하고 필요시 코칭이나 모델링을 제공한다.

대표적인 사회화집단으로는 아동·청소년 사회성 기술훈련 집단, 학교 부적응 학생 사회 적응 집단, 장애인 사회성 증진 집단, 노인 여가 및 사회활동 참여 집단, 새터민(북한이탈주민) 사회 적응 집단 등이 있다.

3) 치료집단의 장점

미국의 정신과 의사이자 집단정신치료의 대가인 얄롬(Yalom, 1995)은 클라이언트가 치료집단에 참여하면서 경험할 수 있는 치료적 요인(Therapeutic Factors)을 다음과 같이 제시하였다.

① **희망 주기**(Instillation of Hope) : 클라이언트는 집단 내 다른 구성원들이 유사한 문제를 극복하거나 개선하는 모습을 보며 자신도 변화할 수 있다는 희망과 긍정적 기대를 갖게 된다. 이는 치료 동기를 부여하고 참여를 지속시키며, 절망감을 줄이고 치료 과정에 대한 신뢰를 형성하는 중요한 요인이다.

② **보편성**(Universality) : 클라이언트들은 집단 내에서 자신의 고통스러운 경험이나 감정, 문제들이 자신만의 독특하고 이상한 것이 아니라 다른 사람들도 유사하게 겪고 있음을 깨닫게 된다. '나만 이상하다'는 고립감과 수치심을 해소하고, 안도감과 소속감을 느끼게 하여 문제에 대한 정상화를 도와준다.

③ **정보 전달**(Imparting Information) : 사회복지사나 집단원들 간에 정신건강, 대처 기술 등에 대한 교육적 정보와 조언을 주고받음으로써 문제 이해를 높이고 실질적인 대처 방법을 습득한다.

④ **이타주의**(Altruism) : 집단원들이 서로에게 도움(조언, 지지, 경청 등)을 제공하는 경험을 통해 자신이 누군가에게 유용한 존재임을 느끼고 가치 있는 행동을 하고 있다는 만족감을 얻으면서, 자기존중감과 자기효능감을 향상시키고, 자기중심적인 사고에서 벗어나 타인에 대한 관심을 향상시킨다.

⑤ **원가족 집단의 교정적 재현**(Corrective Recapitulation of the Primary Family Group) : 집단 내에서 구성원들은 자신의 초기 가족 경험(부모, 형제자매와의 관계 패턴)을 무의식적으로 재현하는 경향이 있다. 사회복지사와 다른 집단원들은 과거에 경험했던 역기능적인 관계 패턴을 안전한 환경에서 새롭게 경험하고 교정할 기회를 제공하여, 과거의 해결되지 않은 갈등을 이해하고, 새로운 관계 맺기 방식을 연습하며, 정서적 상처를 치유할 수 있다.

⑥ **사회화 기술 발달**(Development of Socializing Techniques) : 집단은 실제 사회의 축소판과 같아서, 클라이언트들은 집단 내에서 타인과 효과적으로 상호작용하는 다양한 사회적 기술(경청, 공감, 자기표현, 갈등 해결 등)을 배우고 연습할 수 있어 대인관계 능력을 향상시키고, 사회적 불안감을 감소시키며, 외부 세계에서 더 나은 관계를 형성하는 데 필요한 실용적인 기술을 습득할 수 있다.

⑦ **모방 행동**(Imitative Behavior) : 클라이언트들은 사회복지사(치료자)나 다른 집단원들의 바람직하거나 효과적인 행동, 생각, 대처 방식 등을 관찰하고 모방하면서 새로운 행동을 학습함으로써 긍정적인 역할 모델을 통해 변화에 대한 영감을 얻고, 새로운 행동 레퍼토리를 시도해 볼 수 있다.

⑧ **대인관계 학습**(Interpersonal Learning) : 집단 내에서 클라이언트들은 자신의 대인관계 방식이 타인에게 어떻게 인식되고 어떤 영향을 미치는지에 대한 즉각적인 피드백을 받는다. 이를 통해 자신의 대인관계 문제 패턴을 인식하고 통찰을 얻으며, 관계 개선을 위한 새로운 방식을 시도

해 봄으로써 자기 이해를 심화하고, 왜곡된 대인관계 패턴을 수정하며, 더 건강하고 만족스러운 관계를 맺는 방법을 배운다.

⑨ **집단 응집력**(Group Cohesiveness) : 집단 구성원들이 서로에게 매력을 느끼고 집단에 대한 소속감을 가지며, 따뜻함, 수용, 지지를 경험하는 정도를 의미한다. 높은 응집력은 집단 내에서 솔직한 자기 개방과 위험 감수를 가능하게 하는 치료적 기반이 되며, 안정감과 소속감을 제공하여 클라이언트가 변화를 시도할 수 있는 안전한 환경을 조성하고, 치료적 요인들이 효과적으로 발휘될 수 있도록 돕는다.

⑩ **감정정화**(Catharsis) : 안전하고 지지적인 집단 분위기 속에서 억압되어 있거나 오랫동안 억눌려 있던 강렬한 감정(분노, 슬픔, 불안, 공포 등)을 자유롭게 표현하고 배출하는 경험을 함으로써 감정적 해방감을 느끼고, 심리적 부담을 덜며, 문제에 대한 새로운 통찰을 얻는 계기가 된다.

⑪ **실존적 요인**(Existential Factors) : 집단 성원들이 자신의 한계, 죽음, 외로움, 무의미함, 삶의 궁극적인 책임 등과 같은 보편적인 실존적 문제들을 직면하고 받아들이는 과정으로서, 삶의 유한성과 자기 책임의 중요성을 깨닫게 해준다. 이는 자신의 삶에 대한 주체성을 확립하고, 무의미함을 극복하며, 삶의 진정한 의미를 탐색하고 책임감 있는 선택을 하도록 도와준다.

얄롬은 이러한 요인들이 개별적으로뿐만 아니라 서로 복합적으로 작용하여 클라이언트의 치료적 변화를 촉진한다고 보았다. 집단은 이처럼 다양한 치료적 이점을 통해 개인의 심리사회적 어려움을 극복하고 전인적 성장을 돕는 강력한 치료 환경이 될 수 있다.

4) 실천 과정

집단 대상 사회복지실천에서 과정이란, 집단을 준비하는 시기부터 종결에 이르기까지 집단이 변화하고 발전해 나가는 일련의 단계를 의미한다. 학자들마다 집단의 발달단계를 다르게 구분하기도 하지만, 일반적으로는 준비단계, 초기단계, 중간단계, 종결단계로 나누어 설명한다.

(1) 준비단계(Planning Stage)

집단이 공식적으로 시작되기 전의 철저한 준비 과정은 집단의 성공 여부를 결정하는 데 매우 중요하다. 이 단계에서의 주요 과업은 다음과 같다.

① **집단의 목적 및 내용 선정** : 집단이 어떤 문제를 다루고 무엇을 달성할 것인지를 결정한다.
② **집단 구성원 모집 및 선별** : 집단 목표에 적합하고, 집단 역동에 긍정적인 영향을 미칠 수 있는 클라이언트를 선발한다. 예를 들어, 동질성과 이질성, 성별, 연령 등등은 집단 목표에 적합하게 선발해야 한다.
③ **집단의 구성** : 집단 성원의 수(크기), 개방/ 폐쇄 여부, 회기 수, 빈도 등을 결정한다.
④ **물리적 환경 준비** : 집단 활동을 위한 적절한 장소와 시간, 기타 필요한 준비물을 마련해야 한다.
⑤ **사전 접촉**(Pre-group Interview) : 필요한 경우 예비 구성원과 개별적으로 만나 집단에 대한 정보를 제공하고, 참여 의사를 확인하여야 한다.

(2) 초기단계(Beginning Stage)

집단이 처음 형성되고 구성원들이 서로를 탐색하며 집단에 적응하는 단계이다. 이 단계에서는 구성원들이 집단에 소속감을 느끼고 환경에 적응하려 노력하는 시기이다.

이 단계에서의 주요 과업 및 특징은 다음과 같다.

① **불안감 및 불신** : 새로운 환경과 사람들에 대한 불안감, 불신감, 저항감을 가질 수 있는 단계이다.
② **탐색적 상호작용** : 다른 구성원들과 사회복지사를 탐색하며, 대화가 아직 피상적으로 이루어진다.
③ **사회복지사에 대한 의존** : 집단의 방향과 규칙에 대해 사회복지사에게 의존하는 경향이 높다.
④ **집단 규칙 및 규범 형성** : 집단의 목적과 활동 과제를 설정하는 과정에서 기본적인 집단 규범이 발달한다.
⑤ **오리엔테이션** : 이 시기 사회복지사는 안전한 분위기 조성과 신뢰 관계 형성, 집단의 목적, 규칙, 비밀유지 원칙 등을 명확히 안내한다.

(3) 중간단계(Middle Stage)

중간단계는 집단의 목적과 목표성취에 있어서 중요한 과정이다. 집단 성원은 집단 규범을 적극적으로 실천하기도 하면서 또한 집단 성원 간에 갈등이 일어나는 단계이다.

이 단계에서의 주요 과업 및 특징은 다음과 같다.

① **불확실성-탐색**(Uncertainty-Exploration) **단계** : 초기단계의 피상적인 상호작용을 넘어 개인적인 문제와 감정을 드러내기 시작하며, 이 과정에서 갈등이 나타날 수 있다. 이 단계에서 사회복지사는 갈등을 외면하지 않고 건설적인 방향으로 다루도록 도와줘야 한다. 구성원들이 자신의 감정과 의견을 안전하게 표현하도록 촉진하며, 집단의 규범을 재확인하고 강화한다.
② **상호관계-목표성취**(Interrelationship-Achievement) **단계** : 갈등 단계를 성공적으로 극복하면서 집단 응집력이 높아지고 집단 규칙을 준수하며, 구성

원들 간의 친밀감과 상호작용이 증가하며, 실질적인 문제해결과 목표 달성에 집중하는 시기이다. 앞에서 설명한 얄롬의 치료적 요인들이 활발하게 작용하는 시기이다. 이 단계에서 사회복지사는 사회복지사 집단과 구성원들이 목표를 달성할 수 있도록 다양한 개입 기술을 활용해야 한다. 집단의 자율성을 존중하고, 구성원 간의 상호작용과 협력을 격려하며, 문제해결을 위한 자원과 정보를 제공하고, 변화를 위한 통찰을 가질 수 있도록 도와준다.

(4) 종결단계(Ending Stage)

집단 활동이 마무리되고 구성원들이 집단을 떠날 준비를 하는 단계이다. 종결은 단순한 끝이 아니라, 집단 경험을 통합하고 이후의 삶을 준비하는 중요한 과정이다.

이 단계에서의 주요 과업 및 특징은 다음과 같다.

① 종결에 대한 감정 : 슬픔, 상실감, 불안, 때로는 안도감 등 복합적인 감정이 나타난다.

② 집단 경험의 검토 및 평가 : 집단에서 얻은 변화와 성과를 돌아보고 평가한다.

③ 미해결 과제 다루기 : 집단 내에서 해결되지 않은 감정이나 관계를 다룰 기회를 제공한다.

④ 집단 의존성 감소 : 구성원들이 집단에 대한 의존도를 줄이고 독립적인 기능을 할 준비를 하도록 한다.

⑤ 미래 계획 : 집단 경험을 통해 얻은 것을 실생활에 적용하고, 변화를 유지하기 위한 대처 기술을 구체화한다.

⑥ 종결 감정 처리 : 사회복지사는 구성원들이 종결에 대한 감정을 안전하게 표현하고 처리하도록 도와준다.

자스트로(Zastrow, 1987)는 집단 실천을 단순한 모임이나 활동이 아닌 클라이언트와 집단 모두의 변화를 이끌어 내는 역동적인 과정으로 보고 있다. 또한 이 과정에서 각 단계별로 사회복지사의 의도적이고 전문적인 개입이 매우 중요하다는 것을 강조하였다. 즉, 집단이 단순히 시간의 흐름에 따라 자연스럽게 변화하는 것이 아니라, 사회복지사가 집단의 특성과 역동을 잘 파악하고 그에 맞는 적절한 개입을 통해 집단과 구성원들의 긍정적인 성장을 촉진해야 한다는 것을 의미한다. 이를 통해 집단은 개인의 심리사회적 문제해결뿐만 아니라 집단 자체의 건강한 기능과 발전을 도모할 수 있다.

CHAPTER 10

사회복지의 중범위 및 거시적 실천방법

10
CHAPTER

사회복지의 중범위 및 거시적 실천방법

사회복지 개입 수준은 미시적, 중범위, 거시적 수준으로 구분하여 볼 수 있다. 미시적 수준에서의 실천은 개인, 가족, 소집단을 대상으로 하며, 중범위 수준에서의 개입은 거시적·미시적 실천의 중간 영역으로, 집단이나 조직을 대상으로 하는 사회복지 개입을 의미한다. 중범위 실천은 개인의 문제해결을 넘어 사회 시스템 내 변화를 추구하며, 조직 개발 및 지역사회의 역량 강화, 옹호 활동 등이 포함된다. 예를 들어, 범죄 발생률이 높은 지역에 있는 사회복지사는 지역의 경찰 조직이나 지역사회 조직과 협력하여 비행 예방 프로그램을 만들고 안전한 지역사회 환경을 조성할 수 있다.

거시적 수준은 지역사회를 조직하고 개발하며, 정부 정책 수립, 옹호, 행정 및 대규모 사회 변화를 위한 활동을 의미한다. 사회복지사는 빈곤, 차별, 법적 불평등과 같은 제도적 문제해결과 지역사회 조직 및 개발 등 사회 전체의 구조적 변화를 목표로 하고 있다. 즉, 거시적 관점은 사회 시스템 이론에 기반하여 사회문제의 근본 원인을 분석하고, 이를 해결하기 위한 집합적 노력을 강조한다.

이 장에서는 중범위와 거시적 수준을 모두 포함하고 있는 영역으로서 지역사회복지, 사회복지행정, 그리고 거시적 수준의 사회복지정책에 대하여 살펴보고자 한다.

1. 지역사회복지

1) 지역사회복지의 개념

지역사회(Community)란 단순히 지리적 공간을 넘어, 그 안에서 살아가는 사람들의 사회적 상호작용과 공동의 유대감을 포함하는 다차원적인 개념이다. 전통적으로는 일정한 지리적 경계 안에서 함께 살아가는 '지역적 공동체'를 의미했으나, 현대 사회에서는 관심, 가치, 정체성 등을 공유하는 사이버상의 '가상 공동체'의 중요성 또한 커지고 있다. 즉, 지역사회는 지역 주민의 협력적인 공동체 내지 지역사회의 연대 의식이라는 의미와 함께, 공동의 관심사를 가진 가상공간의 영역까지도 함축되어 있다고 볼 수 있다.

이러한 지역사회의 기능에 대해 길버트와 스펙트(Gilbert & Specht, 1986)는 지역사회가 공통적으로 수행하는 주요 기능으로 생산 · 분배 · 소비의 기능, 사회화의 기능, 사회통제의 기능, 사회통합의 기능, 상부상조의 기능 등 다섯 가지를 제시하였다.

지역사회복지는 이러한 지역사회를 대상으로 하는 사회복지실천으로, '지역복지', '지역사회조직', '지역사회계획', '지역사회사업' 등의 용어와 혼용되기도 한다. 보다 구체적으로는 사회복지의 한 분야로서의 지역사회복지와 방법론으로서의 지역사회복지로 구분해 볼 수 있다.

분야론으로서의 지역사회복지는 생활시설이 아닌 지역사회 장면에서 서비스 대상자에게 다양한 사회복지서비스를 제공하는 활동을 의미하며, 방법론으로서의 지역사회복지는 지역사회 자체를 사회복지의 대상으로 보고, 전통적으로 '지역사회조직(Community Organization)'이라는 용어로 사용되고 있다.

따라서 지역사회조직은 지역사회 전체의 복지향상을 위한 활동이나 지역사회 구성원들의 다양한 욕구를 충족시키기 위한 활동을 의미하며, 여기에서는 방법론으로서의 지역사회복지를 설명하고자 한다.

2) 지역사회복지실천의 목적

지역사회복지실천은 지역사회 수준에서 발생하는 다양한 문제를 예방하고 해결하며, 주민들의 복지증진을 도모하는 조직적인 활동을 의미한다. 궁극적인 목적은 지역 주민의 의식 변화와 자발적인 조직화, 지역 환경의 개발을 통해 지역 주민의 역량을 강화하고, '주민 삶의 질 향상'과 '이상적인 지역사회'를 이루는 것이라 볼 수 있다.

지역사회복지실천의 목적에 대해 펄만과 구린(Perlman & Gurin, 1972)은 지역사회 참여와 통합의 강화, 문제 대처 능력의 향상, 사회 조건과 서비스의 향상, 불이익 집단의 이익 증대 등을 제시하고 있으며, 던햄(Dunham, 1970)은 지역사회복지실천의 목적을 달성하기 위한 기능으로 지역사회계획, 프로그램 개발 및 운영, 사실 발견과 조사, 공공관계 형성, 기금 확보와 배당, 근린집단 조직, 지역사회 개발, 지역사회 행동, 교육 및 자문 등 아홉 가지를 제시하였다.

지역사회복지실천의 목적을 달성하기 위한 주요 내용은 다음과 같다.

① 지역사회 문제해결 : 빈곤, 실업, 주택, 환경 등 지역사회가 당면한 문제에 대응하고 해결책을 모색한다.

② 주민의 역량 강화 : 주민들이 단순히 도움을 받는 대상에 머무르지 않고, 스스로 문제를 인식하고 해결할 수 있는 주체로 성장하도록 그들의 능력과 힘을 기를 수 있도록 지원한다.

③ 사회통합 증진 : 지역사회 내 다양한 집단 간 갈등을 조정하고 협력을 촉진하여 공동체 의식을 높이고 사회통합을 증진시킨다.

④ 자원의 효과적 동원과 배분 : 지역사회 내 인적 · 물적 자원을 발굴하고 공정하게 배분하여 필요한 곳에 복지서비스를 제공한다.

⑤ 사회정의 실현 : 불평등하고 억압적인 사회구조와 제도를 개선하여 사회정의를 실현한다.

3) 지역사회복지의 모델

지역사회복지실천 모델이란 복잡하고 다양한 지역사회 문제에 개입하고 변화를 이끌어 내기 위한 지역사회복지실천의 과정과 방법을 체계적으로 정리한 지역사회복지 활동의 기본 틀이라 할 수 있다. 지역사회가 가진 문제의 성격, 목표, 활용 가능한 자원, 사회복지사의 역할 등에 따라 각기 다른 접근법이 요구되기에, 다양한 실천 모델이 개발되어 있다.

이러한 모델들은 사회복지사에게 지역사회복지실천의 방향성과 사회복지사가 수행해야 할 역할이나 활동 내용들을 구체적으로 제시해 준다.

지역사회복지실천과 관련된 가장 대표적인 모델로 로스만(Rothman, 2001)의 지역사회개발 모델, 사회계획 및 정책 모델, 사회행동 모델을 들 수 있다. 세 모델은 각각 고유한 목표와 전략, 사회복지사의 역할을 가지며, 실제 현장에서는 상황에 따라 혼합되어 사용되기도 한다.

(1) 지역사회개발 모델

지역사회개발 모델(Locality Development Model)은 민주적 문제해결 능력이 부족한 지역사회를 대상으로, 문제해결 능력 향상과 사회통합을 목표로 하는 과정 중심 모델이다. 즉, 문제해결이라는 결과뿐 아니라, 그 과정에서 지역 주민의 참여를 유도하여 문제해결 능력을 증진시키고, 공동체 의식을 강화하며, 자조(自助) 정신을 함양하는 것을 핵심 목표로 삼는다.

이 모델은 모든 주민이 참여할 수 있다는 전제하에 다양한 집단 간 협력과 합의를 통해 지역사회의 통합을 추구한다. 지역 주민은 스스로 문제를 인식하고 해결할 잠재력을 지니고 있으며, 민주적 절차를 통해 공감대와 합의를 형성할 수 있다고 본다. 이를 위해 주민 참여를 활성화하고, 리더십을 개발하며, 교육과 토론을 통해 공동의 관심사를 발견하고 해결해 나간다. 즉, 주민들이 '함께 모여 의논하자'는 접근이 핵심이다.

사회복지사는 전문가로서 지시하기보다는 주민들이 스스로 역량을 발휘할 수 있도록 돕는 조력자(Enabler) 또는 촉매자(Catalyst)의 역할을 수행한다. 또한 주민의 의견을 수렴하고 토론을 이끄는 조정자(Coordinator), 필요한 지식과 기술을 제공하는 교육자(Educator)의 역할도 담당한다.

대표적인 사례로는 쾌적한 환경 조성을 위한 마을 만들기 사업이나 주민 역량 강화를 위한 지역사회 교육 프로그램 등을 들 수 있다.

(2) 사회계획 및 정책 모델

사회계획 및 정책 모델(Social Planning & Policy Model)은 주택, 교통, 보건, 복지, 약물, 범죄, 실업 등 지역사회가 직면한 실질적인 사회문제 해결에 초점을 둔 과업 중심 모델이다. 합리적인 문제 분석과 데이터에 기반한 계획 수립을 통해 가장 효과적이고 효율적인 해결책을 도출하고 자원을 배분하는 것을 목표로 한다.

이 모델은 복잡한 지역사회 문제를 전문가의 체계적인 조사와 분석을 통해 해결할 수 있으며, 합리적 계획을 수립함으로써 실질적인 변화를 유도할 수 있다고 본다. 이에 따라 욕구 조사나 실태 조사 등 데이터를 수집 · 분석하고, 이를 바탕으로 구체적인 프로그램 개발이나 정책 대안을 제시한다. 이 과정에서 사실 파악(Fact-finding)과 분석적 기술이 핵심이 된다.

사회복지사는 전문 지식과 기술을 바탕으로 문제를 해결하는 전문가(Expert)로서의 역할을 수행하며, 문제 원인을 분석하고 해결 방안을 도출하는 분석가(Analyst), 프로그램을 설계하고 실행을 관리하는 계획가(Planner), 행정 업무를 총괄하는 행정가(Administrator)로서 기능한다.

대표적인 예로는 「사회복지사업법」에 따른 지역사회복지 계획 수립, 지역 내 사회복지관 건립 등이 있다.

(3) 사회행동 모델

사회행동 모델(Social Action Model)은 지역사회 내 억압받고 소외된 집단(예 저소득층, 장애인, 이주민 등)의 권익을 옹호하고, 불평등한 사회구조와 제도를 근본적으로 변화시키는 것을 목표로 한다. 이 모델은 기존 권력구조에 도전하며, 자원과 권력의 재분배를 추구하는 급진적 접근을 특징으로 한다.

이 모델은 지역사회 내 기득권층과 소외계층 간 갈등이 존재한다고 보고, 사회정의는 억압받는 집단이 스스로의 힘을 조직하고 행동에 나설 때 실현될 수 있다고 본다. 이에 따라 소외된 주민들을 하나의 세력으로 조직화하고, 집회 · 시위 · 피케팅 · 불매운동 · 폭로 · 법적 투쟁 등 직접적인 행동을 통해 기득권층에 압력을 가하고 변화를 요구한다.

사회복지사는 소외 집단의 입장에서 권익을 대변하는 옹호자(Advocate) 또는 대변인(Spokesperson), 행동을 조직하고 참여를 유도하는 활동가(Activist), 기존 체제에 도전하는 도전자(Challenger)로서의 역할을 수행한다.

대표적인 사례로는 환경운동, 장애인 이동권 운동, 반차별 캠페인 등 사회구조 변화를 위한 집단행동이 있다.

4) 지역사회복지실천 과정

지역사회복지실천의 과정은 복잡하게 얽힌 지역사회의 문제를 효과적으로 해결하고 긍정적인 변화를 창출하기 위해 체계적이고 논리적인 접근이 필수적이다. 사회복지사는 문제의 실체를 정확히 파악하고, 명확한 목표를 설정하며, 구체적인 계획에 따라 실천하고, 그 결과를 객관적으로 평가하는 일련의 과정을 깊이 이해해야 한다.

(1) 지역사회 문제의 발견과 분석

실천의 첫 단계는 지역사회가 겪고 있는 불편함이나 어려움, 즉 '문제'를 인식하는 것이다. 문제란 주민들의 욕구가 충족되지 않은 상태를 의미한다. 사회복지사는 언론, 통계자료, 주민과의 대화 등을 통해 문제를 발견하고, 그 원인, 범위, 심각성 등을 분석한다.

(2) 지역사회 욕구 및 자원 사정

사정은 문제해결을 위한 구체적인 정보를 수집하고 분석하는 과정이다. 이를 위해 지역사회 주민들의 욕구와 그 욕구를 해결할 수 있는 자원에 대한 사정이 필요하다.

욕구 사정은 해당 문제와 관련된 주민들의 구체적인 욕구가 무엇인지, 얼마나 많은 주민이 그러한 욕구를 가지고 있는지를 파악하는 것으로, 설문조사, 포커스 그룹 인터뷰(FGI), 공청회 등을 통해 수행할 수 있다.

자원 사정은 문제해결에 활용할 수 있는 지역사회 내의 모든 자산을 파악하는 것이다. 여기에는 주민과 전문가 등 인적 자원, 시설과 재정 등 물적 자원, 지역사회 단체나 네트워크 등 사회적 자원이 포함된다.

(3) 목표설정 및 전략 수립

이 단계에서는 분석된 문제를 바탕으로 달성하고자 하는 구체적인 목표를 설정하고, 그 목표를 이루기 위한 효과적인 접근방법, 즉 전략을 수립한다.

'무엇을 성취할 것인가?'와 '어떻게 접근할 것인가?'를 결정하는 것이 핵심이며, 구체적인 목표를 설정하고, 다양한 전략적 대안을 탐색한 뒤(예 개입 모델 탐색), 최적의 전략을 선택한다.

(4) 실천 계획 수립

이 단계는 수립된 전략을 바탕으로 실행 계획을 구체적으로 수립하는 과정이다. '누가, 무엇을, 언제까지, 어떤 자원을 활용해 수행할 것인가?'를 상세하게 설계한다.

주요 내용으로는 목표 달성을 위한 세부 활동과 담당자 결정, 일정과 예산, 인력·장비·장소 등의 자원 동원 계획, 그리고 평가 계획 수립이 포함된다.

(5) 실행 및 점검

이 단계는 수립된 실천 계획을 실제로 실행하는 단계이다. 동시에 계획이 제대로 진행되고 있는지, 예상치 못한 문제가 발생했는지를 지속적으로 점검하고 감독하는 모니터링 활동이 함께 이루어진다.

주요 내용으로는 정해진 일정에 따라 활동을 수행하고, 주간 회의나 월간 보고 등을 통해 실적을 점검하며, 돌발 상황이나 문제 발생 시 신속하게 대응하고, 필요에 따라 계획을 수정하거나 보완하는 것이 포함된다.

(6) 평가 및 환류

이 단계는 모든 실천 과정이 완료된 후 설정했던 목표가 얼마나 달성되었는지를 체계적으로 평가하는 과정이다.

평가는 단순히 성공과 실패를 판단하는 데 그치지 않고, 전체 실천 과정을 되돌아보며 교훈을 얻어 향후 더 나은 실천을 위한 환류(Feedback) 자료로 활용하는 것을 목표로 한다.

주요 내용으로는 이용 대상자의 만족도나 태도 변화 등을 평가하는 성과 평가와 실천 과정이 계획대로 적절히 이루어졌는지를 평가하는 과정 평가가 있으며, 평가 결과는 보고서로 작성해 참여 주민, 후원자, 상급 기관 등 이해관계자들과 공유한다.

2. 사회복지행정

1) 사회복지행정의 개념

사회복지행정의 개념 정의는 크게 광의와 협의의 개념으로 나뉜다.

광의의 개념은 '사회복지정책을 사회복지서비스로 전환하는 과정'으로, 추상적인 사회복지정책을 구체적인 서비스로 구현하여, 이를 클라이언트에게 전달하는 일련의 활동을 의미한다. 다시 말해, 사회복지서비스가 클라이언트에게 효과적으로 제공되도록 하는 총체적인 과정을 포함한다.

협의의 개념은 '사회복지의 목표를 설정하고 이를 달성해 나가는 과정'으로, 사회복지실천론적 입장을 반영한다. 이 개념에 따르면 사회복지행정은 사회복지기관의 목표 달성을 위해 관리자가 수행하는 체계적이고 조직적인 개입 과정을 의미한다.

이상의 검토를 바탕으로 사회복지행정을 정의하면, 사회복지행정은 '사회복지기관의 정책을 서비스로 전환하는 과정'이자, '사회복지기관의 목표를 설정하고 이를 달성해 나가는 과정'이다. 여기서 말하는 정책이나 목표는 사회복지가 궁극적으로 지향하는 바인 사회문제의 해결 또는 사회적 욕구의 충족을 의미한다(이성기 외, 2023).

2) 사회복지행정의 이념과 기본 원리

사회복지행정의 이념과 원칙은 사회복지 조직이 효과적이고 윤리적으로 서비스를 제공하도록 방향을 제시하는 가치와 행동 기준이다. 이념과 원칙을 구분하여 설명하면 다음과 같다.

(1) 사회복지행정의 이념

사회복지행정은 사회복지의 목적 달성을 위하여 효과성, 효율성, 공평성, 접근 편의성 등과 같은 보편적 이념을 바탕으로 이루어진다(전재일 외, 2024).

① **효과성**(Effectiveness) : 효과성은 설정한 목표가 얼마나 달성되었는지를 나타내는 기준이다. 즉, 국민의 욕구 충족 또는 문제해결이 어느 정도 이루어졌는지를 평가한다. 예를 들면, 아동학대 프로그램을 진행한 후 학대 재발률이 감소했다면, 해당 행정은 효과적이라고 평가할 수 있다.

② **효율성**(Efficiency) : 최소의 자원으로 최대의 성과를 달성하는 정도를 의미하며, 한정된 예산과 인력으로 가능한 많은 복지서비스를 제공하기 위해 필요한 기준이다. 예를 들면, 전년도 대비 동일 예산으로 더 많은 서비스 대상자에게 서비스를 제공했다면 효율성이 향상된 것이다.

③ **공평성**(Equity) : 공평성은 동일한 욕구를 가진 사람에게 동일한 혜택과 서비스를 제공해야 한다는 원칙이다. 서비스 제공의 기회, 내용, 비용뿐만 아니라 결과의 형평성까지 고려한다. 예를 들면, 동일한 욕구를 가진 노인들에게 동일한 서비스를 제공해야 한다는 것이다.

④ **접근 편의성**(Accessibility) : 접근 편의성은 이용자가 서비스를 얼마나 쉽게 이용할 수 있는지를 의미한다. 특히 비화폐적 욕구에 대한 서비스의 경우, 기관의 물리적 위치, 시설 및 설비, 민주적 운영 등이 중요한 요소이다. 예를 들어, 농어촌 지역 노인들이 가까운 곳에서 건강서비스를 이용할 수 있도록 이동진료소를 운영하는 경우가 이에 해당한다.

이러한 이념에 기반한 사회복지행정은 복지정책과 프로그램의 방향을 설정하고, 시민의 신뢰를 확보하며, 단순한 업무 수행을 넘어 질 높은 복지서비스로 이어질 수 있도록 한다. 나아가 공공 책임성을 제고하여 복지자원의 공정하고 투명한 사용을 가능하게 한다.

(2) 사회복지행정의 기본 원리

사회복지행정의 기본 원리는 사회복지행정이 추구해야 할 핵심 운영 기준으로, 사회복지 조직이 정책을 효과적으로 수행하고 서비스 전달체계를 공정하고 책임 있게 운영하는 데 기초가 된다.

사회복지행정의 기본 원리는 다음과 같다(Trecker, 1971).

① **목적 지향성의 원리**(Goal Orientation) : 행정은 조직의 사회복지 목적 달성을 위한 수단이어야 하며, 모든 행정 활동은 궁극적으로 클라이언트 복지 향상이라는 목적과 연결되어야 한다. 예를 들면, 노인복지기관의 모든 행정과 인사조직은 노인의 복지증진이라는 목적에 부합해야 한다.

② **통합성의 원리**(Integration) : 사회복지 조직은 여러 기능, 부서, 인력을 통합하여 전체 시스템으로서 유기적 기능을 발휘해야 한다. 따라서 조직 내 부서 간 조정과 협력, 클라이언트 중심의 통합적 서비스 제공이 필요하다. 정서와 건강에 어려움을 겪고 있는 노인에게는 정서지원과 의료지원이 통합적으로 이루어져야 한다.

③ **참여의 원리**(Participation) : 조직 구성원과 클라이언트가 행정과 의사결정 과정에 능동적으로 참여해야 한다. 참여는 책임감을 유도하고, 행정의 민주성과 정당성을 확보해 준다. 예를 들면, 지역사회 주민의 의견을 반영한 사회복지프로그램이 개발되어야 한다.

④ **책임성과 투명성의 원리**(Accountability and Transparency) : 복지행정은 공공재를 다루기 때문에 시민에게 그 정당성과 결과에 대해 설명할 책임이 있으며, 과정과 결정이 공개적이고 검증이 가능해야 한다. 예산에 대한 정보공개와 내부 감사 및 평가 시스템이 있어야 한다.

⑤ **정보와 의사소통의 원리**(Communication) : 효과적인 사회복지행정은 원활한 정보 흐름과 의사소통 체계를 전제로 한다. 행정조직 내·외부, 실무자–관리자, 클라이언트 간 정보의 쌍방향 흐름이 중요하다. 예를 들면, 내부 회의와 간담회를 통한 의견 교환, 클라이언트의 의견 수렴을 하여야 한다.

3) 사회복지행정의 이론

사회복지행정의 이론은 사회복지 조직과 제도가 어떻게 설계되고 운영되어야 하는지에 대한 원리, 모델, 그리고 체계적인 설명을 제공한다. 이는 사회복지서비스의 효율성, 효과성, 형평성을 높이기 위해 행정과 조직 운영 방식을 분석하고 개선하는 데 초점을 둔다. 사회복지행정가는 조직을 효과적으로 관리하기 위해 행정에 관한 이론과 지식을 갖추어야 한다. 사회복지행정과 관련된 주요 이론은 다음과 같다.

(1) 관료제 이론

관료제 이론은 베버(Weber)에 의해 연구·분석된 조직구조의 독특한 형태로, 위계적인 권위구조를 강조한다. 합리성과 효율성을 극대화하기 위해 규칙과 절차를 기반으로 하는 조직 운영 형태를 중요시하며, 이는 근대 행정조직의 원형으로 여겨진다. 사회복지행정에서도 조직의 안정성과 예측 가능성을 제공하는 기초가 된다. 어느 사회에서나 지배-피지배의 권력 유형은 존재하는데, 과거에는 전통적 권위나 카리스마적 권위에 기반하였으나, 현대 산업사회에서는 합법적 권위에 기초하고 있다고 본다. 이처럼 정당한 권한은 합법성을 띠며, 관료제 내에서는 명령에 순응하기 위해 합리적 수단이 사용된다(오봉욱 외, 2022).

규율과 법규를 중시하며, 신뢰성, 조직의 효율성과 통제를 강조한다. 이는 실적이나 능력에 의한 충원 제도를 가능하게 하고 행동의 통일성을 높이며, 의사결정을 용이하게 하고 관리 범위를 명확히 한다. 그러나 융통성 결여, 목표보다 수단의 우선시, 권력의 집중과 조직 내 파벌 형성, 인간성 상실, 변동에 대한 저항 등의 문제도 발생한다. 또한 비인격적이고 무감각한 성과 측정 방법에 의존하는 한계를 가진다(오봉욱 외, 2022).

(2) 인간관계 이론

인간관계 이론은 조직 내 구성원 간의 사회적 관계, 감정, 동기, 집단 역학이 조직의 생산성과 효과성에 큰 영향을 미친다는 이론이다. 이는 고전적 관리이론의 비인간적이고 기계적인 접근에 대한 반작용으로 등장하였다. 미국 시카고의 웨스턴 일렉트릭 회사에서 메이요(Mayo)와 동료들이 실시한 호손 실험(Hawthorne Studies, 1924~1932)에서 조명, 휴식 시간 등 물리적 조건보다 관심과 소속감, 인정, 비공식적 관계가 생산성에 더 큰 영향을 준다는 결과에 기초하여 개발되었다. 즉, 개인의 욕구가 충족된다면 조직 내 개인은 조직의 목표를 위해 일할 것이라는 가정에서 출발하였다. 호손 실험의 결론은 다음과 같다.

첫째, 작업 능률과 생산성은 물리적 환경조건보다 인간관계에 의해 결정되며, 집단 내 동료나 상사와의 인간관계에 의해 좌우된다.

둘째, 조직 내 비공식 집단은 개인의 태도와 생산성에 강력한 영향을 미친다.

셋째, 근로자는 집단의 일원으로서 행동하며, 집단 내 인간관계는 비합리적이고 정서적인 요소에 따라 이루어진다.

넷째, 근로자는 경제적 욕구나 동기에 입각한 합리적 행동보다 사회적·심리적 욕구나 동기에 입각한 행동을 더 중시한다(권중돈 외, 2022).

이 이론은 합리성과 생산성 추구 시 발생할 수 있는 단점을 보완할 수 있으며, 민주적 리더십과 원활한 의사소통을 강조하는 등 적극적이고 참여적이며 창의적인 인간관을 추구한다는 점에서 사회복지 조직에 많이 적용되는 이론적 모형이다(오봉욱 외, 2022).

(3) X-Y 이론

X-Y 이론은 미국의 경영학자 맥그리거(McGregor)가 1960년 『The Human Side of Enterprise』에서 제시한 조직관리 이론이다. 이 이론은 조직 관리자가 구성원을 어떻게 인식하느냐에 따라 조직의 운영 방식과 성과가 달라진다는 점을 강조한다. 인간은 X형 인간과 Y형 인간으로 나뉘는데, X형 인간

은 일을 싫어하여 일터에서 축출당하지 않고 비난받지 않을 정도로만 적당히 일하며, 책임지기 싫어 시키는 일만 하려고 하기에 통제, 위협, 지시, 강압 등 강제적 수단을 통해서만 조직의 목표에 임한다고 보았다. 반면 Y형 인간은 일을 놀이와 휴식처럼 편안한 것으로 여기고 책임을 기꺼이 수용하며, 노력과 목표 달성 의지는 일의 성취감으로 자극받는다. 창의력, 상상력, 리더십은 누구에게나 있다고 생각하여, 강제적 수단 없이도 목표 달성을 위해 스스로 자기통제와 관리에 나선다고 보았다. 그러므로 관리자는 직원을 Y형 인간으로 전제하고 조직관리에 임해야 한다고 보았다(권중돈 외, 2022).

이 이론은 조직 구성원에 대한 인간관에 따라 리더십 확립에 도움을 주고, 참여적 조직문화를 확산하는 데 기반을 제공하지만, 실제 인간은 X와 Y 속성을 동시에 가지고 있기 때문에 이러한 이분법적 사고는 X-Y 이론의 한계라고 할 수 있다.

(4) 목표관리 이론

목표관리 이론(MBO)은 1954년 드러커(Drucker)가 제안한 경영이론으로, 조직의 구성원과 관리자가 공동으로 목표를 설정하고 자율성과 책임하에 성과를 평가하는 관리 방식이다. 사회복지 조직에서 성과를 명확히 측정하고 목표 달성도를 평가하는 데 유용한 이론이다. 드러커가 말하는 목표관리는 참여 과정을 통해 조직 단위와 구성원을 위해 생산활동의 단기 목표를 명확하고 체계적으로 설정하고, 그에 따라 생산활동을 수행하도록 하며, 활동 결과를 평가하고 환류하는 관리체계를 의미한다(권중돈 외, 2022).

목표관리 과정은, 첫째, 조직 및 부서 목표설정, 둘째, 개인별, 팀별 목표설정, 셋째, 수행 계획 수립 및 실행, 넷째, 성과측정 및 자기평가, 다섯째, 환류와 성과평가, 여섯째, 보상 또는 조정으로 이루어져 있다. 이러한 구체적 과정을 통하여 목표와 책임자를 명확히 하고, 참여자들의 협조와 동기를 유발하여 조직의 성과를 높일 수 있다.

하지만 단점으로는 사회복지 성과가 수치화·계량화하기에는 어려우며, 결과에 초점을 두고 있기 때문에 과정을 소홀히 할 우려가 있다.

4) 사회복지행정의 과정

사회복지행정의 과정은 사회복지 조직이 목표를 효과적으로 달성하기 위해 수행하는 일련의 조직적이고 체계적인 활동이다. 사회복지행정 과정을 기획, 조직, 인사, 지도(지시), 조정, 보고, 재정(예산), 평가를 중심으로 살펴보면 다음과 같다(Gulick & Urick, 1937).

(1) 기획(Planning)

사회복지행정의 첫 단계는 기획이다. 기획은 조직의 목표를 설정하고 이를 달성하기 위한 전반적인 계획을 수립하는 과정이다. 지역사회나 대상자의 욕구를 분석하고, 적절한 사업 방향과 전략을 결정한다. 기획은 자원의 효율적 배분과 활동의 체계적 실행을 위한 토대가 된다.

(2) 조직(Organizing)

기획에서 설정한 목표를 효과적으로 달성하기 위해 조직구조를 설계하고 인적·물적 자원을 배치하는 단계이다. 조직은 업무를 분담하고 부서별 역할과 책임을 명확히 하여 업무 수행의 효율성을 높인다. 또한 의사소통 체계와 권한의 분배도 이 과정에서 결정된다.

(3) 인사관리(Staffing)

조직 내 필요한 인력을 확보하고 적재적소에 배치하는 단계이다. 인사관리는 직원의 채용, 교육, 평가, 보상, 그리고 전문성 개발을 포함한다. 사회복지행정에서는 특히 직원들의 전문성과 윤리의식 함양이 중요하게 다루어진다.

(4) 지도(Directing)

지도(지시)는 조직 구성원들이 목표 달성을 위해 계획된 업무를 수행하도록 권한을 행사하고 동기를 부여하며 지도·감독하는 과정이다. 이는 명확한 지시와 소통을 통해 업무가 효과적으로 수행되도록 하는 관리자의 중요한 역할이다.

(5) 조정(Coordinating)

조정은 조직 내 여러 부서와 개인들이 수행하는 활동들을 통합하고 조화시키는 기능이다. 사회복지서비스는 다양한 부서와 전문 인력이 협력하여 이루어지므로, 원활한 협력과 자원 공유를 위해 지속적인 조정이 필요하다.

(6) 보고(Reporting)

보고는 행정활동의 진행 상황과 결과를 상급자나 이해관계자에게 체계적으로 전달하는 과정이다. 보고를 통해 문제점 파악, 의사결정 지원, 업무의 투명성 확보가 가능하다. 또한 내부 평가와 외부 감사의 기초 자료가 된다.

(7) 재정관리(Budgeting)

재정관리는 조직의 재원을 계획, 조달, 배분, 집행하는 전 과정을 포함한다. 예산은 행정활동의 우선순위를 반영하며, 자원의 효율적 사용과 조직 운영의 안정성을 보장한다. 예산 편성부터 결산까지 철저한 관리가 필요하다.

(8) 평가(Evaluating)

평가는 행정 과정 전반의 성과와 결과를 분석·판단하는 단계로, 목표 달성 정도, 자원의 활용 효율성, 서비스 질 등을 점검한다. 평가 결과는 향후 기획과 개선에 반영되어 조직의 지속적 발전과 서비스 향상을 가능하게 한다.

굴릭과 어윅(Gulick & Urwick, 1937)의 행정 과정을 사회복지 조직에 적용하는 데 부적합하다는 견해도 상당수 존재한다. 그 이유는 8단계 과정은 행정 기능의 기술적 · 기능적 측면만을 강조하며, 사회복지행정에서 중요한 인권, 형평성, 자율성, 참여와 같은 가치 지향을 충분히 고려하지 않고 있다는 것이다. 즉, 사회복지행정은 단순한 '관리'가 아니라 클라이언트의 권리와 인간다운 삶을 위한 '윤리적 실천'이 요구된다. 또한 이 과정은 관리자의 기능과 권한 중심의 하향식 행정관리과정이다. 그러나 현대 사회복지행정에서는 참여적 의사결정, 클라이언트 중심 서비스, 이용자 권리 보장 등 상향식 접근이 강조되고 있다.

3. 사회복지정책

1) 사회복지정책의 정의

사회복지정책은 제도나 환경 개선 등을 통하여 변화를 모색하는 거시적 접근이다. 사회복지정책은 사회복지의 제도적 접근을 대표하는 분야로, 사회복지의 가치나 목적을 정책으로 구체화시키는 것이다. 사회복지정책(social welfare policy)을 정의하기는 쉽지 않은데, 이는 학자들마다 서로 다르게 정의하고 있기 때문이다. 사회복지정책을 광의로 복지국가와 동일시하는 학자가 있는가 하면, 아주 좁게 사회복지기관의 정책으로 간주하는 학자도 있다. 그리고 나라마다 사회복지정책의 범위를 다르게 보고 있는 것도 사회복지정책의 정의를 어렵게 만들고 있다.

사회복지정책을 협의의 개념으로 보면, 소득, 의료, 교육, 주택, 사회복지서비스 등으로 구분할 수 있고, 광의의 개념으로 보면, 조세정책, 노동시상정책 등을 포함하고 있다. 또한 사회복지의 주체가 공공기관으로서 중앙정부 및 지방정부 등과 같은 공공사회복지 주체에서 실시하는 것만 사회복지정책으로 볼 것인지, 비영리단체 등 민간사회복지 주체에서 실시하는 것도 사회복지정책으로 볼 것인지에 대해서도 사회복지정책에 대한 개념이 달라질 수 있다. 그리고 모든 국민의 보편적 복지를 실현할 것인지, 특정 계층과 문제에만 접근하는 선별적 복지를 펼칠 것인지에 대해서도 개념은 달라진다. 사회복지정책에 대한 다양한 개념들을 살펴보면 다음과 같다.

마샬(Marshall, 1950)은 "사회복지정책은 시민권의 일부로서 사회적 권리를 보장하는 제도적 장치"라고 하였으며, 티트머스(Titmuss, 1974)는 "사회복지정책은 사회정의와 평등한 기회 제공을 위한 공공의 조직화된 대응"이라고 하였다. 윌렌스키(Wilensky, 1975)는 "사회복지정책은 소득보장, 건강 및 복지서비스에 관한 정부의 정책을 의미한다"라고 하였으며, 미국의 길버트와 테렐(Gilbert & Terrell, 2013)은 사회복지정책을 사회복지와 정책의 복합 개념으로 간주하면서 "누가, 무엇을, 어떻게, 누구에게 제공할 것인가에 대한 일련의 선택과 결정의 체계"로 보았다.

이러한 정의를 종합하여 보면, "사회복지정책이란 사회복지의 목적을 달성하기 위한 정부, 지방자치단체, 사회복지기관의 행동의 원칙, 지침, 일정한 계획, 조직화된 노력"이라고 할 수 있다.

2) 사회복지정책의 목표

사회복지정책은 국민 삶의 질을 향상시키고, 사회통합과 정의를 실현하기 위한 국가적 노력의 일환으로 수립된다. 이는 단순한 빈곤 완화나 서비스 제공을 넘어서, 인간다운 삶을 보장하고 사회적 안정과 지속가능한 발전을 도모하는 데 궁극적 목적이 있다. 사회복지정책의 목표를 설명하면 다음과 같다.

(1) 인간다운 삶의 보장

마셜(1950)은 복지를 시민권(citizenship)의 일환으로 보았으며, 사회복지정책을 사회적 권리를 실현하는 수단으로 보았다. 즉, 사회복지정책은 모든 국민이 인간으로서의 존엄과 가치를 유지하며 생활할 수 있도록 최소한의 삶의 조건을 보장하는 것을 목표로 한다. 빈곤, 질병, 실업, 노령, 장애 등으로 인해 기본적 생활이 위협받는 사람들에게 필요한 지원을 제공함으로써, 인간다운 생활을 가능하게 한다.

(2) 사회적 약자의 보호와 권리 보장

사회복지정책은 스스로 삶을 유지하거나 자기 권리를 주장하기 어려운 아동, 노인, 장애인, 저소득층 등 사회적 약자에게 특별한 보호를 제공하는 것을 목표로 한다. 이를 통해 이들이 사회에서 소외되지 않고, 평등한 시민으로서 참여할 수 있도록 돕는다. 사회복지정책은 시혜적 접근을 넘어서, 약자의 사회적 권리를 실현하는 기제로 기능한다.

(3) 소득재분배와 경제적 형평성의 실현

자유시장 경제체제에서 발생하는 경제적 불평등을 완화하고, 사회적 형평성을 높이기 위해 사회복지정책은 소득재분배 기능을 수행한다(Titmuss, 1974). 세금, 사회보험, 보조금 등을 통해 부유층의 일부 자원을 저소득층에게 이전함으로써, 사회 전체의 균형과 공정을 도모한다. 이는 사회적 긴장을 완화하고 계층 간 갈등을 줄이는 데 기여한다.

(4) 사회적 통합과 안정의 유지

사회복지정책은 국민 간의 연대 의식을 고양하고, 계층 간의 불균형과 소외를 줄여 사회적 통합을 이루는 데 기여한다. 복지제도가 잘 갖추어진 사회일수록 범죄율이 낮고 정치적 안정성이 높다는 연구 결과들은 사회복지정책이 사회 안정의 기반임을 보여준다. 이러한 안정은 국가의 지속가능한 발전에도 긍정적으로 작용한다.

(5) 기회의 평등과 사회정의 실현

사회복지정책은 출신 지역, 계층, 성별, 연령 등과 관계없이 모든 국민이 동등하게 삶의 기회를 누릴 수 있도록 여건을 마련하는 것을 목표로 한다. 교육, 보건, 주거, 노동 등 다양한 영역에서 기회의 평등을 보장함으로써, 사회정의를 실현하려는 데 그 의미가 있다.

(6) 개인의 자립과 역량 강화

사회복지정책은 단순히 도움을 주는 것이 아니라 개인이 자신의 삶을 스스로 책임지고 자립할 수 있도록 역량을 강화하는 데 목적을 둔다. 이는 복지의존을 줄이고, 개인의 자기결정권과 능동적인 삶을 촉진하는 방향으로 발전하고 있다. 최근 사회투자 전략의 일환으로 교육, 고용, 보육 등의 분야에서 자립지원을 확대하는 것도 이와 맥락을 같이한다.

3) 사회복지정책의 형성 과정

사회복지정책의 형성 과정은 정책의 내용과 효과, 정당성에 결정적인 영향을 미친다. 정책이 어떻게 형성되었는가는 그 정책이 누구를 위한 것이며, 어떤 가치에 기반하고 있는지, 실제로 어떤 문제를 해결할 수 있는지를 판단하는 중요한 기준이 된다.

사회복지정책의 형성 과정을 살펴보면 다음과 같다.

(1) 사회문제의 이슈화

이 단계는 정책이 형성되기 위한 출발점이며, 문제의 존재 자체를 사회가 인정하는 과정이다. 모든 사회문제가 정책으로 연결되지는 않으며, 정책으로 연결되려면 사회적 관심과 공론화를 통해 이슈로 인식되어야만 가능하다. 사회문제가 이슈(issue)가 되기 위해서는 예상하지 못한 위기나 사건을 의미하는 촉발적 사건과 이러한 문제에 대한 관심과 여론을 환기하는 행위자들, 즉 사회복지 전문가, 시민운동가, 언론 및 정치인 등의 이슈 제기자가 필요하다.

(2) 정책의제 형성

사회문제 중 정부가 해결해야 할 공적 정책문제로 채택된 문제를 정책의제(adenda)라고 한다. 사회문제가 공론화되더라도 국가가 반드시 대응하는 것은 아니다. 다수의 문제 중에서 어떤 문제가 공식적인 정책의제로 채택되느냐가 핵심이다. 이 과정은 정치적 · 이념적 · 구조적 선택이 개입되는 단계이다. 정책의제로 형성되기 위해서는 정부 외부에 있는 집단이 주도해서 정책의제 채택을 정부에 강요하는 외부 주도형(outside initiative model)이 있고, 정부기관 내에서 이슈를 생성하고 의제를 설정한 다음 국민에게 지지를 얻기 위해 공공의제를 확대하는 내부 동원형(inside mobilization model)이 있다.

(3) 정책대안 형성

정책의제로 공식 채택된 사회문제에 대해 구체적인 해결 방안을 마련하는 단계이다. 다양한 이해당사자와 전문가들이 참여하여 여러 가지 대안을 설계하고, 그 효과성과 타당성을 비교 · 분석한다. 이 과정에서 점진적 방법, 브레인스토밍(brainstorming), 델파이기법(Delphi technique) 등이 사용될 수 있다(송근원 외, 2004).

점진적 방법이란 한정된 수의 대안만을 탐색하는 것으로 기존 정책에 약간의 수정을 가하는 형식을 말한다. 그리고 브레인스토밍은 다양한 아이디어를 자유분방한 상태에서 제안하도록 하여 새로운 아이디어, 목표 및 전략을 창출하는 방법이다. 또한 델파이기법은 소수의 인사에 의해 토론과정이 지배되는 현상, 동료집단의 견해에 따라야 하는 압력, 권위자의 의견에 공공연하게 반대하는 것에 따르는 어려움 등의 문제를 피하기 위해 고안된 것으로 익명성이 보장된다.

(4) 정책결정

여러 대안 중에서 하나를 공식적으로 채택하는 단계이다. 정치적 · 재정적 · 사회적 현실을 고려하여 국회, 정부 등 정책결정자가 선택한다. 이때 정치권의 이해관계나 정당 간 이념 차이가 결정에 큰 영향을 준다. 따라서 정책결정은 많은 시간과 비용과 갈등이 발생할 수도 있고, 합리적 요소뿐만 아니라 비합리적 요소까지도 영향을 미칠 수 있기 때문에 신중해야 한다. 사회복지정책은 특히 가치 판단과 이해관계의 충돌이 심한 영역이므로, 다양한 의사결정 방식이 존재하며 상황에 따라 다르게 적용된다. 대표적인 여섯 가지 정책결정모형은 다음과 같다.

① **합리모형**(Rational Model) : 가장 이상적인 정책결정 방식으로, 모든 가능한 대안을 체계적으로 분석하여 가장 효율적인 대안을 선택한다는 모형이다. 이 모형은 정책결정자는 완전한 정보와 분석 능력을 가지고 있으며, 명확한 목표에 따라 최적의 대안을 선택할 수 있다는 전제하에서 출발한다. 장점으로는 체계적 · 논리적 · 효율적인 결정이 가능하지만 현실적인 정보 부족, 시간 제약, 가치 갈등 등의 이유로 실제 적용에는 어려움이 있다. 예로서는 비용-편익 분석을 통한 사회복지정책 우선순위 결정 등이 있다.

② **점증모형**(Incremental Model) : 정책은 급진적으로 변화하는 것이 아니라 기존 정책을 부분적 · 점진적 · 순차적으로 수정하거나 소폭 개선하는 방식으로 정책이 결정된다는 현실주의적 모형이다. 이 모형의 장점은 정치적 안정성과 합의를 도출하기 쉽다는 점이다. 예를 들면, 노령연금이나 기초생활급여를 매년 소폭 조정하는 경우이다.

③ **만족모형**(Satisficing Model) : 제한된 합리성 안에서 의사를 결정한다는 것으로 정책결정 상황은 매우 복잡하고 동태적인 것으로 문제를 충분히 파악하기에는 제한적이어서 선별적으로 인식하고 선택한다고 보며, 대

안선택의 기준은 최적화가 아니라 만족화에 있다고 본다. 합리모형의 이상성을 비판하며, 정책결정자는 모든 대안을 탐색하지 않고, 일정 수준 이상의 만족을 주는 첫 번째 대안을 선택한다는 것이다. 즉, 최선(best)이 아니라 좋은 것(good enough)을 선택한다는 것이다.

④ **혼합모형**(Mixed Scanning Model) : 합리모형과 점증모형을 절충한 방식으로, 핵심적 결정은 합리적 분석을 기반으로 하되, 세부 정책은 점증적으로 조정하는 방식이다. 이 모형은 중요한 정책은 신중히 설계하고, 일상적 실행은 유연하게 대응하는 데 초점을 두고 있다. 이 모형의 장점은 전략적 판단과 현실적 집행이 균형을 이루고 있다는 것이다. 예를 들면, 복지제도는 합리적 모형에 의해 전면 개편하고 급여 기준은 점진적으로 조정하는 것이다.

4. 엘리트모형

정책결정은 대중이 아니라 소수의 권력 엘리트 집단에 의해 좌우된다고 보는 관점이다. 즉, 대중의 욕구를 반영하는 것이 아니라 소수의 권력자가 정책을 결정하고 대중은 이러한 엘리트의 영향을 받게 된다는 것이다. 엘리트모형(Elite Model)은 권력구조에 따라 특정 계층이나 집단이 정책결정권을 독점할 수도 있기 때문에 민주주의적 참여와는 거리가 있는 모형이다. 예를 들면, 기업이나 고위관료, 전문가집단의 입김이 강한 정책결정의 경우이다.

결론적으로 사회복지정책은 단순한 기술적 결정이 아니라 가치, 권력, 이해관계가 얽힌 복합적인 의사결정 과정이다. 따라서 정책결정모형을 통해 누가, 어떤 방식으로, 어떤 논리에 따라 정책을 만들었는지를 분석하면 정책의 정당성과 개선 방향을 이해하는 데 매우 유용하다. 현실에서는 여러 모형이 상황에 따라 복합적으로 적용되는 경우가 많다.

CHAPTER 11

사회복지의 정책분야

11
CHAPTER

사회복지의 정책분야

사회복지정책은 사회 구성원 모두가 기본적인 삶의 질을 보장받고, 사회적 위험과 불평등으로부터 보호받을 수 있도록 국가나 사회가 제도적으로 개입하는 활동을 말한다. 이는 제도, 법률, 재정, 프로그램 등 다양한 수단을 통해 사회적 복지를 실현하고자 하는 공적 개입의 영역이다. 사회복지정책의 주요 영역으로는 사회보험, 공공부조, 사회서비스와 주거, 교육, 보건 등과 연계된 복지정책이 있다.

이 장에서는 사회보장의 개념과 기능을 살펴보고 사회보장의 주요 영역들에 대하여 살펴보고자 한다.

1. 사회보장

1) 사회보장의 개념

사회보장(social security)이라는 용어가 최초로 사용된 것은 1935년 미국에서 사회보장법(Social Security Act)이 제정된 데서 비롯되었다. 그러나 사회보장제도가 실질적으로 시행된 것은 1880년대 독일의 비스마르크 통치하에서 사회입법으로서의 건강보험(1883), 산재보험(1884), 노령폐질연금(1889)이 시행됨으로써 시작되었다고 할 수 있다. 사회보장이 이론적으로 정립이 된 것은 1942년 영국의 베버리지(W. Beveridge)에 의해 「사회보험과 관련 서비스에 관한 보고서」가 발간된 때부터라고 할 수 있다. 즉, 베버리지 보고서는 사회보장의 개념을 현대적으로 정의했고, 사회보장의 하위 프로그램들을 체계화했으며, 사회보장과 관련된 각종 제도와 용어의 실천적 · 이론적 의미까지 잘 정리하였다. 이런 점에서 베버리지 보고서는 사회보장에 관한 최초의 교과서라고 할 수 있다(원석조, 2002).

베버리지는 "사회보장이란 실업, 질병 또는 사고로 인해 중단된 수입을 대체하고, 노후생활을 준비하며, 생계를 책임지는 사람의 사망으로 인해 가족을 부양할 수 없게 된 경우를 대비하고, 출생, 결혼, 사망과 관련된 예외적인 지출을 충당하기 위한 소득보장을 의미한다."(UK Parliament)고 정의하였다. 오늘날 대부분의 국가에서 널리 받아들여지고 있는 정의로서, 국제노동기구(ILO, 2011)에서는 "사회보장이란 질병, 장애, 출산, 산재, 실업, 노령, 가족구성원의 사망, 빈곤, 취약성 및 사회적 배제 등 특정 요인으로 인한 소득 상실에 대비하여 현금이나 현물로 혜택을 제공하는 모든 정책과 프로그램을 포함한다."고 규정하고 있다.

이를 종합하면, 사회보장은 "질병, 실업, 재해, 장애, 출산, 노령, 사망 등으로 생계가 위협받을 때, 국가나 사회가 공적 책임하에 필요한 소득보장이나 서비스를 제공하는 제도적 보호체계"라고 할 수 있다.

우리나라는 「사회보장기본법」 제3조(정의)에서 "사회보장이라 함은 출산, 양육, 실업, 노령, 장애, 질병, 빈곤 및 사망 등의 사회적 위험으로부터 모든 국민을 보호하고 국민 삶의 질을 향상시키는 데 필요한 소득 · 서비스를 보장하는 사회보험 · 공공부조 · 사회서비스를 말한다."고 규정하고 있다. 우리나라 사회보장의 개념의 경우, 소득보장뿐만 아니라 아동, 노인, 장애인 등을 대상으로 하는 사회서비스도 포함하고 있다.

2) 사회보장의 기능

사회보장의 기능은 단순히 위험에 대비하는 안전망 역할을 넘어 사회통합과 경제 안정, 국민 삶의 질 향상을 위한 다양한 역할을 수행한다. 주요 기능은 다음과 같이 일곱 가지로 나눌 수 있다.

(1) 소득보장 기능

사회보장의 가장 기본적인 기능은 생활에 필요한 최소한의 소득을 보장하는 것이다. 이는 실업, 질병, 장애, 노령, 사망 등으로 인해 소득이 중단되거나 감소할 경우, 사회보험이나 공공부조를 통해 일정 수준의 소득을 대체하거나 보전해 줌으로써 개인과 가족의 생계를 유지하도록 한다. 국민연금, 고용보험, 기초생활보장제도 등이 해당된다.

(2) 소득재분배 기능

소득재분배 기능은 사회 구성원 간 소득격차를 줄이고, 경제적 불평등을 완화하는 것이다. 이는 저소득층에게 소득을 지원하고 고소득층으로부터 세금이나 보험료를 통해 재원을 확보하여 사회 전체의 소득분배를 보다 공평하게 만든다. 세금을 통하여 국민기초생활보장제도를 실시하고, 국민연금이나 건강보험과 같이 보험료를 소득에 따라 차등 부과하면서도 급여는 일정 수준으로 보장하여 상대적으로 소득이 적은 사람에게 더 큰 혜택이 돌아가도록 하는 것 등이 해당된다.

(3) 의료보장 기능

질병이나 부상 등 건강상의 문제로부터 국민을 보호하기 위한 기능이다. 사회보장은 보편적 의료서비스 접근을 가능하게 하여 건강권을 실현하고, 과도한 의료비 지출로 인한 경제적 부담을 경감시킨다. 건강보험제도, 장기요양보험 등이 해당된다.

(4) 생계안정 및 복지향상 기능

사회보장은 단지 소득을 보장하는 데 그치지 않고, 개인 삶의 질 향상과 복지증진을 위한 각종 서비스를 제공한다. 아동, 노인, 장애인 등 취약계층에게 적절한 돌봄과 지원을 제공함으로써 인간다운 삶을 영위하도록 돕는다. 장애인활동지원제도, 아동수당, 노인돌봄서비스 등이 해당된다.

(5) 사회통합 기능

사회보장은 계층 간 격차를 완화하고, 사회적 연대와 통합을 증진하는 기능을 수행한다. 빈곤층과 취약계층을 지원함으로써 사회의 양극화를 완화하고, 불만과 갈등을 줄여 사회 안정과 평화를 유지하는 데 기여한다. 기초생활보장제도 등이 해당된다.

(6) 경제적 안정화 기능

경기 불황기에는 공공부조 및 실업급여 등을 통해 소비를 유지시켜 경제 전체의 수요를 안정화시키는 기능을 한다. 또한 기업과 개인의 경제적 리스크를 줄여주어 시장경제의 효율성을 뒷받침한다. 경기침체 시의 고용보험제도, 긴급복지지원제도 등이 해당된다.

(7) 인적 자원 개발 기능

사회보장은 교육, 훈련, 직업재활 등을 통해 노동력의 질을 향상시키고 인적 자원의 개발을 지원한다. 이는 개인의 자립을 가능하게 하고, 궁극적으로는 국가 경쟁력 강화로 이어진다. 직업훈련지원, 청년일자리 프로그램 등이 해당된다.

2. 사회보험

1) 사회보험의 개념과 특징

사회보험은 국민이 질병, 실업, 산업재해, 노령, 사망 등 사회적 위험에 대비할 수 있도록 국가가 법에 따라 강제적으로 시행하는 보험제도이다. 우리나라 「사회보장기본법」 제3조에 따르면, 사회보험은 "국민에게 발생하는 사회적 위험을 보험의 방식으로 대처함으로써 국민의 건강과 소득을 보장하는 제도를 말한다."라고 정의하고 있다. 우리나라의 사회보험 형태로는 국민연금, 국민건강보험, 산업재해보상보험, 고용보험, 노인장기요양보험이 있다. 우리나라의 사회보험은 1960년 공무원연금을 시작하여 1963년 산업재해보상보험과 군인연금, 1973년 사립학교교직원연금제도를 실시하였고, 1976년 「의료보험법」, 1986년 「국민연금법」, 1993년 「고용보험법」, 그리고 2007년 「노인장기요양보험법」을 제정하였다.

이러한 사회보험의 특징은 다음과 같다.

첫째, 국민들은 본인의 의사와 관계없이 강제로 사회보험에 가입하여야 한다. 즉, 사회보험의 가장 큰 특징은 법률에 의해 일정 자격을 갖춘 국민의 가입이 의무화된다는 점이다. 만약 가입이 임의적이라면, 사고 발생 가능성이 높은 고위험군만 보험에 가입하여 제도의 재정적 안정을 해칠 수 있다. 강제 가입을 통해 위험을 사회 전체에 분산시키고 제도의 지속가능성을 확보할 수 있다. 국가(공단)가 보험자가 되고 국민은 피보험자가 된다.

둘째, 사회보험은 '보험'이라는 기술적 원리를 적용한다. 즉, 다수의 가입자로부터 보험료를 걷어 기금을 조성하고, 보험사고를 당한 소수의 가입자에게 급여를 제공하는 위험 분산(risk pooling)의 원리를 따른다. 그러나 민간보험과 달리 영리를 목적으로 하지 않으며, 보험료 산정 방식이나 급여 수준 결정에 있어 사회정책적 고려가 우선된다.

셋째, 사회보험은 사회적 위험에 대비한다. 사회적 위험은 어느 특정 개인에게 국한된 문제가 아닌 사회 구성원이 경험하는 문제로서 출산, 양육, 사망, 노령, 장애, 실업, 빈곤, 질병 등의 위험을 말한다. 하지만 보험료 책정은 위험의 정도에 기반하기보다는 가입자의 보험료 부담 능력에 따라 결정된다.

넷째, 사회보험의 급여는 사회적 위험에 처한 국민에게 호화로운 생활을 보장하는 것이 아니라, 인간다운 생활을 유지할 수 있는 최저 수준의 생활을 보장하는 것을 목표로 한다. 또한 사회적 적절성과 개별적 공평성을 절충하여 급여 수준이 결정되며, 그 결과 급여가 기여의 정도에 비례하지 않는다.

다섯째, 사회보험은 미래에 닥칠 예견치 못한 상황에 대한 예방적인 특징을 가진다.

여섯째, 사회보험은 개인의 이익 추구보다는 사회 구성원 전체의 사회적 연대를 바탕으로 운영된다. 보험료를 가입자 개인뿐만 아니라 사업주와 국가(정부)가 함께 비용을 공동 분담한다. 이를 통해 개인의 부담을 줄이고 사회 전체가 책임을 공유한다. 또한 보험료는 소득에 비례하여 부과(정률제)하지만, 보험급여는 개인의 기여 수준과 반드시 비례하지 않는다. 저소득층에게 상대적으로 더 많은 혜택이 돌아가도록 설계되어 소득재분배 효과를 발생시킨다. 이는 개인적 형평성(individual equity)보다는 사회적 적절성(social adequacy)을 더 중시하는 원리이다.

다음에서는 우리나라의 대표적인 공적연금인 국민연금과 국민건강보험, 산업재해보상보험, 고용보험, 그리고 노인장기요양보험 순으로 각 제도의 개념과 전개과정, 적용 대상, 급여의 종류, 재원 부담 등을 살펴보고자 한다.

2) 국민연금

(1) 국민연금의 개념

국민연금제도는 모든 가입자가 노령, 장애, 사망 등의 사회적 위험에 처해 소득이 감소하거나 상실되는 경우, 본인이나 유족에게 경제적으로 안정적인 생활을 보장할 수 있도록 연금 형태의 급여를 제공하는 대표적인 소득보장 제도이다. 우리나라 「국민연금법」 제1조에 의하면, 이 법은 "국민의 노령, 장애 또는 사망에 대하여 연금 급여를 실시함으로써 국민의 생활안정과 복지증진에 이바지하는 것을 목적으로 한다."고 규정하고 있다.

우리나라 국민연금제도는 1973년 12월에 「국민복지연금법」을 통과하였으나, 당시 석유파동으로 인한 경제적 위기 및 정치적·사회적 여건의 미비로 인해 시행이 유보되었다. 그러나 1980년대 경제가 호전되고 연금제도의 다양한 실행 가능성이 평가되면서 1986년 12월 「국민연금법」이 제정되었고, 1988년부터 시행되었다. 1999년 4월에는 도시지역 자영업자로 확대되어 전 국민 연금제도를 실시하게 되었으며, 2003년에는 근로자 1인 이상 사업장으로 당연적용 범위를 확대하였다.

(2) 적용 대상

국민연금의 가입 대상은 국내에 거주하는 18세 이상 60세 미만의 국민으로, 사업장가입자, 지역가입자, 임의가입자, 임의계속가입자로 구분된다.

첫째, 사업장가입자는 국민연금에 가입된 사업장의 18세 이상 60세 미만 사용자 및 근로자로서 국민연금에 가입된 자를 말한다.

둘째, 지역가입자는 국내에 거주하는 18세 이상 60세 미만으로서 사업장가입자가 아닌 자를 말한다. 다만, 다른 공적연금에서 퇴직연금 또는 장애연금을 받는 수급권자, 「국민기초생활보장법」에 따른 생계급여·의료급여 수급자, 소득활동에 참여하지 않는 사업장가입자의 배우자 및 18세 이상 27세 미만의 자로서 학생이나 군복무 등의 이유로 별도의 소득이 없는 자는 지역가입자가 될 수 없다.

셋째, 임의가입자는 사업장가입자 및 지역가입자 이외의 18세 이상 60세 미만의 자로서 본인의 신청에 의해 가입한 자를 말한다. 즉, 사업장가입자와 지역가입자가 될 수 없는 사람도 60세 이전에 본인의 희망에 의해 가입 신청을 하면 임의가입자가 될 수 있다.

넷째, 임의계속가입자는 사업장가입자 또는 지역가입자로서 65세 미만까지 연장하여 가입을 신청한 자를 말한다. 이는 가입자가 60세에 도달하였으나 가입 기간이 부족하여 연금을 받지 못하거나 가입 기간을 연장하여 더 많은 연금을 받기 원할 경우, 65세가 될 때까지 신청하여 임의계속가입자가 될 수 있다.

(3) 급여의 종류

국민연금 급여의 종류에는 노령연금, 장애연금, 유족연금, 반환일시금, 사망일시금이 있다.

노령연금은 국민연금의 기초가 되는 급여로, 국민연금 가입자가 10년 이상 보험료를 납부하고 60세(특수 직종은 55세)가 된 때부터 평생 매월 지급받을 수 있다.

장애연금은 가입자의 가입 중 발생한 질병 또는 부상이 완치되었으나 신체적 또는 정신적 장애가 남아 있을 때, 이에 따른 소득 감소 부분을 보전하기 위한 급여로 장애 정도에 따라 일정한 급여가 지급된다.

유족연금은 국민연금에 가입 중이거나 연금을 받던 사람이 사망하면, 그로 인해 생계를 유지하던 유족에게 가입 기간에 따라 기본연금액의 일정 비율과 부양가족연금액을 합산한 금액을 지급하여 남은 가족이 안정된 삶을 영위할 수 있도록 하는 급여이다.

반환일시금은 60세에 도달하거나 사망, 국외 이주 등으로 국민연금에 더 이상 가입할 수 없게 되었으나 연금 수급 요건을 충족하지 못한 경우, 그동안 납부한 보험료에 이자를 더해 일시금으로 지급하는 급여이다.

사망일시금은 가입자 또는 가입자였던 자가 사망하였으나 「국민연금법」에 따른 유족이 없어 유족연금 또는 반환일시금을 받을 수 없는 경우에 지급되는 강제보조적 · 보상적 성격의 급여이다.

(4) 재원 부담

국민연금의 재원은 대부분 사용자의 부담금과 연금 가입자의 기여금으로 충당된다. 사업장가입자와 사용자는 가입자의 기준소득월액의 1천분의 65(6.5%)

에 해당하는 금액을 각각 연금보험료로 납부한다. 지역가입자, 임의가입자, 임의계속가입자의 연금보험료는 본인이 전액 부담하며, 기준소득월액의 1천분의 130(13%)에 해당하는 금액을 연금보험료로 낸다.

3) 국민건강보험

(1) 국민건강보험의 개념

건강보험은 질병이나 부상으로 인해 일시에 과도한 의료비 지출로 인한 가계의 경제적 부담을 보험방식을 통해 해결하는 제도이다. 우리나라 「건강보험법」에 따르면, 이 법은 "국민의 질병 · 부상에 대한 예방 · 진단 · 치료 · 재활과 출산 · 사망 및 건강 증진에 대해 보험급여를 실시함으로써 국민 보건 향상과 사회보장 증진에 이바지함을 목적으로 한다."고 규정하고 있다.

우리나라는 1963년에 임의적 성격의 의료보험을 제정하여 시행하였으나 한동안 실효를 거두지 못하였다. 그러다가 1976년 「의료보험법」이 전면개정되면서 1977년 500인 이상 사업장을 대상으로 의료보험이 강제 적용되었고, 1979년에는 공무원과 사립학교 교직원을 대상으로 별도의 「의료보험법」이 시행되었다.

1988년에는 농어촌 지역 주민으로 적용 범위가 확대되었고, 1989년 7월에는 도시지역 주민에게까지 확대되어 전 국민 의료보험 시대가 개막되었다. 이후 1999년에 「국민건강보험법」이 제정되어 직장의료보험까지 통합되었으며, 2000년에는 국민건강보험공단이 출범하여 완전 통합을 이루었다.

(2) 적용 대상

우리나라의 건강보험 가입자는 국내에 거주하는 모든 국민으로 의료급여 대상자를 제외한 가입자와 피부양자이다. 가입자의 종류는 직장가입자와 지역가입자로 구분된다. 모든 사업장의 근로자 및 사용자와 공무원 및 교직원은 직장가입자가 된다. 직장가입자의 피부양자는 배우자, 직계존속, 직계비속, 형제자매로서 직장가입자에 의하여 주로 생계를 유지하는 자로 보수 또는 소득이 없는 자를 말한다. 지역가입자는 가입자 중 직장가입자와 그 피부양자를 제외한 자를 말한다.

(3) 급여의 종류

건강보험 급여는 현물급여와 현금급여로 구분된다. 현물급여에는 요양급여와 건강검진이 있으며, 현금급여에는 요양비, 출산비, 장애인 보장구 급여비가 포함된다.

요양급여란 가입자 및 피부양자의 질병, 부상, 출산 등에 대해 진찰 · 검사 · 약제 · 치료재료 지급, 처치 · 수술 등 치료, 예방 · 재활, 입원, 간호, 이송 등을 말한다. 요양급여의 경우 외래진료비와 입원치료비의 일정 금액을 보험금으로 지급하며, 나머지 금액은 본인이 부담하도록 되어 있다.

건강보험은 사회보험의 일종이지만, 일부 비용을 본인 부담으로 하여 수익자 부담 원칙을 적용하고, 과도한 진료 이용을 예방하기 위한 목적도 있다.

(4) 재원 부담

국민건강보험의 재정은 대부분 사용자와 근로자의 부담으로 이루어진다. 건강보험료의 보험료 산정기준은 직장가입자와 지역가입자가 상이하다. 직장가입자의 보험료율은 1천분의 80(8%)의 범위에서 금액으로 하며, 국외에서 업무에 종사하는 직장가입자의 경우 1천분의 40(4%)으로 한다. 지역가입자의 보험료는 세대단위로 산정하고, 소득과 재산 보험료 부과점수당 금액을 곱하여 얻은 금액으로 한다. 근로자의 보험료는 가입자와 사용자가, 공무원과 군인은 국가와 가입자가 50%씩 부담하며, 사립학교 교직원은 가입자가 50%, 학교 법인 30%, 정부가 20%를 부담한다. 지역가입자의 보험료는 그 가입자가 속한 세대의 지역가입자 전원이 연대하여 부담한다.

4) 산업재해보상보험

(1) 산업재해보상보험의 개념

산업재해보상보험이란 사업장에서 일하는 근로자가 업무상 재해로 인해 장애를 입거나 사망하였을 때, 근로자 본인의 치료와 부양가족의 생계 보장을 위해 국가가 책임지는 사회보험이다. 우리나라 「산업재해보상보험법」에 따르면, 이 법은 “사업을 시행하여 근로자의 업무상 재해를 신속하고 공정하게 보상하며, 재해 근로자의 재활 및 사회 복귀를 촉진하기 위해 필요한 보험시설을 설치 · 운영하고, 재해예방 및 근로자 복지증진을 위한 사업을 시행하여 근로자 보호에 이바지하는 것을 목적으로 한다.”고 규정하고 있다.

즉, 산재보험의 목적은 산재 근로자에 대한 신속 · 공정한 재해보상과 재해예방, 그리고 산재 근로자의 복지증진을 통해 인간다운 삶을 보장하는 것이다. 또한 산재보험은 무과실책임주의를 채택하여 사용자의 고의 또는 과실 유무와 관계없이 산재 근로자에 대한 사업주의 부담을 경감함으로써 안정된 기업 활동을 가능하게 하는 제도이다.

산재보험은 우리나라 최초의 사회보험제도로 1963년에 법이 제정되었으며, 1964년부터 500인 이상 사업장을 대상으로 시행되었다. 이후 적용 범위가 점진적으로 확대되어 2000년부터는 1인 이상의 근로자를 둔 사업장까지 확대되었다.

(2) 적용 대상

우리나라 산재보험의 적용 대상은 근로자를 사용하는 모든 사업장 또는 사업이 포함된다. 다만, 재해보상이 이루어지는 특수 직역(공무원, 군인, 사립학교 교직원 등), 가구 내 고용활동, 농업 · 임업 · 어업 · 수렵업 등 법인이 아닌 자의 사업으로서 상시 근로자 수가 5인 미만인 사업 등은 적용 제외 사업장에 해당한다. 산재보험은 사업장 중심으로 관리되며, 보험 혜택의 주된 수혜자는 근로자이다.

(3) 급여의 종류

산재보험의 급여는 '업무상 재해'일 경우에 제공된다. 즉, 재해가 업무 수행 중 또는 업무에 기인한 것임이 확인되어야 한다. 업무상 재해로 인정된 산재급여는 재해 발생에 따른 손해 전체를 보상하는 것이 아니라, 가입자의 평균임금을 기초로 정률 방식으로 산정된다.

산재보험 급여는 요양급여, 휴업급여, 장해급여, 간병급여, 유족급여, 상병보상연금, 장례비, 직업재활급여로 구분된다.

(4) 재원 부담

산재보험의 재원은 사업주가 부담하는 보험료로 충당된다. 근로자와 사업주가 공동 부담하는 다른 사회보험과 달리, 산재보험 보험료는 전액 사업주가 부담하는 것이 원칙이다. 보험료 책정은 근로자에게 지급된 보수총액에 업종별 차등요율을 적용하여 산정된다.

5) 고용보험

(1) 고용보험의 개념

고용보험은 실업 시 실업급여를 통해 생활보장을 위하여 정해진 기간 동안 일정 수준의 급여를 지급하는 사회보험이다. 우리나라 「고용보험법」에 따르면, 이 법은 "고용보험의 시행을 통하여 실업의 예방, 고용의 촉진 및 근로자 등의 직업능력 개발과 향상을 꾀하고, 국가의 직업지도와 직업소개 기능을 강화하며, 근로자 등이 실업한 경우 생활에 필요한 급여를 실시하여 근로자 등의 생활안정과 구직 활동을 촉진함으로써 경제 · 사회 발전에 이바지하는 것을 목적으로 한다."고 규정하고 있다.

고용보험은 1993년에 제정된 「고용보험법」에 따라 1995년에 시행되었다.

(2) 적용 대상

「고용보험법」은 근로자를 사용하는 모든 사업장 또는 사업이 적용 대상이다. 다만, 총 공사금액이 2,000만 원 미만인 공사, 가구 내 고용활동 등은 적용 제외된다. 또한 「공무원법」에 따른 공무원, 「사립학교교직원연금법」 적용자, 「별정우체국법」에 따른 별정우체국 직원, 농업 · 임업 · 어업 중 법인이 아닌 자가 상시 4인 이하 근로자를 사용하는 사업에 종사하는 근로자 등도 제외된다.

그러나 1개월 소정 근로시간이 60시간 미만이거나 1주간 15시간 미만인 근로자는 적용 제외되지만, 이들이 해당 사업장에서 3개월 이상 계속 근로하거나 일용근로자인 경우에는 적용 대상이 된다.

(3) 급여의 종류

고용보험은 고용안정 · 직업능력개발사업과 실업급여, 육아휴직급여, 출산전후휴가급여로 구분된다. 고용안정 · 직업능력개발사업은 피보험자 및 피보험자였던 사람, 그 밖에 취업 의사를 가진 사람에 대해 실업 예방, 취업촉진, 고용기회 확대, 직업능력 개발 및 향상 기회 제공과 지원, 그 밖에 고용안정과 사업주의 인력 확보 지원을 목적으로 실시된다.

실업급여는 구직급여와 취업촉진수당으로 구분된다.

육아휴직급여는 만 8세 이하 또는 초등학교 2학년 이하 자녀를 둔 근로자의 육아 부담을 경감하고 계속 근로를 지원함으로써 생활안정과 고용안정을 도모하기 위한 급여로, 육아를 위해 휴직할 경우 지급된다.

(4) 재원 부담

고용보험의 재원은 보험료와 법에 따른 징수금 · 적립금 · 기금운용 수익금 및 그 밖의 수입으로 조성된다. 이 중 절대적인 비중을 차지하는 고용안정 및 직업능력개발사업 관련 보험료는 사용자가 전액 부담하고, 실업급여 보험료는 근로자와 사용자가 각각 절반씩 부담한다.

6) 노인장기요양보험

(1) 노인장기요양보험의 개념

노인장기요양보험은 고령이나 노인성 질병 등으로 인해 일상생활을 혼자서 수행하기 어려운 노인에게 신체활동 지원이나 가사활동 지원 등 장기요양급여를 제공하여 노후의 건강 증진과 생활안정을 도모하고, 가족의 부담을 경감함으로써 국민 삶의 질을 향상시키는 것을 목적으로 한다. 우리나라 5대 사회보험 중 가장 최근에 제정된 법률로, 2007년 4월에 제정되어 2008년부터 시행되었으며, 그간 가족 영역에 맡겨져 왔던 치매, 중풍 등 노인에 대한 장기간 간병과 장기요양 문제를 사회연대 원리에 따라 해결하게 되었다.

(2) 적용 대상

장기요양급여의 자격 대상은 65세 이상의 노인 및 65세 미만으로 치매 · 뇌혈관성질환 · 파킨슨병 등 노인성 질병을 가진 자로서, 장기요양보험 가입자 또는 그 피부양자이거나 의료급여 수급권자여야 한다. 장기요양보험 가입자는 건강보험 가입자와 동일하다.

(3) 급여의 종류

장기요양급여는 크게 재가급여, 시설급여, 특별현금급여로 나누어진다. 재가급여에는 방문요양, 방문목욕, 방문간호, 주 · 야간보호, 단기보호, 기타재가급여가 있다. 시설급여는 장기요양기관에 장기간 입소한 수급자에게 신체활동 지원 및 심신기능의 유지 · 향상을 위한 교육 · 훈련 등을 제공하는 장기요양급여를 말한다. 특별현금급여는 부득이하게 장기요양기관을 이용하지 못했을 경우 그에 상응하는 현금을 지급하는 것으로, 가족요양비, 특례요양비, 요양병원간병비 등을 두고 있다.

(4) 재원 부담

장기요양보험의 재원은 크게 장기요양보험료, 본인부담금, 국가의 부담으로 이루어진다. 장기요양보험료는 건강보험료액에 장기요양보험료율을 곱해 산정하게 된다. 국가 부담의 경우, 매년 예산 범위 안에서 당해 연도 장기요양보험료 예상수입액의 100분의 20에 상당하는 금액을 국민건강보험공단에 지원하게 된다. 본인일부부담금은 장기요양급여 중 재가급여와 시설급여를 받을 경우에 수급자가 부담해야 하는 비용이다. 재가급여는 당해 장기요양급여 비용의 15%, 시설급여는 20%를 본인이 부담해야 한다. 단, 「국민기초생활보장법」에 의한 수급자는 전액 면제되며, 소득 · 재산이 일정 금액 이하인 저소득층은 본인일부부담금을 60% 경감받는다.

3. 공공부조

1) 공공부조의 개념과 특성

공공부조는 국가와 지방자치단체가 책임을 지고, 생활 유지 능력이 없거나 생활이 어려운 국민에게 최저생활을 보장하고 자립을 지원하는 제도이다. 우리나라 공공부조제도에는 국민기초생활보장제도, 의료급여제도, 긴급복지지원제도, 기초연금제도 등이 포함된다.

공공부조의 특징은 다음과 같다(권중돈 외, 2022).

첫째, 공공부조는 사회적 취약계층에 대한 최종적인 소득보장제도이다.

둘째, 선별적인 프로그램으로 자산조사를 실시한다. 즉, 법적으로는 모든 국민이 보호 대상이지만, 실제로는 자산조사를 통해 일정 빈곤선 이하인 자 중에서 가족이나 친족의 도움을 받을 수 없는 절대빈곤층을 대상으로 하고 있다.

셋째, 급여를 제공하기 위하여 필요한 재원은 일반 조세로 충당된다.

넷째, 저소득층 빈민을 선별하여 급여를 제공하기 때문에 수급자에 대한 낙인감을 줄 수 있다.

2) 공공부조의 원리와 원칙

(1) 공공부조의 원리

공공부조는 다음과 같은 원리에 기초하여 운영된다.

① **국가 책임의 원리** : 공공부조의 근간이 되는 원리로, 국민의 최저생활 보장 책임이 최종적으로 국가와 지방자치단체에 있음을 의미한다. 이에 따른 재원은 국민의 세금으로 충당된다. 국가 책임의 원리는 개인이나 가족의 능력만으로 해결할 수 없는 빈곤문제에 대해 국가가 적극적으로 개입해야 한다는 사회국가적 이념을 반영한다.

② **생존권 보장의 원리** : 모든 국민은 인간다운 생활을 할 권리, 즉 생존권을 가지며, 공공부조는 이러한 생존권을 실질적으로 보장하기 위한 제도이다. 이는 단순히 굶주림을 면하는 수준을 넘어서 건강하고 문화적인 최저생활을 유지할 수 있도록 보장하는 것을 목표로 한다.

③ **보충성의 원리** : 공공부조는 개인의 자구 노력과 사적 부양을 우선하며, 이로도 최저생활 유지가 어려울 경우 그 부족분을 국가가 보충하여 지원하는 것을 원칙으로 한다. 보충성의 원리는 신청자가 가진 자원(소득, 재산, 노동력)을 최대한 활용하여 스스로 생계를 책임지는 것을 국가 지

원보다 우선시하는 '자기 책임'의 원칙을 포함한다.

④ **자립 조장의 원리** : 공공부조는 단순한 생계 지원에 그치지 않고, 수급자의 자립과 자활을 촉진해야 한다. 근로 능력이 있는 수급자에게는 자활 프로그램 참여를 조건으로 생계급여를 지급하거나, 직업훈련 및 상담 서비스를 제공하여 빈곤에서 벗어날 수 있도록 지원해야 한다. 이는 생산적 복지 이념과도 연결된다.

⑤ **무차별 평등의 원리** : 공공부조는 빈곤의 원인, 연령, 성별, 종교, 사회적 신분 등 어떠한 이유로도 차별하지 않고, 법률이 정한 요건을 충족하는 모든 국민에게 평등하게 적용되어야 한다. 이는 사회적 약자에 대한 보호가 시혜적 조치가 아닌, 국민의 보편적 권리임을 강조하는 원리이다.

(2) 공공부조의 실시상의 원칙

공공부조에서 중요하게 다루어지는 실시상의 원칙은 다음과 같다.

① **신청보호의 원칙** : 공공부조는 당사자의 신청이 있어야만 보호가 개시되는 원칙이다. 이는 수급자 본인의 책임과 자발성에 근거한 권리 행사를 전제로 한다. 원칙적으로 행정기관이 일방적으로 부여하는 것이 아니라, 수급자가 자신의 권리를 신청함으로써 급여가 시작된다. 단, 위기 상황 등에서는 직권보호(공공기관의 직권 개입)가 예외적으로 허용되기도 한다.

② **기준 및 정도의 원칙** : 공공부조는 일정한 생활보장 기준과 급여 수준을 명확히 정하여 실시되어야 한다는 원칙이다. 이 원칙은 형평성과 공정성을 확보하고, 행정적 일관성을 유지하는 데 기여한다. 예를 들어, "생계급여는 기준 중위소득 30% 이하일 경우 지급한다"와 같은 경우이다.

③ **필요즉응의 원칙** : 공공부조는 도움이 필요한 상태에 즉시 대응해야 한다는 원칙이다. 행정절차가 복잡하더라도 긴급하고 위기적인 상황에는

지체 없이 필요한 조치를 취해야 한다. 이는 복지의 즉시성을 보장하기 위한 핵심 원칙이다.

④ **세대단위의 원칙** : 공공부조의 급여 판단과 지원은 개인이 아닌 '세대(가구)'를 단위로 실시한다. 즉, 같은 주소에 거주하며 생계를 같이하는 사람들 전체의 소득과 재산을 합산하여 급여 대상 여부를 판단한다. 이는 부양 능력이나 생활 실태를 보다 정확히 파악하기 위한 방식이나, 개인 권리 침해에 대한 논란도 있다.

⑤ **현금급여의 원칙** : 공공부조는 현물보다 현금급여를 중심으로 이루어져야 한다는 원칙이다. 이는 수급자의 소비 자율성과 인간 존엄을 존중하기 위한 방식이다. 다만, 일부 분야(의료, 주거, 교육)는 현물급여나 서비스 형태로 제공되기도 한다.

⑥ **거택보호의 원칙** : 가능한 한 수급자를 자택(거주지)에서 보호하는 방식으로 공공부조를 운영해야 한다는 원칙이다. 시설 보호보다는 지역사회 내 생활 유지를 우선시하며, 정서적 안정과 생활 연속성을 보장한다. 이는 시설 중심 보호보다 자율성과 인권을 보장하는 접근이다.

이러한 원칙들은 공공부조가 권리로서의 복지 실현과 행정의 투명성 및 효율성을 동시에 달성하는 기반이 된다.

3) 국민기초생활보장제도

(1) 국민기초생활보장제도의 개념

국민기초생활보장제도는 생활이 어려운 자에게 필요한 급여를 제공하여 이들의 최저생활을 보장하고 자활을 촉진하기 위한 제도이다. 국민기초생활보장제도 이전에는 1961년 제정된 「생활보호법」에 근거해 공공부조가 운영되었으나, 1997년 IMF 경제위기와 구조조정으로 인한 대량실업으로 빈곤문제 해결을 위한 근본적인 제도 변화가 요청되었다. 공공부조제도의 도움을 받지 못하는 절대빈곤층 문제가 심각하게 대두되는 상황에 대응하기 위해 1999년에 현재의 「국민기초생활보장법」이 제정되었으며, 이 법은 2000년부터 시행되었다. 이를 통해 지난 40여 년간 시혜적 단순 보호 차원의 생활보호제도에서 벗어나 저소득층에 대한 국가 책임을 강화하는 종합적 빈곤 대책으로 전환되었다.

국민기초생활보장제도는 맞춤형 급여체계로 2014년에 개편되어, 기초생활수급자의 가구 여건에 맞는 지원을 위해 생계급여, 의료급여, 주거급여 등 급여별로 선정기준을 다르게 정하여 급여를 실시하고 있다.

(2) 적용 대상

「국민기초생활보장법」에 의한 수급자로 선정되기 위해서는 소득인정액 기준과 부양의무자 기준이 동시에 충족되어야 한다. 우선, 소득인정액이 급여별 선정기준액 이하여야 한다. 급여별 선정기준은 중위소득을 기준으로 정하는데, 급여유형과 가구 크기에 따라 기준액은 달라진다. 예로, 4인가구가 생계급여 대상이 되려면 소득인정액이 중위소득의 30% 이하여야 한다. 부양의무자는 수급권자의 1촌 직계혈족 및 그 배우자가 된다. 부양의무자 기준을 충족하기 위해서는 부양의무자가 없거나, 부양의무자가 있어도 부양능력이 없거나 부양을 받을 수 없어야 한다. 단, 교육급여와 주거급여는 부양의무자 기준을 적용하지 않고 있다. 생계급여도 2021년 10월부터 부양의무자 기준을 폐지하였으나 일정 수준의 소득 및 재산을 보유한 경우는 예외로 두고 있다.

(3) 급여의 종류

급여는 수급자가 자신의 생활 유지 및 향상을 위해 소득, 재산, 근로 능력 등을 최대한 활용하여 노력하는 것을 전제로 하며, 이를 보충하고 발전시키는 것을 기본 원칙으로 한다. 급여의 기준은 건강하고 문화적인 최저생활을 유지할 수 있어야 한다. 또한 국민기초생활보장제도의 급여는 신청주의를 원칙으로 한다. 생활이 어려운 저소득 가구의 가구원, 그 친족 및 기타 관계인이 해당 가구의 급여를 신청하는 것이 원칙이다. 그러나 사회복지전담공무원은 급여가 필요한 자가 누락되지 않도록 관할 지역 내에 거주하는 수급권자에 대해 수급권자의 동의를 얻어 직권으로 신청할 수 있다. 급여는 수급권자 및 그 부양의무자의 소득과 재산, 건강 상태 등을 확인하여 급여 실시 여부와 내용을 결정한다.

국민기초생활보장제도에서 제공하는 급여의 형태는 생계급여, 주거급여, 의료급여, 교육급여, 해산급여, 장제급여, 자활급여의 일곱 가지이다.

(4) 재원 부담

국민기초생활보장제도의 재정을 살펴보면, 국가 또는 시 · 도가 직접 수행하는 보장 업무에 소요되는 비용은 국가 또는 해당 시 · 도가 부담한다. 시 · 군 · 구가 수행하는 보장 업무에 소요되는 비용 중 인건비와 사무비 등은 해당 시 · 군 · 구가 부담하며, 시 · 군 · 구의 재정 여건 및 사회보장비 지출 등을 고려하여 차등 분담한다.

4. 사회서비스

1) 사회서비스의 개념

사회서비스에 대한 개념은 국가마다 차이가 있다. 영국에서의 사회서비스는 소득보장, 건강, 교육, 주택, 개별 사회서비스(personal social service) 등의 5대 영역을 포함하는 개념으로 사용된다. 사회서비스의 개념에 내재한 인식은 이 영역에 속하는 서비스에 대해서는 국가가 책임을 지고 구성원들의 욕구에 대해 공적으로 대응해야 한다는 것이다. 즉, 소득, 건강, 교육, 주택 등에 대한 욕구는 사회 구성원의 인간다운 생활을 위한 최소한의 욕구로서, 그 적정 수준의 보장을 국가가 책임져야 한다는 인식이 전제되어야 한다. 이러한 측면에서 사회서비스의 개념은 사회보장 또는 사회정책의 개념과 유사하게 사용된다.

하지만 우리나라의 경우 사회서비스(social service)는 사회보장제도로서, 사회보험 및 공공부조와 더불어 사회복지정책 영역의 핵심을 이룬다. 「사회보장기본법」 제3조 제4호에서는 사회서비스를 "국가 · 지방자치단체 및 민간부문의 도움이 필요한 모든 국민에게 복지, 보건의료, 교육, 고용, 주거, 문화, 환경 등의 분야에서 인간다운 생활을 보장하고 상담, 재활, 돌봄, 정보제공, 관련 시설 이용, 역량 개발, 사회참여 지원 등을 통하여 국민 삶의 질이 향상되도록 지원하는 제도"로 정의하고 있다. 이는 2013년 사회보장기본법 개정으로 기존의 사회복지서비스를 대체한 것으로 볼 수 있다. 또한 사회서비스의 급여는 사회보험이나 공공부조와 달리 비물질적이고 심리사회적 서비스를 주된 내용으로 한다.

한국사회보장정보원에서는 사회서비스를 "개인 또는 사회전체의 복지증진 및 삶의 질 향상을 위해 사회적으로 제공되는 서비스를 말하며, 공공행정(일반행정, 환경, 안전), 사회복지(보육, 아동, 장애인, 노인 보호), 보건의료(간병, 간호), 교육(방과후 활동, 특수교육), 문화(도서관, 박물관, 미술관 등 문화시설 운영)를 포괄하는 개념"이라고 규정하고 있다(사회서비스 전자바우처, 2025).

이러한 사회서비스 정의에 기초할 때, 현재 우리나라의 사회서비스는 전통적인 사회복지서비스에서 매우 확대된 개념이라 할 수 있다. 따라서 사회서비스를 이해하기 위해서는 「사회복지사업법」에 의해 운영되는 사회복지서비스와 2007년부터 실시되고 있는 바우처 사업으로 구분하여 살펴볼 필요가 있다.

2) 사회복지서비스

(1) 사회복지서비스의 개념

우리나라의 경우 사회복지서비스는 전통적으로 「사회복지사업법」에 근거하여 빈곤계층의 아동, 노인, 미혼모, 장애인 등 사회적 취약계층을 대상으로 사업을 실시해 왔다. 우리나라 「사회복지사업법」 제2조는 "사회복지서비스"라 함은 국가·지방자치단체 및 민간부문의 도움이 필요한 모든 국민에게 상담·재활·직업소개 및 지도, 사회복지시설의 이용 등을 제공하여 정상적인 사회생활이 가능하도록 제도적으로 지원하는 것을 말한다고 규정하여 사회복지서비스 제공을 제도화하고 있다.

한편 정책적으로 사회복지서비스의 유사 개념인 "사회복지사업"은 각목의 법률에 의한 보호·선도 또는 복지에 관한 사업과 사회복지상담·부랑인 및 노숙인 보호·직업보도·무료숙박·지역사회복지·의료복지·재가복지·사회복지관 운영·정신질환자 및 한센병력자 사회복귀에 관한 사업 등 각종 복지사업과 이와 관련된 자원봉사활동 및 복지시설의 운영 또는 지원을 목적으로 하는 사업을 말한다(「사회복지사업법」 제2조)고 규정하고 있다.

(2) 사회복지서비스의 특성

사회복지서비스의 특성은 다음과 같다(성민선 외, 2005).

첫째, 사회복지서비스는 서비스의 욕구 차이에 따라 개별적으로 제공되는 서비스이다. 사회복지서비스는 특수하고, 구체적이고, 개별적인 개인, 가족, 집단의 문제에 대응하는 것이며, 이는 보편적·평균적·균등적으로 빈곤문제에 대응하는 사회보험과는 차이가 있다. 사회복지서비스는 개인의 적응력 회복 또는 향상을 목적으로 함으로써 욕구에 따라 유연하게 제공된다.

둘째, 대면접촉을 통한 서비스로서, 일선 사회복지사들이 수급자와 직접적인 대면접촉을 통해 제공되는 무형의 서비스이다.

셋째, 사회복지서비스는 사회복지사의 주된 활동의 장이 된다. 사회복지사들은 사회복지서비스 이외의 분야에서 활동하는 경우는 거의 없으며, 사회복지서비스는 사회사업의 기반인 동시에 전문화가 이루어지는 장이다.

넷째, 사회복지서비스는 비경제적 보장이다. 사회보험, 공공부조, 사회수당 등이 주로 경제적 보장에 초점을 둔 반면, 사회복지서비스는 신체적 · 정신적 재활 내지 기능 향상 등과 같이 비경제적 보장에 초점을 둔다.

다섯째, 사회복지서비스의 재원은 혼합재원이다. 사회복지서비스는 대부분의 국가에서 일반 조세 재원과 민간재원의 혼합으로 충당되는 경향이 있다.

이와 같이 규정된 사회복지서비스는 우리나라 사회보장체계에서 사회보험, 공공부조와 함께 사회보장의 주요 구성요소로 자리잡아 왔으나, 2013년 「사회보장기본법」의 개정으로 사회서비스로 대체되었다.

3) 바우처

(1) 바우처의 개념

바우처란 이용 가능한 서비스의 금액이나 수량이 기재된 증표(이용권)이며, 전자바우처는 서비스의 신청, 이용, 비용 지불 및 정산 등 전 과정을 전산시스템으로 처리하는 전달수단을 말한다.

우리나라는 신자유주의에 영향을 받아 2000년대 이후 사회복지 공급 방식에서 획기적인 변화가 나타나는데, 이른바 바우처(이용권) 제도가 도입된 것이다. 이 제도는 사회서비스에 시장화 기제를 도입한 것으로, 사회서비스의 제공자들이 영리를 목적으로 하는 시장 사업자로서 참여할 수 있도록 한 것이다. 이를 통해 막대한 수요의 사회서비스에 대응하여 국가 기제(공공서비스 시설들의 설치)의 확대 없이도 효율적으로 공급하고자 하였다. 2007년부터 지역사회서비스투자사업, 2011년부터 제공되고 있는 장애인활동지원서비스, 2013년 전면 보편화된 보육서비스 등이 모두 바우처 공급 방식을 따른다.

여기에서 서비스 제공자들(어린이집, 요양병원, 방문요양보호사, 장애인활동보조인 등)은 바우처를 보유한 잠재적 고객들을 확보하기 위해 경쟁을 하게 되는데, 이론적으로는 이러한 경쟁이 이용자들에 대한 서비스 질을 높일 것으로 기대되었다(김영종 외, 2022).

(2) 바우처의 특징

바우처 제도에서 국가의 역할은 사회서비스가 필요한 대상을 지정하고, 바우처의 발행과 관리 정도만으로 최소화될 수 있다. 국가가 사회서비스 제공자들을 일일이 통제(서비스 품질관리 등)하려면 막대한 행정비용이 드는데, 바우처 제도는 그런 부담에서 벗어날 수 있게 해준다. 시장 방식에서 서비스 품질관리는 기본적으로 서비스 제공자들 간 경쟁과 이용자의 합리적 선택을 통해 이루어진다고 가정하기 때문이다. 시장에서 이루어지는 구매 혹은 재구매 자체가 서비스 품질에 대한 만족도를 나타내기 때문에 국가는 개입을 최소화할 수 있다(김영종 외, 2022).

바우처 제도의 특징은 다음과 같다(사회서비스 전자바우처 홈페이지).

첫째, 상품을 이용할 수 있는 구매력을 제공한다.

둘째, 정책목적이나 취지에 따라 선택권 조정 및 통제가 가능하다.

- 구매하는 상품의 종류, 양, 범위 등 제한 가능
- 이용의 합리성 제고를 위한 자부담(본인부담금) 도입

셋째, 수요자와 공급자에게 별도 자격 기준 설정 가능

- **수요 측면** : 소득기준, 장애인, 외국인, 연령
- **공급 측면** : 자격이나 면허, 품질인증

바우처 사업을 도입함으로써 일자리 창출, 선택권 강화, 수요자들의 서비스 만족도 증가, 품질 경쟁체계 구축, 사회서비스 제공기관 신규 확충 등 현재까지 많은 성과가 있는 것이 사실이다.

CHAPTER 12

대상별 사회복지실천 영역

12 CHAPTER 대상별 사회복지실천 영역

사회복지의 실천과 정책은 대상에 따라 구체적인 접근방식과 서비스 내용이 달라진다. 인간은 생애주기에 따라 고유한 욕구와 과제를 지니며, 개인이 처한 사회적 · 경제적 환경 또한 사회복지 개입의 방향에 영향을 미친다. 이에 따라 사회복지 분야는 가족복지, 아동복지, 청소년복지, 노인복지, 여성복지, 장애인복지, 다문화복지 등으로 대상에 따라 세분화된다. 이러한 분류는 각 대상의 특성과 사회적 이슈를 반영하여 맞춤형 서비스를 제공하기 위한 것이다.

이 장에서는 주요 대상별 사회복지 분야의 개념과 특성, 관련 제도 및 서비스를 개관함으로써 다양한 인구 집단에 대한 이해를 바탕으로 한 실천적 접근의 중요성을 살펴보고자 한다.

1. 가족복지

1) 가족복지의 개념

가족복지는 가족구성원이 겪는 다양한 문제를 예방하고 해결하며, 가족의 기능을 유지 · 강화할 수 있도록 지원하는 사회복지의 한 분야이다. 「민법」에 따르면, 가족은 "배우자, 직계혈족 및 형제자매 또는 직계혈족의 배우자, 배우자의 직계혈족 및 배우자의 형제자매"로 규정된다. 가족은 인간 삶에서 가장 기본적인 사회적 단위로서 경제적 기능, 사회화 기능, 정서적 안정 기능

등을 수행한다. 그러나 산업화, 도시화, 가치관의 변화 등으로 인해 가족해체, 갈등, 빈곤, 양육 문제, 돌봄 부담 등 다양한 가족문제가 발생하고 있다.

가족복지는 가족구성원 삶의 질을 향상시키고 안정적인 가족생활을 유지할 수 있도록 공공 및 민간 차원에서 제공되는 제도적 · 실천적 지원을 의미한다. 가족 전체를 하나의 단위로 보고, 구성원 간의 관계와 상호작용에 주목하는 통합적 접근이 가족복지의 특징이다.

학자들은 가족복지를 일반적으로 "가족을 단위로 하여 가족구성원 개개인의 복지향상과 가족 전체의 기능적 유지를 지원하기 위한 사회복지의 한 분야로서, 가족이 겪는 다양한 문제를 예방하고 해결하며, 가족이 건강한 생활을 유지하고 사회적 역할을 수행할 수 있도록 가족복지서비스를 제공하는 제반 활동"으로 정의한다.

2) 가족복지의 대상

가족복지의 대상은 가족문제의 형태나 내용에 따라 다양하게 분류된다.

(1) 가족 형태에 따른 가족복지 주요 대상

가족복지의 주요 대상은 가족구성원 전체를 포함하지만, 특히 취약하거나 특별한 지원이 필요한 가족 형태는 다음과 같다.

① **한부모가족** : 이혼, 사별, 미혼 등으로 인해 부모 중 한 사람과 자녀로 구성된 가족으로, 경제적 어려움, 양육 부담, 사회적 차별 등에 대한 지원이 필요한 가족

② **다문화가족** : 국제결혼, 이주민과의 결혼 등으로 형성된 가족으로, 언어, 문화 적응 문제, 자녀의 교육 및 정체성 형성에 대한 지원이 필요한 가족

③ 조손가족 : 부모 없이 조부모가 손자녀를 양육하는 가족으로, 노년기의 경제적 부담, 육아 스트레스, 세대 간 갈등 등을 고려한 지원이 필요한 가족

④ 장애인가족 : 가족구성원 중 장애인이 있는 경우로, 돌봄 부담, 경제적 어려움, 정서적 지지에 대한 지원이 필요한 가족

⑤ 노인가족 : 고령자 부부 또는 고령자가 포함된 가족으로, 건강관리, 돌봄, 고독감 완화, 노년기 삶의 질 향상 등을 위한 복지서비스가 필요한 가족

⑥ 일반가족 : 특별한 문제는 없지만 예방적 차원에서 교육, 상담, 돌봄 등의 보편적 서비스가 필요한 가족

이 외에도 최근에는 1인가구, 비혼가구, 동거가족, 성소수자 가족 등 새로운 가족 형태도 가족복지의 고려 대상으로 점점 확대되고 있다.

(2) 문제의 내용에 따른 가족복지 주요 대상

문제 중심 가족복지의 대상은 가족구성원 또는 가족 전체가 특정한 사회적·심리적·경제적 문제를 경험하고 있는 경우를 의미한다. 이들에게는 치료적·보완적 복지 개입이 필요하며, 주요 대상은 다음과 같다.

① 가정폭력 피해 가족 : 신체적·정서적·성적 폭력을 경험한 배우자 및 자녀 등이 있는 가족으로, 보호시설 제공, 법률적 지원, 심리상담, 자립지원 등이 필요한 가족

② 이혼 및 별거 가족 : 이혼 또는 별거로 가족 해체를 경험한 가정으로, 정서적 충격, 경제적 빈곤, 자녀 양육 문제 등 복합적 지원이 필요한 가족

③ 아동학대 및 방임 가정 : 아동이 부모나 보호자로부터 학대나 돌봄 결여를 겪는 경우로, 아동보호, 부모교육, 상담 및 재발 방지 개입이 필요한 가족

④ 알코올·약물 중독 문제 가족 : 가족구성원 중 중독 문제를 가지고 있는 경우로, 가족 전체의 심리·정서적 피해가 크며, 치료·회복 프로그램 및 가족 상담이 필요한 가족

⑤ 정신질환 또는 정신건강 문제 가족 : 가족구성원이 정신질환자이거나, 가족 자체가 정신적 스트레스를 겪고 있는 경우로, 보호자 교육, 치료 연계, 가족의 부담 경감 및 지지 서비스가 필요한 가족

⑥ 빈곤 및 경제적 위기 가족 : 실직, 파산, 채무 등으로 생계가 어려운 가족으로, 긴급복지지원, 생계보조, 자립역량 강화 서비스 등이 필요한 가족

⑦ 청소년 문제행동 가족 : 비행, 가출, 약물 사용, 인터넷 중독 등 문제를 가진 청소년이 있는 가족으로, 부모-자녀 관계 회복, 상담, 사회화 프로그램 등이 필요한 가족

이 외에도 가족의 형태가 다양하게 변화됨에 따라 새로운 가족문제들이 나타나고 있다.

3) 가족복지 관련 시설 및 기관

가족복지와 관련된 시설은 가족의 안정, 기능 회복, 돌봄 및 자립지원을 목적으로 다양한 형태로 운영되고 있다. 우리나라의 가족복지 관련 시설은 「사회복지사업법」, 「건강가정기본법」, 「한부모가족지원법」 등 여러 법령에 근거하여 설치·운영되고 있다. 이러한 시설은 소관부처, 시설 종류, 운영 유형, 관련 법령에 따라 구분되며, 〈표 12-1〉과 같다.

〈표 12-1〉 가족복지 관련 사회복지시설 및 기관

소관부처	시설 종류	세부 종류		관련법
		생활시설	이용시설	
여성가족부	가정폭력 보호시설	가정폭력 피해자보호시설	• 가정폭력상담소 • 긴급전화센터	가정폭력 방지 및 피해자 보호 등에 관한 법률
	한부모 가족복지시설	• 출산지원시설 • 양육지원시설 • 생활지원시설 • 일시지원시설	한부모 가족복지상담소	한부모 가족지원법
	다문화 가족지원센터		다문화 가족지원센터	다문화 가족지원법
	건강가정지원센터		건강가정지원센터	건강가정기본법

출처 : 보건복지부(2025a).

2. 아동복지

1) 아동복지의 개념

아동복지는 아동의 욕구를 충족시키고 문제해결을 위한 자원과 서비스를 제공함으로써 아동이 건강하게 성장·양육될 수 있도록 돕는 사회복지활동이다. 아동이란 18세 미만의 사람을 말하며, 아동복지의 목적은 아동이 건강하게 태어나 행복하고 안전하게 자랄 수 있도록 아동의 복지를 보장하는 데 있다.

카두신(Kadushin, 1980)은 아동복지를 "넓은 의미에서는 모든 아동이 행복과 사회 적응을 위해 심리적·신체적 잠재력을 개발할 수 있도록 지원하는 다양한 방법을 의미하며, 좁은 의미에서는 특수한 문제를 가진 아동과 그 가정을 대상으로 전문기관에서 제공하는 서비스를 말한다."고 정의하였다.

보건복지부의 아동복지사업 지침에서는 아동복지를 "사회의 특별한 보호가 필요한 요보호아동을 포함한 모든 아동이 가족 및 사회의 일원으로서 육체적 · 정신적으로 건강하게 성장 · 발달할 수 있도록 보호 · 지원하여 그들의 건전한 육성을 도모하는 것"으로 정의하고 있다.

이를 종합해 보면, 아동복지는 아동이 태어나 성인이 되기까지 성장 과정에서 직면할 수 있는 빈곤, 학대, 방임, 장애, 비행 및 일탈 등 다양한 문제를 예방하고, 발생 시 이를 해결하며, 모든 아동이 잠재력을 발휘할 수 있도록 전인적 발달을 지원하는 다양한 제도와 서비스를 제공하는 활동을 의미한다.

아동복지의 기본 목적은 다음과 같다.

① 아동의 정서적 욕구와 행동 · 건강상의 욕구를 충족한다.
② 빈곤이나 부족한 보건의료 등 외부적 문제를 해결하는 데 필요한 자원을 제공하여, 아동이 건강하고 안정적인 사회적 환경에서 성장 · 양육될 수 있도록 지원한다.
③ 가족의 역량을 강화하여 부모가 자녀를 효과적으로 양육하고 보호할 수 있도록 돕는다.
④ 가족구성원 간의 역동성, 의사소통, 실질적 학대 및 갈등 등 가족 내부의 문제를 개선한다.
⑤ 여러 가지 형태의 방임과 학대로부터 아동을 보호한다.
⑥ 필요한 경우 입양 또는 후견인 선정을 통해 아동이 안정적이고 항구적인 가족생활을 영위할 수 있는 조건을 마련한다.

2) 아동복지의 대상

아동복지의 대상은 18세 미만의 모든 아동이 포함되나, 특히 사회복지서비스가 절실히 필요한 문제를 가진 아동들이 주요 대상이 된다. 사회복지서비스 개입이 필요한 아동들은 다음과 같다.

① **빈곤아동** : 경제적으로 어려운 가정의 아동(예 기초생활수급가정, 차상위계층)
② **학대 · 방임 아동** : 신체적 · 정서적 · 성적 학대나 방임을 경험한 아동

③ **장애아동** : 신체적 · 정신적 장애를 가진 아동

④ **한부모 · 조손가정 아동** : 부모의 이혼, 사망, 유기 등으로 한쪽 부모나 조부모에 의해 양육되는 아동

⑤ **가정 외 보호 아동** : 가정에서 보호받지 못하고 위탁가정, 아동양육시설, 그룹홈 등에 거주하는 아동

⑥ **이주가정 아동** : 다문화가정, 외국인 가정, 난민 가정의 아동 등

⑦ **청소년 부모의 자녀** : 미성년 부모에게서 태어난 아동

⑧ **학교 밖 아동** : 정규 교육과정에 참여하지 않는 아동(중도탈락, 미취학 등)

이 외에도 아동들이 겪는 문제는 노동문제, 학교폭력 관련 문제, 중독 문제 등 매우 다양하다.

3) 아동복지서비스 유형

아동복지서비스의 기능은 일차적으로 아동이 가정에서 양육될 수 있도록 부모의 역할을 지지하는지, 부적절한 양육태도를 가진 부모를 보완하는지, 또는 아동의 필요에 따라 양육을 일시적 또는 영구적으로 대행 · 대리하여 보호하는지에 따라 지지적 서비스, 보충적 서비스, 대리적 서비스로 분류할 수 있다(Kadushin & Martin, 1988). 일반적으로 아동과 관련된 사회복지서비스는 대부분 이 세 가지 유형에 해당한다.

아동복지서비스 유형은 다음과 같다.

① **지지적 서비스**(supportive services) : 아동이 가정과 지역사회 내에서 안정적으로 성장 · 발달할 수 있도록 부모와 아동이 각자의 역할을 원활히 수행할 수 있는 능력을 지지하고 강화하는 서비스이다. 이는 문제가 발생하기 전에 예방하거나 경미한 문제에 개입하여 아동이 가족과 분리되지 않고 계속 함께 지낼 수 있도록 돕는 예방적 서비스이다. 대표적인 서비스로는 상담 및 정서지원, 방과후 프로그램, 가족기능 강화 프로그램 등이 있다.

② **보충적 서비스**(supplementary services) : 아동이나 가족이 일상생활을 유지하는 데 필요한 자원이 부족할 경우 이를 보완하여 제공하는 서비스로, 경제적 · 물질적 · 교육적 · 건강적 지원을 통해 아동의 기본적인 생활권을 보장하는 것을 목적으로 한다. 대표적인 서비스로는 현금 및 물품지원, 주거지원, 교육지원, 결식아동지원 등이 있다.

③ **대리적 또는 대체적 서비스**(substitutive services) : 부모나 보호자가 아동을 양육할 수 없는 상황에서 아동에게 가정 이외의 보호 환경을 제공하는 서비스로, 아동을 일시적 또는 장기적으로 분리 보호하여 안전하고 안정적인 생활을 보장하기 위한 것이다. 대표적인 서비스로는 위탁보호, 시설보호, 입양, 쉼터 및 보호소 등이 있다.

4) 아동복지 관련 시설 및 기관

아동복지와 관련된 시설은 아동의 보호, 양육, 치료, 교육 등을 목적으로 하며, 기능과 형태에 따라 여러 유형으로 구분된다. 우리나라에서 아동복지 관련 시설은 「아동복지법」에 근거하여 설치되고 있으며, 소관부처, 시설 종류, 시설 유형, 관련 법령을 정리하면 〈표 12-2〉와 같다.

〈표 12-2〉 아동복지 관련 사회복지시설 및 기관

소관부처	시설 종류	시설 유형		관련법
		생활시설	이용시설	
보건복지부	아동복지시설	• 아동양육시설 • 아동일시보호시설 • 아동보호치료시설 • 자립지원시설 • 공동생활가정 • 학대피해아동쉼터	• 아동상담소 • 아동전용시설 • 지역아동센터 • 다함께돌봄센터 • 아동보호전문기관 • 가정위탁지원센터 • 자립지원전담기관	아동복지법

출처 : 「아동복지법」 제52조 제1항. 아동복지시설의 종류.

3. 청소년복지

1) 청소년복지의 개념

「청소년기본법」에 따르면, 청소년이란 9세 이상 24세 이하의 사람을 말한다. 또한 「청소년기본법」에서는 청소년복지를 "청소년이 정상적인 삶을 영위할 수 있는 기본적인 여건을 조성하고 조화롭게 성장·발달할 수 있도록 제공되는 사회적·경제적 지원활동"으로 규정하고 있다. 이러한 연령 범위와 정의는 매우 광범위하고 포괄적이다.

일반적으로 청소년복지란 청소년이 인간으로서의 존엄성과 권리를 보장받으며, 건강하게 성장하고 자립적인 사회 구성원으로 살아갈 수 있도록 지원하는 모든 제도, 서비스, 정책을 의미한다. 이는 청소년의 발달단계별 특성과 욕구를 고려하여 보호, 교육, 상담, 자립지원, 참여기회 제공 등을 통합적으로 제공하는 복지 영역이다.

특히 청소년은 아동과 달리 독립적인 존재임을 전제로 하여, 청소년복지와 아동복지는 구별되어야 한다고 본다. 이에 임춘식 등(2008)은 청소년복지의 목표를 다음과 같이 제시하고 있다.

첫째, 청소년을 둘러싼 부정적 환경을 긍정적으로 변화시키는 사회환경의 개선이다.

둘째, 왜곡된 사회화를 정상적인 사회화로 변화시켜 청소년 문제를 사전에 예방하는 구체적인 서비스 제공이다.

셋째, 이미 존재하는 문제를 가진 청소년이나 요보호 청소년에 대해 치료 및 교정을 통해 문제를 해결하고 사회적 통합을 이루는 것이다.

2) 청소년복지의 대상

청소년복지의 대상은 기본적으로 만 9세 이상 24세 이하의 모든 청소년으로, 이는 「청소년기본법」에 명시된 연령 규정에 따른 것이다. 그러나 「청소년복지 지원법」은 모든 청소년을 포괄하는 동시에, 특히 사회 · 경제적 지원이 필요한 특정 위기 상황에 처한 청소년을 주요 대상으로 규정하고 있다.

「청소년복지 지원법」은 다음과 같이 어려움을 겪는 청소년들에 대한 맞춤형 복지서비스를 제공하는 데 중점을 두고 있다.

① 위기청소년 : 가정 문제, 학업 중단, 사회 부적응 등으로 조화롭고 건강한 성장에 어려움을 겪는 청소년을 말한다. 구체적으로 비행이나 일탈을 저지른 청소년, 학교 밖 청소년, 보호자가 없거나 실질적인 보호를 받지 못하는 청소년

② 가정 밖 청소년 : 가정 내 갈등, 학대, 폭력, 방임, 가정 해체, 가출 등의 이유로 보호자로부터 이탈하여 사회적 보호와 지원이 필요한 청소년

③ 청소년부모 : 자녀를 양육하는 부모가 모두 청소년(만 24세 이하)인 경우, 이들 청소년부모와 그 자녀

④ 다문화가족의 청소년 및 이주 청소년 : 국내로 이주하여 사회 적응 및 학업 수행에 어려움을 겪는 청소년

또한 문제 유형별로 청소년복지의 대상을 분류해 보면 다음과 같다.

① 학업 및 진로 문제 : 대부분의 청소년이 가장 직접적으로 체감하는 문제로서, 과도한 입시 경쟁 및 학업 스트레스로 인한 만성적인 스트레스, 불안감 등으로 고통을 받고 있는 청소년이나 학교 부적응으로 학업을 중단한 청소년

② 정신건강 문제 : 학업, 대인관계, 가정 문제 등이 복합적으로 작용하여 정신적인 어려움을 겪는 청소년으로서, 우울 및 불안장애, 자해 및 자살 생각, 인터넷/ 스마트폰 과의존 등 일상생활의 균형이 무너지고, 학업이나 사회 적응에 어려움을 가지고 있는 청소년

③ 대인관계 및 사회적 문제 : 청소년들에게 깊은 상처를 남기는 학교폭력 및 따돌림(왕따), 교우관계의 어려움, 익명성을 기반으로 한 사이버 불링, 유해 정보 노출, 디지털 성범죄(N번방 등)의 가해 또는 피해에 노출될 위험이 큰 청소년

④ 가정 및 주거 환경 문제 : 부모의 잦은 다툼, 이혼, 정서적·신체적 학대, 방임 등 가정불화 및 학대, 부모의 실직, 질병, 사망 등으로 돌봄 공백이 발생한 가정 밖 청소년, 이른 나이에 부모가 되어 학업 중단, 경제적 어려움, 사회적 편견, 양육 스트레스 등 복합적인 문제에 직면한 부모가 된 청소년

⑤ 비행 및 위험 행동 문제 : 음주 및 흡연, 온라인 도박, 신종 약물 및 성비행에 노출될 위험이 높은 청소년

⑥ 경제적 문제 : 저소득층 가정의 청소년, 아르바이트를 하는 과정에서 부당한 대우, 임금 체불 등 노동인권을 침해당하는 청소년

이처럼 청소년 문제는 어느 한 가지 원인으로 발생하기보다는 여러 문제가 복합적으로 얽혀 있는 경우가 대부분이므로, 이들의 어려움을 이해하고 효과적으로 지원하기 위해서는 통합적이고 체계적인 접근이 필요하다.

3) 청소년복지 관련 시설 및 기관

청소년복지 관련 시설 및 기관은 청소년 관련법에 따라 다양하게 설치·운영되고 있다. 이를 살펴보면 〈표 12-3〉과 같다.

〈표 12-3〉 청소년복지 관련 사회복지시설 및 기관

소관부처	시설 종류	시설 유형		관련법
		생활시설	이용시설	
여성가족부	청소년 복지시설	• 청소년쉼터 • 청소년자립지원관 • 청소년치료재활센터 • 청소년회복지원시설		청소년기본법
			• 청소년상담복지센터 • 이주배경청소년지원센터	청소년복지지원법
		• 청소년수련원 • 유스호스텔 • 청소년야영장	• 청소년수련관 • 청소년특화시설 • 청소년문화의집	청소년활동진흥법
			학교밖청소년지원센터	학교밖청소년법

출처 : 여성가족부(2025). 내부자료.

4. 노인복지

1) 노인복지의 개념

노인복지는 "노인이 자기가 속한 가족과 사회에 적응하고 통합되어 인간다운 생활을 영위하기 위해 필요한 자원과 서비스의 제공과 관련한 공적 및 사적 차원의 조직적 제반 활동"이라고 정의할 수 있다(최성재 · 장인협, 2010). 국제노년학회(IAGG)에서는 노인에 대한 별도의 정의를 규정하고 있지는 않으나, 1950년 국제노년학회 창설 당시 노인을 '인간의 노화 과정에서 나타나는 생리적 · 심리적 · 환경적 변화 및 행동적 변화가 복합적으로 상호작용하는 과정에 있는 사람'으로 규정하였다. 한편 「노인복지법」과 「국민기초생활보장법」에서는 노인의 연령을 65세 이상으로 규정하고 있다.

우리나라 「노인복지법」 제1조에서는 "노인의 질환을 사전에 예방하거나 조기 발견하고, 질환의 생태에 따른 적절한 치료 · 요양을 통해 심신의 건강을 유지하며, 노후생활 안정을 위하여 필요한 조치를 강구함으로써 노인의 보건복지 증진에 기여함을 목적으로 한다."고 명시하고 있다.

노인복지의 일반적인 목표는 다음과 같다(최성재 · 장인협, 2010).

첫째, 국민적 최저 수준의 생활 유지이다. 노인도 국민의 한 사람으로서 국가의 경제적 · 사회적 여건에 맞는 인간다운 생활을 유지할 수 있도록 최저한의 경제적 보장을 받아야 한다.

둘째, 사회적 통합의 유지이다. 사회적 통합이란 개인이 자신이 속한 사회체계인 가족, 이웃, 집단, 지역사회 및 국가 등에 사회적 · 심리적으로 유대감을 갖고 적응하고 있는 상태를 의미한다.

셋째, 개인의 성장 욕구 충족이다. 노년기는 인간 성장발달 단계의 마지막 단계로, 노년에 이른 개인은 특수한 발전 욕구를 가지며, 성공적인 노년기 삶을 위한 발달과업을 수행한다.

2) 노인복지의 대상

노인은 노화에 따라 다양한 어려움을 경험한다. 노인이 겪는 문제를 유형별로 분류하면 다음과 같다.

① 경제적 문제를 가진 노인 : 소득이나 자산이 부족하여 기본적인 생활 유지가 어려운 무직 또는 무소득 노인, 독거노인, 노인부부 가구 중 빈곤계층의 노인

② 신체적 · 건강상 문제를 가진 노인 : 만성질환, 신체적 기능 저하, 장애로 인해 일상생활에 제약을 받는 거동이 불편한 노인, 와상 상태, 치매 노인

③ 심리 · 정서적 문제를 가진 노인 : 외로움, 우울, 불안 등 정서적 고립이나

심리적 문제를 겪는 독거노인, 배우자 사별 노인, 가족과 단절된 노인

④ 사회적 관계의 단절 문제를 가진 노인 : 사회적 고립, 가족·이웃과의 관계 단절로 인한 사회적 활동이 부족한 독거노인, 은퇴 이후 사회활동을 중단한 노인

⑤ 주거 문제를 가진 노인 : 안정적인 거주 공간이 없거나, 주거환경이 열악한 쪽방, 고시원, 노후주택 거주 노인

⑥ 학대나 방임을 경험한 노인 : 신체적·정서적 학대, 경제적 착취, 방임 등의 피해를 경험한 가정 내 학대 피해 노인 및 요양기관에서의 인권침해 피해

⑦ 정보 및 접근성 문제를 가진 노인 : 복지 정보 부족, 디지털 접근성 부족 등으로 복지서비스 활용이 어려운 농어촌 거주 노인, 정보격차가 큰 노인

⑧ 성적 어려움을 가진 노인 : 노인도 성적 욕구가 있으나 성기능의 저하, 성적 권리의 침해, 성적 학대로부터 어려움이나 피해를 경험하고 있는 노인

노인은 다양한 문제에 직면하게 된다. 일반적으로 노인이 겪는 네 가지 주요 고통은 신체적 노화, 경제적 빈곤, 심리적 소외, 사회적 배제이다. 이러한 문제들은 종합적으로 노인차별(ageism)로 나타나기도 한다. 노인복지는 이러한 노인 문제해결에 중점을 두고 있다.

3) 노인복지 관련 시설 및 기관

노인복지 관련 시설 및 기관은 「노인복지법」에 따라 설치·운영되고 있다. 이를 정리하면 〈표 12-4〉와 같다.

〈표 12-4〉 노인복지 관련 사회복지시설 및 기관

대상자별	형태	시설 종류		소관부처	관련법
보건복지부	생활	의료	노인요양시설	요양보험운영과	노인복지법
			노인요양공동생활가정		
		주거	양로시설, 노인 공동생활가정	노인정책과	
			노인복지주택		
		학대피해노인전용쉼터			
	이용	재가	재가노인의료복지시설(방문요양, 주 · 야간보호, 단기보호, 방문목욕, 방문간호)	요양보험운영과	
			재가노인복지시설(재가노인지원)	노인정책과	
		여가	노인복지관	노인지원과	
			경로당, 노인교실		
		노인보호전문기관		노인정책과	
		노인일자리지원기관		노인지원과	

출처 : 보건복지부(2025b). 2024년 노인보건복지사업안내.

5. 여성복지

1) 여성복지의 개념

여성복지란 "모든 여성이 한 사회의 구성원으로서 삶의 질을 영위할 수 있도록 여성의 욕구나 문제를 해결하기 위하여 사회 구성원들이 공 · 사 차원에서 행하는 공동체적 노력"이다(조흥식 외, 2002). 또한 김인숙 등(2000)은 "여성이 국가나 사회로부터 남성과 동등하게 권리를 보장받을 수 있도록 가부장적 가치관과 이에 근거한 각종 법과 사회제도를 개선하는 것뿐만 아니라 여성 개인의 능력을 고양시켜 여성의 인간다운 삶을 보장하기 위한 정책적 · 실천적 차원의 모든 조직적 활동"으로 정의하였다.

여성복지의 궁극적 목표는 모든 여성의 인권과 복지증진, 사회참여 확대, 양성평등 실현에 있으며, 불평등의 원인으로 지적되는 가부장제와 자본주의의 구조적 모순을 해결하고, 이에 기반한 법과 사회제도의 개선에 있다.

여성복지가 필요한 구체적인 이유는 다음과 같다.

첫째, 여성은 오랫동안 정치 · 경제 · 사회 전반에서 차별을 받아왔다. 임금 격차, 고용차별, 승진 차별 등 구조적 불평등이 여전히 존재하며, 현대 산업사회에서 남녀 역할에 대한 고정관념과 편견은 반드시 해소되어야 한다. 여성복지는 이러한 성차별적 불평등을 시정하기 위한 제도적 장치이다.

둘째, 여성의 사회참여 증가와 여성 노동력에 대한 사회적 수요는 다양한 여성 지원 서비스를 요구한다. 여성은 여전히 양육과 가사노동의 주요 책임자로 인식되고 있으며, 이러한 돌봄 노동 부담은 여성의 사회참여를 제한한다. 따라서 보육 지원, 가족 지원 서비스, 유연 근무제 등 여성복지는 돌봄 부담을 사회적으로 분담하는 데 필수적이다.

셋째, 여성복지는 단순히 '여성만을 위한 복지'가 아니라 사회 전체의 지속가능한 발전과 통합을 위한 기반으로 인식되어야 한다. 성평등은 민주주의와 복지국가의 핵심 가치 중 하나이며, 여성의 사회적 통합과 성평등 실현을 위한 핵심 수단이 바로 여성복지이다.

넷째, 여성은 청소년기, 가임기, 폐경기, 노년기 등 생애주기마다 특유의 신체적 · 심리적 · 사회적 어려움을 경험한다. 따라서 여성복지는 각 시기에 적합한 맞춤형 서비스를 통해 여성의 건강하고 안정된 삶을 지원할 필요가 있다.

결론적으로, 여성복지의 필요성은 여성들이 사회적으로 경험하는 성차별과 역사적 불평등, 그리고 생애주기별 복합적인 문제에 효과적으로 대응하고, 성평등한 사회를 실현하는 데 매우 중요하다.

2) 여성복지의 대상

여성복지의 대상은 기본적으로 모든 여성이라고 할 수 있다. 그중에서 심각한 어려움을 겪고 있는 여성들을 살펴보면 다음과 같다.

① 성차별을 경험하고 있는 여성 : 임금 격차, 고용차별, 승진 차별 등 구조적 불평등을 경험하고 있는 여성

② 빈곤 여성 : 경제적 어려움을 경험하고 있는 생계유지 곤란, 자녀 양육의 부담 등 실질적인 가구원의 생계를 책임지고 있는 빈곤 여성

③ 한부모 여성 : 자녀 양육의 경제적 · 심리적 부담, 사회적 편견 등 여러 가지 어려움을 겪고 있는 모자 가정, 미혼모 등

④ 가족 내 돌봄 부담 : 여성은 여전히 양육과 가사노동의 주요 책임자로 인식되고 있으며, 이러한 돌봄 노동의 부담으로 사회참여를 제약받고 있는 여성

⑤ 여성폭력 · 성폭력 피해자 : 가정폭력, 성폭력, 성매매, 스토킹 등 다양한 폭력의 위험에 처해있는 여성

⑥ 이주 여성(결혼이민자 등) : 언어 · 문화적 차이, 가족 내 갈등, 인권침해, 차별 등으로부터 어려움을 겪고 있는 이주 여성

이 외에도 성소수자 여성, 경력 단절 여성 등 어려움을 겪고 있는 여성들에 대해 여성복지 차원에서의 개입이 필요하다.

3) 여성복지 관련 시설 및 기관

여성복지와 관련하여 다양한 시설 및 기관이 설치 · 운영되고 있다. 이를 살펴보면 〈표 12-5〉와 같다.

〈표 12-5〉 여성복지 관련 사회복지시설 및 기관

소관 부처	시설 종류	세부 종류		관련법
		생활시설	이용시설	
여성가족부	성매매 피해지원시설	• 일반지원시설 • 청소년지원시설 • 외국인지원시설 • 자립지원공동생활시설	• 자활지원센터 • 성매매피해상담소	성매매방지 및 피해자 보호 등에 관한 법률
	성폭력 피해보호시설	성폭력 피해자보호시설	성폭력피해상담소	성폭력방지 및 피해자 보호 등에 관한 법률
	가정폭력 보호시설	가정폭력 피해자보호시설	• 가정폭력상담소 • 긴급전화센터	가정폭력 방지 및 피해자 보호 등에 관한 법률
	한부모 가족복지시설	• 출산지원시설 • 양육지원시설 • 생활지원시설 • 일시지원시설	한부모 가족복지상담소	한부모가족지원법
	다문화 가족지원센터		다문화 가족지원센터	다문화가족지원법
	건강가정지원센터		건강가정지원센터	건강가정기본법

출처 : 여성가족부(2025). 내부자료.

6. 장애인복지

1) 장애인복지의 개념

장애인복지는 사회복지의 한 분야로, 신체적 · 정신적 · 발달상의 장애로 인해 사회적 제약을 받는 사람들에게 필요한 서비스를 제공하며, 동시에 사회적 인식 개선과 물리적 환경 조성을 통해 이들의 삶의 질 향상을 도모하는 국가 및 사회의 조직적 활동이다.

「장애인복지법」 제1조에서는 "이 법은 장애인의 인간다운 삶과 권리 보장을 위한 국가와 지방자치단체 등의 책임을 명확히 하고, 장애 발생 예방과 장애인의 의료 · 교육 · 직업재활 · 생활환경 개선 등에 관한 사업을 정하여 장애인복지 대책을 종합적으로 추진하며, 장애인의 자립생활 · 보호 및 수당 지급 등에 관한 필요한 사항을 규정하여 장애인의 생활안정에 기여함으로써, 장애인의 복지와 사회활동 참여 증진을 통해 사회통합에 이바지함을 목적으로 한다."고 명시하고 있다.

즉, 장애인복지는 장애인이 가진 잔존 능력을 최대한 개발하여 사회 적응력을 높이고 자립생활을 유지할 수 있도록 지원하는 데 목적이 있다. 장애인복지는 인간의 존엄성, 평등, 정상화, 사회통합, 자립생활을 기본 이념으로 삼고 있다.

세계보건기구(WHO)는 장애에 대한 정의를 공식적으로 제시한 문서인 『국제 기능 · 장애 · 건강 분류(ICF : International Classification of Functioning, Disability and Health)』를 2001년에 채택하였다. ICF는 장애(disability)를 단순히 개인의 손상이나 질병으로 보지 않고, 개인과 사회환경 간 상호작용에서 발생하는 제약으로 정의하며, 이를 손상(impairment), 활동 제한(activity limitation), 참여 제한(participation restriction)으로 구분한다.

구체적으로, 기능 손상(impairment)은 신체기관이나 정신기능의 구조적 또는 기능적 손실이나 이상으로 의료적인 개념에 해당한다. 활동 제한(activity limitation)은 개인이 특정 활동을 수행하는 데 손상으로 인한 어려움을 겪는 상태로, 예를 들어 계단 오르기, 글쓰기, 의사소통의 어려움 등이 있다. 참여 제한(participation restriction)은 사회생활 참여에 제약이 있는 상태로, 손상으로 인해 취업, 교육, 사회적 관계 유지에 제한을 받는 것을 의미한다. 이러한 장애 개념은 장애에 대한 책임을 개인보다는 사회에 두는 관점임을 알 수 있다.

장애인에 대한 정의는 나라마다 다르며, 우리나라 「장애인복지법」에서는 장애인을 "신체적 · 정신적 장애로 인해 오랫동안 일상생활이나 사회생활에 상당한 제약을 받는 사람으로서 대통령령이 정하는 장애의 종류와 기준에 해당하는 자"로 규정하고 있다.

2) 장애 범주

우리나라는 「장애인복지법 시행령」 제2조에서 장애인을 15개 유형으로 분류하고 있으며, 장애 정도에 따라 중증장애와 경증장애로 구분하고 있다. 우리나라 장애 범주를 정리하면 〈표 12-6〉과 같다.

〈표 12-6〉 우리나라 장애 범주

대분류	중분류	소분류	세분류
신체적 장애	외부신체기능 장애	지체장애	절단장애, 관절장애, 지체기능장애, 변형 등의 장애
		뇌병변장애	뇌의 손상으로 인하 복합적인 장애
		시각장애	시력장애, 시야결손장애
		청각장애	청력장애, 평형기능장애
		언어장애	언어장애, 음성장애, 구어장애
		안면장애	안면부의 추상, 함몰, 비후 등 변형으로 인한 장애
	내부기관의 장애	신장장애	투석치료 중이거나 신장을 이식받은 경우
		심장장애	일상생활이 현저히 제한되는 심장기능 이상
		간장애	일상생활이 현저히 제한되는 만성 · 중증의 간기능 이상
		호흡기장애	일상생활이 현저히 제한되는 만성 · 중증의 호흡기 이상
		장루 및 요루장애	일상생활이 현저히 제한되는 장루 · 요루
		뇌전증 장애	일상생활이 현저히 제한되는 만성 · 중증의 뇌전증
정신적 장애	발달장애	지적장애	지능지수와 사회성숙지수가 70 이하인 경우
		자폐성장애	소아청소년 자폐 등 자폐성 장애
	정신장애	정신장애	조현병, 분열형 정동장애, 양극성 정동장애, 반복성 우울장애

출처 : 장애인복지법 시행령 [별표1].

3) 장애인복지 관련 시설 및 기관

장애복지 관련 시설 및 기관은 장애인복지 관련 법령에 따라 다양하게 설치·운영되고 있다. 이를 정리하면 〈표 12-7〉과 같다.

〈표 12-7〉 장애인복지 관련 사회복지시설 및 기관

<table>
<tr><th>대상자별</th><th>형태</th><th colspan="2">시설 종류</th><th>소관부서</th><th>관련 법령</th></tr>
<tr><td rowspan="16">장애인</td><td rowspan="7">생활</td><td rowspan="5">거주시설</td><td>장애유형별 거주시설</td><td rowspan="7">장애인 권익 지원과</td><td rowspan="7">장애인복지법 제58조</td></tr>
<tr><td>중증장애인 거주시설</td></tr>
<tr><td>장애영유아 거주시설</td></tr>
<tr><td>장애인단기 거주시설</td></tr>
<tr><td>장애인공동생활가정</td></tr>
<tr><td rowspan="2">쉼터</td><td>피해장애인쉼터</td></tr>
<tr><td>피해장애아동쉼터</td></tr>
<tr><td rowspan="9">이용</td><td rowspan="5">지역사회 재활시설</td><td>장애인복지관</td><td rowspan="5">장애인 정책과</td><td rowspan="8">장애인복지법 제58조</td></tr>
<tr><td>장애인주간이용시설</td></tr>
<tr><td>장애인체육시설, 장애인수련시설, 장애인생활이동지원센터</td></tr>
<tr><td>수어통역센터, 점자도서관, 점서 및 녹음서 출판시설</td></tr>
<tr><td>장애인재활치료시설</td></tr>
<tr><td colspan="2">장애인의료재활시설</td><td>장애인 건강과</td></tr>
<tr><td>직업재활 시설</td><td>장애인보호작업장, 장애인근로사업장, 장애인직업적응훈련시설</td><td rowspan="3">장애인 자립 기반과</td></tr>
<tr><td colspan="2">장애인생산품판매시설</td></tr>
<tr><td colspan="2">지역보조기기센터</td><td>장애인·노인 등을 위한 보조기기 지원 및 활용촉진에 관한 법률</td></tr>
<tr><td rowspan="2">정신 질환자</td><td>생활</td><td colspan="2">정신요양시설, 정신재활시설 중 생활시설</td><td rowspan="2">정신건강 정책과</td><td rowspan="2">정신건강증진 및 정신질환자 복지서비스 지원에 관한 법률</td></tr>
<tr><td>이용</td><td colspan="2">정신재활시설 중 이용시설</td></tr>
</table>

출처 : 보건복지부(2024).

CHAPTER 13

직능별 사회복지실천 영역

13 CHAPTER 직능별 사회복지실천 영역

사회복지는 인간의 다양한 삶의 문제와 욕구를 해결하고, 개인과 집단의 삶의 질을 향상시키기 위한 전문적 활동이다. 현대 사회는 복잡성과 다양성이 증가함에 따라, 사회복지실천도 대상과 장면에 따라 특화된 접근이 필요하다. 즉, 의료, 정신건강, 학교, 교정, 산업, 지역사회 등 다양한 실천 장면에 따라 사회복지사의 역할과 활동 내용이 달라지며, 각 영역은 고유한 대상과 목적을 가진 전문 영역으로 구분된다.

이 장에서는 이러한 사회복지실천 장면에 따른 직능별 영역을 살펴본다. 각 영역의 특성과 요구를 이해함으로써, 사회복지사는 맞춤형 지원을 설계하고 제공할 수 있으며, 복지서비스의 효과성과 효율성을 높일 수 있다. 또한 장면별 이해는 현장 실천과 정책 개발을 연결하고, 사회 전반의 복지증진에도 기여할 수 있는 기초가 된다.

1. 의료사회복지

1) 의료사회복지의 개념

의료사회복지는 건강 증진과 질병 예방을 목표로 하며, 신체적으로 질병을 앓고 있는 환자와 그 가족이 질병과 관련된 사회적 · 심리적 문제를 해결할 수 있도록 지원하는 사회복지실천 분야이다. 병원, 공중보건센터, 요양원, 재활센터, 호스피스 프로그램 등 다양한 건강 보호 현장에서 수행된다.

의료사회복지는 질병을 가진 개인과 가족, 그리고 지역사회를 대상으로 하며, 사회복지사가 병원 및 의료기관, 지역사회 내 관련 기관에서 다른 전문 인력과 협력하여 질병으로 인해 발생하는 환자의 심리·정서적, 가족적, 사회적, 경제적 문제를 해결하거나 조정함으로써 진료 과정과 질병 회복에 부정적 영향을 미치지 않도록 돕는 전문적인 실천 활동이다. 즉, 의료사회복지는 의료 영역에서 환자와 그 가족, 지역사회를 대상으로 사회적 기능 향상을 위해 실천적·정책적 차원에서 접근하는 제반 활동으로 정의할 수 있다.

의료사회복지의 목표는 환자의 질병 치료 및 건강 회복·유지는 물론 질병 예방과 지역 주민의 건강 증진에 있다. 또한 환자와 가족이 의료서비스를 적극적으로 이용할 수 있도록 지원하고, 의료진과 협력하여 보다 나은 치료를 제공하며, 가족의 대처 능력을 강화하는 데 있다. 이러한 이유로 의료사회복지의 대상은 환자뿐만 아니라 가족, 지역 주민, 의료진 및 의료기관 등 의료 환경 전반을 포함한다.

2) 의료사회복지사 자격제도

「의료법 시행규칙」 제38조 제2항 제6호에 따르면, "종합병원에는 「사회복지사업법」에 따른 사회복지사 자격을 가진 자 중에서 환자의 갱생·재활 및 사회복귀를 위한 상담과 지도 업무를 담당하는 요원을 1명 이상 두어야 한다."고 규정하고 있어, 종합병원에는 반드시 의료사회복지사가 배치되어야 한다.

또한 「사회복지사업법 시행규칙」 제3조 제1항에 따라 '영역별(의료) 사회복지사 자격 전환 특례교육'(이하 특례교육)을 실시하였으며, 이를 이수한 자에 대해 국가자격증으로 전환하였다.

의료사회복지사 자격제도에 대해 살펴보면 다음과 같다.

(1) 의료사회복지사 자격의 기본 요건

의료사회복지사 자격은 의료라는 특정 영역에서 활동하는 사회복지사 자격을 국가 자격으로 법제화한 것이다. 영역별 의료사회복지사 자격은 사회복지사 1급 자격증 소지자 중 보건복지부 장관이 지정한 수련기관에서 1년간의 수련 기간과 이수 평가 등 수련 교육 전반을 마친 자에게 자격증을 발급한다.

(2) 수련제도

의료사회복지사 수련제도는 매년 3월부터 다음 해 2월까지 총 1,000시간 이상(이론 150시간, 실습 830시간, 학술활동 20시간)의 수련 과정을 포함한다. 수련 완료 여부는 수련 확인서와 임상 사례 15개, 기획 및 연구 1개, 지필시험 등 평가를 통해 결정된다.

3) 의료사회복지사의 주요 업무

의료사회복지사의 역할은 병원, 보건소, 재활기관 등 의료기관에서 환자와 그 가족이 치료과정에서 겪는 다양한 심리적 · 사회적 문제를 해결할 수 있도록 지원하는 것이다.

대한의료사회복지사협회는 의료사회복지사를 "의료기관에서 사회복지사가 진료팀의 일원으로 참여하여, 효과적인 진단과 치료에 지장을 초래하는 환자의 사회적 · 경제적 · 심리적 문제를 해결하기 위해 환자 및 가족 상담, 진료비 지원, 지역사회 자원 연계 등의 전문 사회복지기술을 활용하여 환자와 그 가족을 지원하고, 나아가 정상적인 사회복귀를 돕는 한편, 병원에서 지역사회의 요구를 반영한 사회공헌 활동, 기부금 모금 및 기부자 관리 등 공익적 활동을 계획 · 관리하여 환자 및 지역사회의 의료복지 증진에 기여하는 보건의료 영역의 전문사회복지사"로 정의하고 있다.

주요 업무는 다음과 같다.

(1) 환자 및 가족에 대한 심리사회적 사정

환자의 질병, 장애, 입원 등으로 인한 정서적 반응(불안, 우울, 분노 등)과 사회적 환경(가족관계, 직업, 경제 상황 등)을 종합적으로 파악하여 환자의 치료 참여도를 높이고, 적절한 자원 연계를 위한 기초 자료를 제공한다.

(2) 상담

정서적 지지 및 위기 상담(암 진단, 말기 질환, 자살 위험 등), 질병 수용 및 대처 능력 향상을 위한 개인 및 가족 상담, 지속적인 건강관리를 위한 동기부여 상담을 제공한다.

(3) 자원 연계 및 퇴원계획 수립

환자의 경제적 문제해결을 위한 공공 및 민간자원 연계(의료급여, 긴급복지, 후원기관 등)와 지역사회 복귀를 위한 재활기관, 요양병원, 지역 보건소 등과의 연계를 통해 퇴원 후 서비스 이용(재가복지, 방문 간호 등)을 안내하고 조정한다.

(4) 환자 권리 옹호 및 윤리적 조정

환자의 자기결정권 보호와 인권 옹호(특히 아동, 노인, 장애인, 정신질환자 등), 의료진과 환자 간 의사소통 조정, 의료윤리 문제(연명의료, 유언, 장기기증 등)와 관련한 상담을 수행한다.

(5) 다학제 팀 접근 및 사례관리

의사, 간호사, 물리치료사 등과 함께 팀 회의에 참여하여 환자 치료계획을 수립하고, 복합적인 문제를 가진 환자에 대해 장기적인 사례관리를 수행하며 지속적인 경과 관찰과 서비스 평가를 실시한다.

(6) 보건교육 및 지역사회 연계

환자 및 가족을 대상으로 건강정보, 복지제도, 스트레스 관리 등에 관한 교육을 제공하며, 만성질환자나 노인 환자에게는 지속적인 교육과 자조모임 참여를 안내하고, 지역사회 자원과의 네트워크를 형성 · 조정한다.

(7) 연구 및 정책 제언

의료사회복지실천현장에서 나타나는 문제와 요구를 바탕으로 연구를 수행하고, 의료복지 관련 제도 개선 및 정책을 제안한다.

2. 정신건강사회복지

1) 정신건강사회복지의 개념

정신건강사회복지는 정신의료기관에서 사회복지사가 정신과 의사, 심리학자, 간호사, 작업치료사 등 진료팀과 협력하여 정신적 · 정서적 장애로 고통받는 사람들을 대상으로, 이로 인해 발생하는 경제적 · 사회적 문제와 증상 회복에 따른 지지적 문제를 해결하기 위해 사회복지실천 방법과 기술을 활용하는 사회복지의 한 분야이다(전재일 외, 2024). 정신건강사회복지는 정신장애를 가진 개인뿐만 아니라 그 환경을 포함하여 정신병원 또는 지역사회 정신보건기관에서 이루어지는 전문적인 사회복지 접근방법으로, 사정 · 치료 · 재활 · 예방의 영역을 모두 포괄하는 사회복지실천 영역이라 할 수 있다. 이처럼 정신건강사회복지는 크게 정신의학과 관련된 치료기관 중심의 활동과 지역사회 중심의 활동으로 구분할 수 있다(조흥식 외, 2012).

정신건강사회복지는 정서적 · 정신적 어려움을 겪는 클라이언트와 그 가족을 대상으로 정신과 병원, 정신건강 상담 및 재활 기관 등에서 사회복지의 전문 지식과 기술을 활용하여, 정신보건 및 정신건강 분야의 타 전문직과 협력하며 심리 · 사회적 기능의 회복과 정신건강의 증진을 도모하는 치료, 재활, 예방을 목적으로 한다.

2) 정신건강사회복지사 자격제도

정신건강사회복지사 자격은 정신과 병원 및 지역사회에서 정신보건에 관한 양질의 서비스를 제공할 전문 인력의 수요가 증가함에 따라, 정신질환의 예방과 정신질환자의 의료 및 사회복귀 등의 업무를 수행할 전문 지식과 기술을 갖춘 인력을 양성하기 위해 제정되었다.

「정신보건법」이 「정신건강증진 및 정신질환자 복지서비스 지원에 관한 법률」(약칭 : 정신건강복지법)로 개정되면서 2017년부터 '정신보건사회복지사'라는 명칭이 '정신건강사회복지사'로 변경되었으며, 자격은 1급과 2급으로 구분된다.

정신건강사회복지사 1급은 '사회복지학 또는 사회사업학에 대한 석사학위 이상을 소지하고, 보건복지부 장관이 지정한 수련기관에서 3년 이상(2급 자격 취득 기간은 제외) 수련을 마친 자' 또는 '2급 자격 취득 후 정신건강증진시설, 보건소, 또는 국가 · 지방자치단체로부터 정신건강증진사업을 위탁받은 기관에서 5년 이상 근무한 경력이 있는 자(단, 단순 행정업무 등 보건복지부 장관이 정하는 업무는 제외)'를 의미한다.

정신건강사회복지사 2급은 '사회복지사 1급 자격을 소지하고, 보건복지부에 등록된 수련기관에서 1년 이상 수련을 마친 자'를 뜻한다.

자격 취득 절차는 사회복지사 1급 소지자가 보건복지부령이 정하는 수련기관에서 1년간 1,000시간의 수련을 이수한 후 보건복지부 장관에게 자격증을 교부받는 것이다.

수련 내용은 임상 실습 교육 850시간(학술활동 20시간 포함)과 이론 교육 150시간을 포함하며, 수련 기간 동안 매년 20시간의 학술활동도 이수해야 한다.

3) 정신건강사회복지사의 주요 업무

정신건강사회복지사는 보건복지부령이 정한 수련기관에서 일정 기간 수련을 마치고, 보건복지부 장관으로부터 자격을 인정받은 전문가를 말한다. 이들은 정신과 의사, 심리학자, 정신과 간호사 등으로 구성된 진료팀의 일원으로 활동하며, 정신건강의료기관, 정신재활시설, 정신요양시설, 지역사회정신건강복지센터 등 다양한 기관에서 근무한다.

정신건강사회복지는 특히 지역사회 정신건강사업 차원에서 그 개념이 중요하게 다뤄진다. 만성 정신질환자의 경우, 정신과적 증상 외에도 사회적 기능 및 적응 장애를 겪는 경우가 많아 장기적인 치료와 관리가 필요하며, 퇴원 후에도 지속적인 보호와 서비스가 요구된다. 과거에는 정신병원이나 정신요양원에 장기간 입원하는 방식으로 보호가 이루어졌으나, 현재는 높은 의료비용과 환자의 효과적인 증상 관리를 위해 지역사회 중심의 정신건강사업이 보편화되고 있다.

정신건강사회복지사의 주요 업무는 이들의 고유한 역할과 정신건강전문요원들이 공동으로 수행하는 역할로 구분하여 살펴볼 수 있다.

첫째, 정신건강사회복지사의 고유한 역할은 다음과 같다.

① 정신질환자 등에 대한 사회서비스 지원 등에 관한 조사

② 정신질환자 등과 그 가족에 대한 사회복지서비스 지원 상담 및 안내

둘째, 정신건강전문요원들과의 공통 역할은 다음과 같다.

① 정신질환자 등의 재활훈련, 생활훈련 및 직업훈련의 실시 및 지도

② 정신질환자 등과 그 가족의 권익 보장을 위한 활동 지원

③ 정신질환으로 자신의 건강 또는 안전이나 다른 사람에게 해를 끼칠 위험이 있다고 의심되는 사람을 발견했을 때, 특별자치시장 · 특별자치도지사 · 시장 · 군수 · 구청장에게 대통령령으로 정하는 바에 따라 그 사람에 대한 진단과 보호를 신청

④ 정신질환자 등에 대한 개인별 지원 계획의 수립 및 지원
⑤ 정신질환 예방 및 정신건강 복지에 관한 조사 및 연구
⑥ 정신질환자 등의 사회 적응 및 재활을 위한 활동
⑦ 정신건강증진사업 등의 사업 수행 및 교육

4) 정신건강사회복지 관련 시설 및 기관

우리나라 정신건강기관에는 국·공립 및 민간 정신의료기관과 정신건강복지센터, 정신재활시설, 정신요양시설 등이 있다. 사업 내용을 살펴보면 다음과 같다.

(1) 정신의료기관

정신질환자의 치료를 주로 담당하는 기관으로, 정신건강복지법에 따라 정신질환자의 입원 및 외래 치료를 수행하는 정신병원, 의료법에 근거해 설치된 종합병원의 정신건강의학과, 그리고 지역사회 기반의 정신건강의학과 의원 등이 포함된다.

(2) 정신건강복지센터

지역사회 중심의 통합적인 정신질환 예방 및 치료, 중독관리 체계 구축, 정신질환자의 재활 지원, 정신건강 친화적 환경 조성을 목표로 운영된다. 운영 주체에 따라 기초 지방자치단체가 담당하는 기초정신건강복지센터, 광역자치단체가 운영하는 광역정신건강복지센터, 그리고 시·군·구 지방자치단체 또는 민간이 위탁 운영하는 지역정신건강복지센터로 구분된다.

(3) 정신재활시설

정신의료기관에 입원하지 않거나 정신요양시설에 입소하지 않은 정신질환자의 사회복귀를 돕기 위한 재활 서비스 제공 시설이다. 사회 적응 훈련,

작업훈련 등을 실시하며, 생활시설, 재활훈련시설, 중독자재활시설, 생산품 판매시설, 종합시설 등 다양한 유형이 있다. 특히 재활훈련시설은 주간재활시설, 공동생활가정, 지역사회전환시설, 직업재활시설, 아동 · 청소년 정신건강지원시설 등으로 세분화된다.

(4) 정신요양시설

장기간 보호가 필요한 만성 정신질환자들을 위한 생활 중심 시설로, 치료보다는 생활 보호와 일상 지원에 초점을 맞춘다. 가족의 보호가 어렵거나 없는 정신질환자에게 안정적인 생활환경을 제공하며, 기본적인 일상생활 지원, 건강관리, 사회적 안전망 내 지속적인 보호와 지원, 그리고 일부 자립 가능한 대상자를 위한 기초 재활 서비스를 제공한다.

(5) 중독관리통합지원센터

지역사회 중심의 통합 정신질환 예방과 치료, 중독관리 체계 구축을 목적으로 설치되었으며, 정신질환자의 재활과 정신건강 친화적 환경 조성을 통해 국민 정신건강 증진에 기여하고 있다.

3. 학교사회복지

1) 학교사회복지의 개념

아동과 청소년은 생활의 대부분을 학교에서 보내며, 이 시기에 이루어지는 성취 과업도 주로 학교에서 진행된다. 그러나 이 과정에서 학생들이 부적응을 경험할 수 있으며, 이를 지원하고 해결하고자 하는 노력이 바로 학교사회복지이다(이성기 외, 2023).

학교사회복지는 좁은 의미로는 특정 학생 개인의 부적응에 대한 예방적 · 치료적 활동으로 한정할 수 있으나, 넓은 의미에서는 교육의 목적 달성을 위해 모든 학생과 그들의 환경 체계 및 체계 간의 관계를 전문적으로 지원하는 활동을 포함한다(전재일 외, 2020). 즉, 학교사회복지는 사회복지사가 사회복지실천의 지식과 기술을 활용하여 학교, 가정, 지역사회 자원을 조정하고 활용함으로써 학생들의 심리 · 사회적 부적응을 조기에 발견, 예방, 치료하는 사회복지실천의 한 분야이다.

미국사회복지사협회(NASW)는 학교사회복지를 "학교 체계 내에서 전문적 능력과 자격을 갖춘 사회복지사가 제공하는 사회적 서비스로서, 공교육 체계가 교육 목적을 달성할 수 있도록 지원하고 학생들이 학교에 잘 적응하도록 돕는 활동이며, 이를 위해 학교, 가족, 지역사회의 노력을 조정하고 영향력을 행사하는 활동"으로 정의하고 있다.

한국학교사회복지사협회는 학교사회복지사를 "학생 문제를 개인의 문제가 아닌, 학생과 환경 간 상호작용의 문제로 보고, 이를 학생–학교–가정–지역사회 간 연계를 통해 예방하고 해결하며, 모든 학생이 잠재력과 능력을 최대한 발휘할 수 있도록 최적의 교육환경과 공평한 교육기회를 제공하여 교육 본질의 목적을 달성하고 학생 복지를 실현하는 사회복지 전문 분야"라고 정의한다.

결국 학교사회복지는 학교가 교육의 본질적 목적을 달성하도록 돕는 사회복지의 한 분야이며, 그 목적은 학생들이 학습 능력과 문제해결력, 의사결정 능력, 변화에 대한 적응 능력을 갖추도록 지원하는 데 있다(전재일 외, 2024).

2) 학교사회복지사 자격제도

2020년 12월 12일 이전에는 민간자격증인 학교사회복지사협회를 통한 자격 취득이 이루어졌으나, 「사회복지사업법」 개정으로 인해 국가자격증으로 전환되었다. 학교사회복지사 자격은 사회복지사 1급 자격 소지자 중 보건복지부 지정 수련기관에서 1년 이상 수련 과정을 이수한 사람에게 부여된다.

주요 자격요건은 다음과 같다.

① **필수 자격요건** : 사회복지사 1급 자격증 소지, 학교사회복지론 이수(한국학교사회복지학회/협회 주최 30시간 교육으로 대체 가능), 아동복지론 또는 교육학 관련 교과목 1과목 이상 이수자

② **선택 자격요건** : 다음 중 하나를 충족 – 240시간 이상 학교사회복지 관련 실습 이수, 초 · 중 · 고에서 학생 복지 업무 6개월 이상 근무, 사회복지기관에서 학교사회복지 실무 1년 이상 경력

③ **수련 과정** : 이론 교육 150시간, 실습 시간 830시간, 학술활동 20시간

④ **시험 및 합격 기준** : 필기시험 – 학교사회복지론(25문제) + 아동 · 청소년복지론(25문제)(과목당 50점 이상, 총 140점 이상), 면접시험 – 학교사회복지 적성 평가(70점 이상)

3) 학교사회복지의 대상

학교사회복지의 주요 대상은 학교 내에서 다양한 어려움과 문제를 경험하는 학생뿐만 아니라, 이들과 밀접하게 관련된 가정, 교사, 그리고 학교 조직 전체를 포함한다.

구체적으로 살펴보면 다음과 같다.

① **취약계층 학생** : 저소득층, 기초생활수급자, 차상위계층, 한부모가정, 조손가정, 다문화가정, 북한이탈주민 자녀, 학대 피해 아동, 위기청소년

② **학교 부적응 학생** : 결석, 지각, 등교 거부, 무단결석 등 출석 문제, 왕따, 학교폭력 가해 · 피해 학생, 학업 중단 위기, 낮은 자존감, 진로 불안, 기타 학교 규칙을 위반한 학생

③ **심리 · 정서적 어려움이 있는 학생** : 우울, 불안, 자해, 충동성 등 정신건강 문제, 가정 내 갈등, 양육자 부재, 정서적 방임 등

④ 대인관계에 문제를 보이는 학생 : 또래 관계, 교사와의 관계 등에 어려움을 보이는 학생

⑤ 학습, 진로, 행동 문제 학생 : 집중력 부족, 산만함, 과잉 행동 등 학습장애 징후가 있는 경우, 진로 고민이나 학업 방향 설정에 어려움이 있는 경우 등

⑥ 반사회적 행동을 하는 학생 : 비행이나 범죄 행위를 하는 학생들로서 폭력, 절도, 가출, 약물 남용, 불량 서클 가입, 십대 임신 등

⑦ 장애를 가지고 있는 학생 : 정신, 발달, 신체장애를 가지고 있는 학생

⑧ 학생의 가정(부모 · 보호자) : 가정은 학교사회복지 개입의 간접 대상이며, 가족 상담 및 교육, 사례관리, 지역자원 연계 등을 통해 지원함

학교사회복지는 단순히 '도움이 필요한 학생'만이 아니라, 학교 공동체 전체의 복지 환경 조성을 목표로 하며, 주요 대상은 학생이지만 학생들의 성장에 부정적인 영향을 끼치는 가정도 대상이 된다.

4) 학교사회복지사의 역할

학교사회복지사의 주요 역할은 학생들이 학교에서 겪는 다양한 문제를 예방하고 해결할 수 있도록 지원하여, 학생 복지를 실현하는 데 있다. 미국사회복지사협회(NASW)는 학교사회복지사를 '학생들의 학업 성공을 돕기 위해 학교, 가정, 지역사회를 연결하는 필수적인 역할을 수행하며, 학교와 정부, 학생 및 가족과 협력하여 학교 규율 정책 수립, 정신건강 개입, 위기관리 및 지원 서비스를 제공하는 전문가'로 정의하고 있다.

또한 한국학교사회복지사협회는 학교사회복지사를 '학생 성공을 지원하는 학제 간 팀의 일원으로서, 학생의 권리를 옹호하고 학교 내 지역사회 참여를 촉진하며, 학생이 학교에서 행복하고 원활히 적응할 수 있도록 돕는 역할을 수행하는 전문가'로 보고 있다.

이러한 역할을 구체적으로 살펴보면 다음과 같다.

① 임상전문가 : 학생을 위한 개별·집단 상담 및 치료적 개입
② 교육자/ 자문가 : 학습, 진로를 위한 정보제공 및 사회성 기술, 학습 전략, 의사소통 훈련, 각종 예방 교육
③ 매개자/ 연계자 : 학생과 가족에게 필요한 자원 발굴, 연계
④ 조정자/ 중재자 : 학생과 환경 사이에서 양자 모두의 문제해결 과정을 조정, 중재
⑤ 옹호자 : 학생과 가족의 인권을 보장하기 위한 옹호 활동
⑥ 자원개발자 : 학생과 가족, 학교에 필요한 지역사회 자원 발굴 및 개발 촉진
⑦ 협조자/ 협력자 : 교사를 비롯하여 다양한 전문가, 관련 기관과의 협력, 협조
⑧ 조사연구자 : 실태조사 및 효과성 연구를 통한 효과적 복지서비스 제공
⑨ 정책제언가 : 학생 복지 증진을 위해 다양한 수준에서의 정책 감시, 제언에 참여

이러한 역할을 통하여 사례관리 서비스, 개별 및 집단 상담, 가정 방문 및 학부모 상담, 지역사회 자원 연결 등의 업무를 수행한다.

5) 학교사회복지 관련 사업

학교사회복지사업은 운영 주체나 재원에 따라 다음과 같이 구분해 볼 수 있다(한국학교사회복지사협회).

① 교육복지우선지원사업 : 교육복지우선지원사업은 2003년 교육과학기술부(현 교육부)가 시작한 사업으로, 교육·문화적 여건이 상대적으로 열악한 도시 저소득 지역 학생들의 교육 및 문화, 복지 수준을 향상시켜 교육기회를 실질적으로 보장하기 위한 다차원적 지원 프로그램이다. 이

사업은 저소득층 아동, 청소년의 주요 취약 영역을 보완하고, 학교를 중심으로 지역사회와 협력하는 교육 공동체를 구축하여 학생들의 학습, 문화, 심리, 생활 전반에 걸친 지원을 목표로 한다.

② 지방자치단체 지원 학교사회복지사업 : 민간 차원, 정부 차원의 예산으로 사업이 운영되어 오다가 2003년 과천시에서 시 예산으로 학교사회복지사업을 시작하여 현재 지자체 학교사회복지사업은 경기도 9개 지역과 서울 은평구 1개 지역에서 운영되고 있다. 이 사업은 지방자치단체가 예산을 배정하여 운영하는 방식으로, 저소득 학생 비율이나 지역의 경제적 수준을 넘어 보편적인 학교사회복지 접근을 강조하는 것이 특징이다.

③ 민간지원사업 '하이원 학교사회복지사업' : 강원도 정선 지역 아동 및 청소년들의 밝고 건강한 성장을 돕기 위해 학교에 학교사회복지사를 파견하여 한국학교사회복지사협회에서 운영하는 강원랜드 지원 사업이다.

한국학교사회복지사협회의 자료에 의하면, 전국 초·중·고등학교 11,949개교 중 4,201개교(약 35.1%)에서 학교사회복지사업을 시행하고 있으며, 이 중 학교사회복지사를 배치한 학교는 1,732개교(약 14.5%)에 불과하며, 절반 이상의 학교에서는 교사가 학교사회복지 업무를 수행하고 있다.

4. 교정사회복지

1) 교정복지의 개념

교정복지는 사회복지의 철학과 가치에 기초하여, 사회복지의 정책과 실천기술을 활용해 범죄자의 재활과 사회복귀를 지원하는 전문적인 사회복지의 한 분야라고 할 수 있다. 교정복지에 대한 정의는 학자마다 다소 차이가 있으나, 일반적으로 좁은 의미와 넓은 의미로 구분할 수 있다. 좁은 의미의 교정복지는 사회복지방법론을 활용하여 범죄자 및 비행청소년을 대상으로 교정과 교육을 실시하며, 원활한 재활과 사회복귀를 돕는 사회복지의 전문 분야를 뜻한다. 반면 넓은 의미의 교정복지는 사회복지방법론과 관련 정책을 통해 범죄에 취약한 지역사회나 유해 환경의 개선을 도모하는 사회적 노력과 다양한 활동을 포함한다(권중돈 외, 2022). 즉, 좁은 의미의 교정복지는 교도소, 구치소 등 교정시설 내에서 범죄자를 대상으로 이루어지는 사회복지 활동을 의미하며, 넓은 의미는 범죄자 지원뿐 아니라 그들을 둘러싼 유해 환경 개선을 위한 국가 및 사회적 노력을 포함한다.

2) 교정복지의 주요 대상

교정복지의 주요 대상은 범죄로 인해 교정기관(예 교도소, 소년원 등)에 수용된 사람들과, 사회 내에서 보호관찰이나 갱생보호 등의 처분을 받은 사람들 및 이들의 가족을 포함한다. 또한 잠재적인 비행 및 범죄 위험군도 교정복지의 간접적인 대상에 해당한다.

(1) 형사처벌 대상자

① 수형자(재소자)

- 교도소, 구치소 등에서 형을 집행 중인 사람
- 일반 범죄자, 성폭력 범죄자, 중독 문제를 가진 수형자 등

② 미결수용자

- 형이 확정되지 않았지만 구속 상태에서 재판을 받고 있는 사람

③ 가석방자

- 형기 중 일정 기간이 경과하여 조건부로 사회에 복귀한 사람

(2) 보호처분 대상자

① 보호관찰 대상자

- 범죄는 저질렀으나 구금되지 않고 사회 내에서 감독 · 지도를 받는 사람 (예 청소년, 초범자, 집행유예자 등)

② 소년 보호처분자

- 소년법에 의해 보호처분을 받은 비행청소년(예 소년원, 소년분류심사원에 위탁된 청소년 포함)

(3) 출소자 및 갱생보호 대상자

- 형기를 마치고 사회로 복귀한 사람
- 사회 적응, 취업, 주거, 인간관계 등 다양한 복지적 도움이 필요한 대상
- 한국법무보호복지공단 등과 연계한 재범 방지 지원의 주요 대상

(4) 가족 및 보호자

- 수형자, 보호관찰 대상자의 배우자, 자녀, 부모 등 직계 가족
- 경제적 · 심리적 고통을 겪는 경우가 많아 심리 상담, 정서적 지지, 자원 연계 필요

(5) 잠재적 범죄 위험군

- 반복적으로 비행을 저지르는 청소년
- 알코올 · 약물 중독자, 주거 불안정 상태의 빈곤층

또한 교정복지는 시설 중심 접근과 지역사회 중심 접근에 따라 대상을 분류하기도 한다. 즉, 시설 중심 접근은 교도소, 소년원, 분류심사원 등 수용기관을 대상으로 하고, 지역사회 중심 접근은 보호관찰소, 갱생보호시설 등

지역사회에서 생활하는 자를 대상으로 한다.

3) 교정사회복지사의 역할

교정사회복지사는 교정시설(예 교도소, 소년원, 보호관찰소 등) 및 지역사회에서 범죄자, 비행청소년, 출소자 등이 건강하게 사회에 복귀하고 재범을 예방할 수 있도록 지원하는 전문 사회복지사로서, 주요 역할은 다음과 같다.

① **개별 상담 및 치료적 개입** : 수형자 · 보호 대상자 개인의 심리 · 정서적 문제를 파악하고 상담하며, 분노조절, 중독, 우울, 불안 등에 대한 치료적 접근을 한다.

② **교육 및 훈련 지원** : 사회 기술 훈련, 직업훈련, 의사소통 및 감정 조절 교육, 비행청소년이나 출소자의 사회 적응 프로그램 운영, 생활훈련 및 기초생활 능력 향상을 위한 교육 지도를 한다.

③ **사례관리 및 지역사회 자원 연계** : 대상자의 욕구에 따라 맞춤형 서비스 계획을 수립하고, 주거, 의료, 취업, 가족관계 개선을 위해 지역사회 내 병원, 상담소, 복지관, 갱생보호기관 등과 연계하여 통합적 서비스를 제공한다.

④ **가족 지원 및 관계 회복** : 수형자 · 출소자의 가족과의 관계 회복을 위한 가족 상담, 가족구성원에 대한 정보제공, 정서적 지지, 가정 복귀 후 갈등 예방을 위한 사전 조율을 한다.

⑤ **행정 및 제도적 역할** : 교정시설 내 사회복지 프로그램 기획 및 운영, 사례관리 기록, 프로그램 평가, 정책 제안, 복지서비스 대상자 선별, 위험도 평가, 처우 결정 지원 등을 한다.

⑥ **보호관찰 · 갱생보호 협력** : 보호관찰 중인 대상자의 생활을 지도하고 감독하며, 갱생보호시설 입소자를 상담하고 자립을 지원하며, 재범 위험군 대상 집중 사례관리 및 위기개입을 한다.

⑦ **범죄 예방 및 인식 개선 활동** : 비행 예방 프로그램 운영(청소년, 지역사회 대상), 폭력 예방 교육, 학교 연계 프로그램 기획, 사회적 낙인 완화, 출소자 인식 개선 캠페인 등을 실시한다.

교정사회복지사는 인간의 존엄성에 기초하여 범죄자들의 재범 예방과 사회통합을 위하여 복지와 교정의 통합적 접근을 실시한다.

4) 교정복지 관련 시설 및 기관

교정복지 관련 시설 및 기관은 공급 주체에 따라 공공과 민간으로 나눌 수 있다. 우리나라의 주요 교정복지 관련 시설 및 기관과 주요 활동을 살펴보면 다음과 같다.

(1) 수용시설

① **교도소** : 형이 확정된 성인 범죄자 수용

② **치료감호소** : 재범의 위험이 있는 사람에 대해 교육, 개선 및 치료가 필요할 경우 수용 및 교정(※ 보호감호소는 폐지되었으므로 치료감호소로 수정)

③ **특수교도소**(치료감호소) : 정신장애인 범죄자나 약물 중독 범죄자 치료 및 교정

(2) 보호시설

① **보호관찰소** : 교정시설에 수용하지 않고 일상생활을 하면서 재범하지 않도록 보호관찰 대상자를 지도 · 감독하고, 사회봉사 및 수강 명령을 집행한다.

② **소년원** : 소년원은 「초 · 중등교육법」에 따른 초 · 중등 소년원, 「근로자직업능력개발법」에 따른 직업능력개발훈련원, 약물 남용, 정신적 장애, 신체 질환 등 집중 치료가 필요하거나 특수 교육이 필요한 의료 · 재활

교육 소년원, 인성 교육을 집중적으로 하는 인성 교육 소년원으로 구분된다.

③ 소년분류심사원 : 범죄 소년에 대한 분류 심사를 실시하여 법원 소년부에 자료를 제공하고 교정 처우 지침을 제시하거나 사후 지도를 권고한다.

(3) 민간시설

① 한국법무보호복지공단 : 집행유예나 선고유예자, 가석방 처분자나 출소자를 대상으로 정신적 · 물질적 원조를 제공하며, 건전한 사회복귀와 재적응을 돕는다.

② 소년보호시설 : 소년법원에서 보호처분을 받은 소년을 아동복지시설 또는 소년보호시설 등에 위탁하여 감호, 학업 및 직업 교육을 제공한다.

5. 군사회복지

1) 군사회복지의 개념

군사회복지는 군 조직 내에서 복무하는 장병과 그 가족이 경험하는 다양한 사회문제와 생활상의 어려움을 해결하고, 삶의 질을 향상시키기 위해 제공되는 전문적인 사회복지활동이다. 즉, 군인과 그 가족이 지닌 기본적인 욕구를 충족시키기 위한 사회복지적 노력으로서, 군인의 사회적 기능 활성화, 개인적인 문제 예방과 해결, 생활의 질적 향상 등에 직접적으로 관심을 갖는 국가의 사회복지서비스와 정책이다(조흥식 외, 2013). 군사회복지는 일차적으로 군의 고유한 목적을 최대한 달성할 수 있도록 지원하는 것이며, 나아가 구성원인 군인과 그 가족의 복지를 증진하는 전문적인 활동이라고 할 수 있다. 또한 군사회복지는 다른 분야와 달리 군대라는 특수한 조직에서 발생하는 문제와 이슈에 주목하며, 이에 대처하기 위해 사회복지의 전문 지식과 실천방법을 활용하는 것이 특징이다.

미국사회복지사협회(NASW)는 군사회복지를 "군사회복지는 현역 군인, 예비군, 국가방위군, 참전용사 및 그 가족을 대상으로 하는 전문 사회복지실천 영역으로, 군 체계와 문화에 대한 이해를 바탕으로 심리 · 사회적 지원, 정신건강 치료, 재적응, 가족 지원 등을 제공하는 것"이라고 정의하고 있다. 또한 군사회복지의 목적을 다음과 같이 제시하고 있다.

① **군 구성원과 가족의 복지향상** : 군 복무 중이거나 제대한 후에도 신체적 · 정신적 · 사회적 안녕을 유지할 수 있도록 지원한다.

② **심리 · 사회적 문제 개입 및 치료** : PTSD, 우울증, 자살 위험, 외상 경험, 가족 갈등 등 다양한 문제에 개입한다.

③ **군에서 민간으로의 전환 지원** : 전역 후 사회 재적응, 취업, 주거, 교육 등 민간 사회로의 원활한 전환을 돕는다.

④ **가족 및 배우자 지원** : 군인의 장기 파병, 순환 근무 등으로 인한 가족 스트레스 해소 및 자녀 양육을 지원한다.

2) 군사회복지의 대상

군사회복지의 대상은 단순히 '군인'에 국한하지 않고, 군과 관련된 다양한 집단을 포함한다. 미국사회복지사협회(NASW)에서 제시한 대상은 다음과 같다.

① **현역 군인**(Active Duty Service Members) : 육 · 해 · 공군 및 해병대 소속 현역 복무자로, 복무 중 겪는 심리 · 사회적 문제, 전투 외상, 가족과의 이별에서 오는 불안감, 군 생활 및 일상생활 스트레스 등으로 어려움을 겪는 군인

② **예비군 및 주 방위군**(Reservists & National Guard) : 평상시 사회생활을 하다가 필요시 소집되는 군인으로, 전시 복무 이후 민간 생활로 복귀할 때 적응에 어려움을 겪는 예비군

③ **퇴역 군인 및 참전용사**(Veterans) : 복무를 마치고 사회로 복귀한 인물로, PTSD, 신체장애, 취업 문제, 고립, 중독 등의 문제에 직면한 퇴역 군인

④ **군인 가족**(Military Families) : 배우자, 자녀, 부모 등으로 구성되며, 잦은 이사, 장기 파병으로 인한 분리, 가족 갈등, 양육 문제, 배우자 우울증 등을 겪는 군인 가족

⑤ **전사자 및 부상자 가족**(Gold Star Families & Injured Soldier Families) : 전사자 유가족 또는 전투 중 중증 부상자 가족

⑥ **군 조직 내 구성원 전체**(Military Units & Communities) : 조직 문화, 스트레스, 자살 예방, 정신건강 캠페인 등과 관련하여 집단적 개입이 필요한 부대

군사회복지는 군인과 그 가족이 군 복무 중뿐만 아니라 복무 이후에도 신체적 · 심리적 · 사회적 기능을 유지하고 향상시킬 수 있도록 지원하는 전문적 실천 영역이며, 이들 모두가 군사회복지의 주요 대상이 된다.

3) 군사회복지사의 역할

미국사회복지사협회(NASW)가 제시한 군사회복지사의 업무 및 역할은 다음과 같다.

① **정신건강 서비스 제공** : PTSD, 우울증, 불안장애, 자살 위험, 중독 등 심리 · 정신건강 문제에 대한 임상적 개입, 위기개입, 상담 및 치료, 심리평가 서비스를 제공한다.

② **개인 및 가족 상담** : 군인과 그 가족(배우자, 자녀 등)의 심리 · 사회적 문제

상담, 가족 갈등, 양육 스트레스, 부부 상담 서비스를 제공한다.

③ 복무 전후 전환 지원 : 입대 전 준비 상담, 복무 중 스트레스 관리, 전역 후 사회복귀 지원, 취업 지원, 주거 지원 등 민간 시스템과 연계한 서비스를 제공한다.

④ 자살 예방 및 위기개입 : 자살 고위험군 식별 및 평가, 위기개입, 안전 계획 수립, 필요시 정신과 병원과 연계한 서비스 제공을 수행한다.

⑤ 정책 옹호 및 권익 옹호 : 재향군인청(우리나라의 경우 국가보훈부) 등 관련 기관을 통해 군인과 가족의 권익을 옹호하고, 관련 정책 개선을 제안한다.

⑥ 다학제 협력 및 기관 연계 : 정신과 의사, 간호사, 사제, 법무관 등과 협업하며 외부 복지기관, 병원, 취업기관 등과의 서비스 연계 및 조정자 역할을 수행한다.

⑦ 사례관리 : 클라이언트의 욕구 사정, 계획 수립, 서비스 조정, 모니터링을 포함하여 정신건강, 가족, 경제, 주거 등 복합적 문제를 가진 퇴역군인에 대한 사례관리를 제공한다.

⑧ 군 조직 내 교육 및 예방 활동 : 성희롱 예방, 자살 예방, 스트레스 관리, 전투 후 회복 프로그램 등 예방 교육을 제공하고, 조직 문화 개선과 구성원 정신건강 증진을 위한 워크숍 및 세미나를 운영한다.

4) 병영생활전문상담관제도

현재 우리나라는 「병영생활전문상담관 운영에 관한 훈령」(2015)을 근거로 군사회복지사의 역할을 수행할 수 있는 병영생활전문상담관제도를 운영하고 있다. 이 훈령은 "장병들의 복무 부적응 해소와 사고 예방 등을 위한 병영생활전문상담관의 채용, 복무 관리, 임금, 교육 등의 운영에 필요한 사항을 규정함"을 목적으로 한다.

병영생활전문상담관제도는 장병들의 정신건강과 인권 보호, 군 복무 적응을 돕기 위해 도입된 제도로, 복무 중인 병사들이 겪는 다양한 심리적 · 정서적 · 사회적 어려움을 전문적으로 상담하고 지원할 수 있도록 민간 전문가를 군에 배치한 것이다.

주요 목적은 다음과 같다.

① 병사들의 정신적 스트레스 및 부적응 문제 예방
② 자살 및 사고 예방
③ 인권침해 · 가혹행위 사전 발견 및 조치
④ 군 복무 중 갈등 해결 및 적응력 향상
⑤ 장병의 정신건강 증진과 병영문화 개선

병영생활전문상담관의 자격요건은 상담, 심리, 사회복지 관련 석사 이상이며, 사단, 여단, 군단급 이상 부대에 배치되어 활동한다.

6. 산업복지

1) 산업복지의 개념

산업복지는 근로자를 대상으로 하는 사회복지활동을 의미하며, 다양한 용어로 표현된다. 서비스 대상자에 초점을 둔 용어로는 '노동자복지'나 '근로자복지'가 있으며, 복지 주체에 강조를 둔 용어로는 '기업복지' 등이 있다.

산업복지는 협의의 개념과 광의의 개념으로 구분할 수 있다. 협의의 산업복지는 미국 산업사회사업의 정의에 기초하여, '근로자와 그의 가족이 생활상의 욕구를 충족시키지 못하는 불리한 조건에 처한 개인에게 생활 욕구를 충족시켜 주는 것'으로 규정된다(조흥식 외, 2012). 반면 광의의 산업복지는 '모든 근로자와 그 가족이 사회제도를 통해 사회생활의 욕구를 충족하지 못할 때, 이를 극복하기 위해 당사자에게 제공되는 제반 정책과 서비스'를 의미하며, 근로 조건, 단체 교섭, 경영 참여 등도 포함한다(조흥식 외, 2012).

산업복지는 근로자와 그 가족을 지원하여 노동 현장에서 발생하는 욕구를 충족시키고, 만족스러운 생활을 할 수 있도록 돕는 것을 목적으로 한다. 또한 열악한 작업 환경을 개선하고 보다 나은 사회적 · 물리적 환경을 조성하는 데에도 중점을 둔다(손병덕 외, 2021).

2) 산업복지의 주체와 대상

산업복지는 근로자들이 직면하고 있는 다양한 문제를 예방하고 해결하기 위해 복지서비스를 제공하는 주체와 이를 이용하는 대상으로 구분하여 살펴볼 수 있다.

(1) 산업복지의 주체

산업복지의 주체란 산업복지서비스를 기획 · 제공 · 운영 · 관리하는 조직이나 개인을 의미한다. 산업복지는 단순히 기업 내부의 문제가 아니라, 여러 주체가 협력하여 근로자의 복지증진과 기업의 지속가능성을 동시에 도모하는 협력적 구조를 가진다. 주요 주체는 다음과 같다.

① **기업**(사용자) : 산업복지의 일차적 책임자로서, 근로자들에 대한 복지정책 수립과 복지시설 제공 및 복리후생을 통하여 이직률 감소 및 생산성 향상 등에 목표를 두고 산업복지를 실시한다.

② **정부**(중앙 · 지방정부) : 공공 산업복지에 필요한 재원은 주로 세금으로 충당된다. 국가 및 지방자치단체는 법률 제정과 산업복지 정책 수립을 담당하며, 노동행정부서의 근로감독, 직업안정업무, 인력은행, 근로복지공사, 산업인력관리공단 등의 관련 기관을 통해 기업의 복지제도 및 작업환경을 관리 · 감독한다. 또한 비정규직, 영세기업 노동자 등 취약 근로자에 대한 직접 지원도 수행한다.

③ **노동조합** : 근로자의 권익 대변자로서 복지향상 요구의 주체가 된다. 단

체협약 및 협상 등을 통해 근로자들의 복지향상에 관여하며, 사측과 복지 관련 갈등 조정자 역할도 수행한다. 여기에는 각종 조합도 포함되며, 이들은 상호부조사업 등을 통해 근로자들에 대한 복지를 제공한다.

④ 사회복지사 및 전문가 : 복지 프로그램을 기획 · 상담 · 교육하고, 심리상담 및 위기개입 등을 통해 근로자들이 가지고 있는 문제해결에 전문적인 개입을 하고, 기업 내 · 외부에서 전문 산업사회복지사나 상담사로 활동한다.

⑤ 지역사회 및 민간기관 : 사회복지기관, 근로자회관, 직업훈련기관, 실직자 쉼터, 노동 · 법률 · 성폭력 · 보육사업 기관 등이 해당된다(권중돈 외, 2022). 기업과 협력해 병원, 상담센터, 복지기관 등과 연계하여 지역 네트워크를 통한 복지자원을 다양화한다.

(2) 산업복지의 대상

산업복지의 대상은 일반적으로 「근로자직업능력개발법」 제2조 제4항에 명시된 바와 같이 현재 고용 중인 근로자와 취업 의사가 있는 사람을 포함한다. 이 대상은 직접적 대상과 간접적 대상으로 구분하여 살펴볼 수 있다.

① 직접적 대상

- 현업 근로자 : 제조업, 서비스업, 건설업 등에서 일하는 생산직 및 사무직 노동자 사무직 근로자(기업의 관리직, 기술직, 연구직 등)
- 비정규직 노동자 : 계약직, 파견직, 일용직 등
- 특수형태근로종사자 : 배달기사, 플랫폼 노동자, 프리랜서 등도 최근 산업복지 논의에서 포함됨
- 공공부문 근로자 : 공기업, 준정부기관, 공공기관 종사자

② 간접적 대상

- 근로자의 가족 : 배우자, 자녀, 부모 등 가족구성원은 산업복지 정책(의료, 교육, 주거 지원 등)의 간접적 수혜자
- 퇴직자 및 예비근로자 : 은퇴자, 실업자, 취업 준비생 등은 직업재활, 고용서비스, 직업훈련 등에서 산업복지의 대상이 됨

③ 특별히 고려되어야 할 대상

- 고령 근로자 : 정년 연장, 건강 문제 등으로 복지적 지원이 필요한 근로자
- 여성 근로자 : 출산, 육아, 성차별 문제 등 성인지적 복지 지원이 필요한 근로자
- 장애인 근로자 : 직장 내 적응 지원, 편의시설, 복지 차별 해소가 필요한 근로자
- 외국인 근로자 : 언어 · 문화 장벽, 차별 등으로 인해 다문화 복지 접근이 필요한 근로자

3) 사회복지사의 역할

아카바스와 커츠먼(Akabas & Kurzman, 1987)은 사회복지사가 산업현장에서 단순한 복지 제공자를 넘어, 근로자 삶의 질 향상과 조직의 효율성을 동시에 추구하는 다면적 전문가로서 역할을 수행해야 함을 강조하면서, 다음과 같은 역할을 제시하였다.

① 상담업무 : 실직 위험에 처했거나 기타 어려움을 겪고 있는 근로자를 지원하여, 이들이 업무를 달성하고 유지할 수 있도록 상담 및 관련 서비스를 제공한다.

② 프로그램 연계 : 근로자의 욕구를 충족하는 데 필요한 지역사회의 서비스 이용에 대해 조언하고 관련 프로그램을 연계해 준다.

③ **의뢰 및 교육** : 현장감독자가 담당 근로자의 직무 능력 변화 시기를 파악하여 적절한 시점에 복지부서에 의뢰할 수 있도록 교육하며, 의뢰된 근로자에 대해 적절한 조치를 취한다.

④ **정보기록 및 관리 감독** : 서비스 관련 정보를 기록하고, 인적 자원 프로그램 분석에 필요한 자료 관리를 위한 정보체계 개발 및 운영을 감독한다.

⑤ **인적 자원 프로그램 개발** : 근로자들의 충족되지 않은 욕구를 식별·분석하여, 이를 바탕으로 조직에 필요한 새로운 맞춤형 인적 자원 및 직원 지원 프로그램 개발을 주도한다.

⑥ **인적 자원 프로그램 개발 자문** : 정책 개발 및 의사결정을 담당하는 간부와 경영진에게 인적 자원 관련 자문을 제공한다.

⑦ **복지 및 기타 프로그램 제공** : 현재 근무 중이거나 퇴직한 근로자를 위한 복지·의료·여가·교육 프로그램이 원활히 실시되도록 노력한다.

⑧ **급여제도 및 건강 보호체계 관리** : 각종 복지급여제도와 건강 보호체계를 관리하는 업무를 지원한다.

⑨ **차별철폐와 대처행동 및 관리에 대한 자문** : 여성, 소수민족, 미성년자, 장애인 근로자를 위한 적절한 차별철폐제도의 기획과 실행에 대해 자문한다.

이 아홉 가지 활동은 단순한 서비스 제공을 넘어 조직 변화, 근로자 권익 보호, 예방적 접근까지 포함하는 전문적이고 통합적인 활동 체계라 할 수 있다.

참고문헌

고명석(2019). **사회복지개론**. 서울 : 동문사.

고명석 · 송금희 · 최성균 · 최우진(2010). **사회복지개론**. 경기 : 대왕사.

국가인권위원회(2006). 국가인권정책기본계획 권고안(2007~2011).

국가인권위원회(2008). 노인분야 인권교육교재.

국가인권위원회(2018). 인권의 이해. 국가인권위원회.

권중돈(2012). **인권과 노인복지실천**. 서울 : 학지사.

권중돈 · 조학래 · 윤경아 · 이윤화 · 이영미 · 손의성 · 오인근 · 김동기(2022). **사회복지학개론**. 서울 : 학지사.

김귀환(2021). **사회복지학개론**. 경기 : 정민사.

김덕호(1994). 산업사회 영국의 빈곤과 복지정책 : 자선조직협회 vs 페이비언협회. 1869-1909. **역사학보, 144**.

김동규(2004). 한국 사회복지정책의 통상적 고찰. 한국행정사학회.

김미숙 · 강현주 · 정익중 · 김선숙 · 김시아 · 김하은(2020). 아동보호수행체계 개편과 교육방안 연구. 세종 : 보건복지부 · 한국아동복지학회.

김상균(1987). **현대사회와 사회정책**. 서울 : 서울대학교출판부.

김승훈(2010). **사회복지발달사**. 서울 : 나눔의집.

김영모(2013). **사회정책**. 서울 : 한국복지정책연구소 출판부.

김영모 · 남세진 · 신섭중(1982). **현대사회복지론**. 한국복지정책연구소출판부.

김영종 · 김은정(2022). **사회복지개론**. 서울 : 학지사.

김인숙 · 김혜선 · 성정현 · 신은주 · 윤영숙 · 이혜경 · 최선화(2000). **여성복지론**. 서울 : 나남.

김종일(2012). **지역사회복지론**. 경기 : 청목출판사.

김태성 · 김진수(2019). **사회보장론**. 경기 : 나남출판.

김태성 · 성경륭(2014). **복지국가론**. 경기 : 나남출판.

김태성 · 홍선미 · 조성은(2010). **사회복지개론**. 서울 : 청목출판사.

김태진(2012). **사회복지의 역사와 사상**. 대구 : 대구대학교출판부.

김혜란 · 홍선미 · 공계순(2006). **사회복지실천기술론**. 서울 : 나남출판.

남세진 · 조흥식(1995). **한국사회복지론**. 서울 : 나남출판.

남찬섭 역(2001). **영국 사회복지 발달사**. De Schweinitz. K.(1943). *England's Road to Social Security*. 서울 : 인간과복지.

박경일 · 김경호 · 서하정 · 이재모 · 윤기혁 · 이미라 · 이진열 · 전형원(2023). **사회복지학강의**. 경기 : 양성원.

박광준(2014). **사회복지의 사상과 역사**. 경기 : 양서원.

박동천 역(2006). **자유론**. Berlin, I.(1969), *Four Essays on Liberty*. 서울 : 아카넷.

박병현(2011). **사회복지정책론**. 경기 : 학현사.

박석돈(2008). **사회복지개론**. 경기 : 양성원.

박연주(2020). **판례와 사례를 중심으로 한 인권과 사회복지**. 서울 : 학지사.

박차상(2008). **사회복지개론**. 경기 : 양서원.

백은령(2008). **사회복지실천론**. 경기 : 대왕사.

보건복지부(2024). 장애인복지시설일람표.

보건복지부(2025a). 사회복지시설관리안내.

보건복지부(2025b). 2024년 노인보건복지사업안내.

서미경 · 김영란 · 박미은(2000). **사회복지 실천윤리**. 경기 : 양서원.

서상목(1988). 사회복지전달체계의 개선과 전문인력활용방안. 서울 : 한국개발연구원.

성민선 외(2005). **사회복지개론**. 서울 : EM커뮤니티.

성민선 외(2005). **학교사회복지의 이론과 실제**. 서울 : 학지사.

손병덕 · 백은령 · 성문주 · 신승연 · 오혜정 · 이상무 · 이은미 · 황혜원(2021). **사회복지개론**. 서울 : 학지사.

송근원 · 김태성(2004). **사회복지정책론**. 서울 : 나남출판.

심창학(2001). 사회적 배재 개념의 의미와 정책적 함의 : 비교관점에서의 프랑스를 중심으로. 한국사회복지학회.

양옥경 외(2004). **사회복지 윤리와 철학**. 서울 : 나눔의집.

양옥경(2017). **사회복지 윤리와 인권**. 경기 : 공동체.

엄기욱 · 김순규 · 배진희 · 오세영(2013). **사회복지개론**. 서울 : 학지사.

엄미선 · 양숙미 · 백은령 · 한주빈(2016). **사회복지시설 : 운영 이론과 실제**. 서울 : 학지사.

엄미선 · 최종복 · 전동일(2009). **사회복지자원개발론**. 서울 : 대왕사.

오봉욱 · 이태희 · 박서영 · 한주빈 · 김상용(2022). **사회복지학개론**. 서울 : 동문사.

오혜경(2004). 사회복지실천의 가치와 윤리에 관한 연구. 가톨릭대학교 사회복지연구소.

원석조(2014). **사회복지보장론**. 경기 : 양서원.

원석조(2016). **사회복지발달사**. 경기 : 공동체.

원석조(2020). **사회보장론**. 경기 : 양서원.

원석조(2021). **사회복지개론**. 경기 : 양서원.

윤찬영 외(2020). **사회복지정책론**. 서울 : 학지사.

이봉주 · 김혜란 · 구인회 · 강상경 · 홍백의 · 안상훈 · 박정민 · 유조안 · 하정화 · 김수영 · 한윤선(2023). **사회복지개론**. 서울 : 학지사.

이성기 · 원석조(2023). **사회복지학개론**. 경기 : 양성원.

이원숙 · 임수정(2020). **사회복지실천론**. 경기 : 학지사.

이종복 외(2008). **사회복지개론**. 경기 : 학현사.

이준상(2014). **대구사회복지법인의역사**. 대구 : 대구시사회복지법인협회.

이준상 · 박애선(2024). **사례관리론**. 경기 : 공동체.

이준상 · 박애선 · 김우찬(2021). **사회복지역사**. 서울 : 학지사.

이준상 · 이진숙 · 조한진 · 현진희 · 박영준 · 양난주 · 김문근 · 김사현 · 이현주 · 김석주 · 곽민영 · 이동석 · 이승주(2025). **사회복지개론**. 서울 : 사회평론아카데미.

이혜경(2021). 복지국가의 재구조화와 사회복지 전달체계 개편. **사회복지정책, 48(3)**.

이혜원 역(2005). **인권과 사회복지실천**. UN Center for Human Rights. 서울 : 학지사.

임춘식 · 고수현 · 김기덕(2007). **사회복지학개론**. 경기 : 공동체.

임춘식 · 고수현 · 김기덕 · 강호성 · 강원돈(2008). **사회복지학개론**. 경기 : 공동체.

장인협(1987). **사회복지학개론**. 서울 : 서울대학교출판부.

전재일 · 김규수 · 박태룡 · 김태진 · 박태영 · 이준상 · 이성희 · 이필환(2024). **사회복지개론**. 경기 : 형설출판사.

전재일 · 이성희 · 이성국 · 이경은 · 박영준 · 이선자(2020). **학교사회복지론**. 경기 : 양성원.

정익중 · 오정수(2021). **아동복지론**. 서울 : 학지사.

정재훈(2003). 보수주의 복지국가의 성차별적 특성 분석 : 독일 보육수당. 휴가 정책 변화를 중심으로. 한국사회복지연구회.

조성린(2014). **우리나라 복지 발달사**. 경기 : 조은출판사.

조성숙 역(2009). **이데올로기와 복지**. 경기 : 도서출판 신정.

조효제(2007). **인권의 문법**. 서울 : 후마니타스.

조흥식 · 권기창 · 이태수 · 박경수 · 이용표 · 엄규숙 · 박기훈(2012). **사회복지학개론**. 서울 : 창지사.

조흥식 · 김상균 · 최일섭 · 최성재 · 김혜란(2015). **사회복지개론**. 경기 : 나남출판.

조흥식 · 김혜련 · 신혜섭 · 김혜란(2006). **여성복지학**. 서울 : 학지사.

조흥식 · 이홍윤 · 박미은 · 김창곤 · 박경일 · 남미애 · 김윤나 · 서혜석 · 이윤수 · 오영훈 · 이대식 · 정효현 · 한태근 · 김근아 · 오정은(2013). **군사회복지론**. 서울 : 동문사.

최병호(2014). **복지담론 : 복지정책 디자이너 30년 최병호의 생각**. 서울 : 이미지북.

최성재 · 장인협(2010). **노인복지학**. 서울 : 서울대학교출판부.

최일섭(2013). **사회복지개론**. 경기 : 지식공동체.

최일섭(2019). **사회복지개론**. 경기 : 지식공동체.

최일섭 · 이창호(1993). **사회계획론**. 서울 : 나남출판.

최일섭 · 이현주(2006). **지역사회복지론**. 서울 : 서울대학교출판부.

한국사회복지학연구회 역(1997). **사회복지의 사상과 역사**. Rimlinger, G. V.(1971). *Welfare*

Policy and Industrialization in Europe. America. and Russia. 서울 : 나남출판.
허구생(2002). **빈곤의 역사, 복지의 역사**. 경기 : 한울아카데미.

Akabas, S. H., & Kurzman, P. A.(1987). *Work and the Workplace : A Resource for Innovative Policy and Practice*. Columbia University Press.

Barker, R. L.(2003). *The Social Work Dictionary*(5th ed.). Silver Spring. MD : National Association of Social Workers.

Beveridge, W.(1942). *Social Insurance and Allied Services*. in UK Parliament.

Bradshaw, J.(1972). *A Taxonomy of Social Need*. Oxford : Oxford University Press.

Deci, E. L., & Ryan, R. M.(1985). *Intrinsic motivation and self-determination in human behavior*. New York : Plenum Press.

Dolgoff, R., & Feldstein, D.(1984). *Understanding Social Welfare*(2nd ed.). Boston : Allyn and Bacon.

Dolgoff, R., Loewenberg, F., & Harrington, D.(2005). *Ethical decisions for social work practice*(7th ed.). Belmont, CA : Brooks/Cole.

Dunham, A.(1970). *The New Community Organization*. New York : Thomas Y. Crowell.

Esping-Andersen, G.(1990). *The Three Worlds of Welfare Capitalism*. New Jersey : Princeton University Press.

Friedlander, W. A., & Apte, R. Z.(1980). *Introduction to Social Welfare*. New Jersey : Prentice-Hall.

Furniss, N., & Timothy, T.(1977). *The Case for the Welfare State : From Social Security to Social Equality*. Bloomington : Indiana University Press.

George, V., & Wilding, P.(1994). *Welfare and Ideology*. Hemel Hempstead : Harvester Wheatsheaf.

Gilbert, N., & Specht, H.(1986). *Dimensions of Social Welfare Policy*(2nd ed.). NJ : Prentice Hall.

Gilbert, N., & Terrell, P.(2013). *Dimensions of Social Welfare Policy*(8th ed.). Boston : Pearson.

Gulick, L., & Urwick, L.(1937). *Papers on the Science of Administration*. New York : Institute of Public Administration.

Hecksher, G.(1984). *The Welfare State and Beyond : Success and problem in Scandinavia*. Minneapolis : University of Minnesota Press.

Ife, J.(2000). *Human Rights and Social Work*. New York : Columbia University Press.

ILO(2010). *World Social Security Report : Providing Coverage in Times of Crisis and Beyond*. Geneva.

ILO(2011). *Social Security and the Rule of Law*. Jeneva.

Jonhson, H. W.(1983). *The Social Services, An Introduction*. Itasca, Ill : F. E. Peacook.

Kadushin, A., & Martin, A. J.(1988). *Child Welfare Services*(4th ed.). New York : Macmillan Publisher.

Konopka, G.(1972). *Social Group Work*. Englewood Cliffs : Prentice-Hall.

Korpi, W.(1983). *The Democratic Class Struggle*. London : Routledge & Kegan Paul.

Levy, C. S.(1973). The Value Base of Social Work. *Journal of Education for Social Work, 9*(1).

Marshall, T. H.(1950). *Citizen and Social Class and Other Essays*. Cambridge : Cambridge University Press.

Maslow, A. H.(1954). *Motivation and Personality*. New York : Harper & Row.

McPherson, J.(2015). Human Rights Practice in Social Work : A Rights-based Framework & Two New Measures. Doctoral dissertation, The Florida state University.

Mishra, R.(1990). *The Welfare State in Capitalist Society : Policies of Retrenchment and Maintenance in Europe, North America and Australia*. Toronto : Harvester Wheatsheaf.

Morales, A., & Sheafer, B. W.(2001). *Social Work : A Profession of Many Faces*(9th ed.). Boston : Allyn and Bacon.

NASW(2012). Standards for Social Work Practice with Service Members, Veterans, and Their Families.

OECD(2011). Social Services of General Interest : Policy Context and Reform Trends.

Perlman, R., & Gurin, A.(1972). *Community Organization and Social Planning*. New York : John Wiley & Sons.

Pincus, A., & A. Minahan(1973). *Social Work Practice : Model and Method*. Illinois : F. E. Peacock Publishers.

Reamer, F. G.(1995). *Social Work Values and Ethics*. New York : Columbia University Press.

Rothman, J.(2001). Approaches to community intervention. In J. Rothman, J. L. Erlich, & J. E. Tropman(Eds.), *Strategies of community intervention : Macro practice*(6th ed.). Itasca, IL : F. E. Peacock Publishers.

Rubington, E., & Weingberg, M. S.(1981). *The Study of Social Problem*, Oxford : Oxford University Press.

Sheafor, B. W., & Horejsi, C. R.(2012). *Techniques and Guidelines for Social Work Practice*. Boston : Pearson.

Titmuss, R. M.(1974). *Social Policy : An Introduction*. London : George Allen & Unwin ltd.

Titmuss, R. M.(1976). *Commitment to Welfare*. London : Allen & Penguin.

Townsend, P.(1975). *Sociology and social Policy*. London : Penguin Books.

Treker, H. B.(1971). *Social Work Administration*. New York : Association Press.

Weber, M.(1947). *The Theory of Social and Economic Organizations*. New York : Free Press.

Wilensky, H. L.(1975). *The Welfare State and Equality : Structural and Ideological Roots of Public Expenditures*. Berkeley : University of California Press.

Yalom, I. D.(1995). *The Theory and Practice of Group Psychotherapy*(4th ed.). New York : Basic Books.

Zastrow, C.(2013). *The Practice of Social Work*(10th ed.). CA : Books/Cole Pub.

국가인권위원회 https://www.humanrights.go.kr

대한의료사회복지사협회 https://kamsw.or.kr

법제처 https://www.law.go.kr

보건복지부 https://www.mohw.go.kr

사회서비스 전자바우처 https://www.socialservice.or.kr:444

여성가족부 https://www.mogef.go.kr

한국군사회복지학회 http://www.kamtsw.com

한국사회복지사협회 https://www.welfare.net

한국정신건강사회복지사협회 https://kamhsw.or.kr

한국학교사회복지사협회 https://www.kassw.or.kr

IAGG https://iagg-fge.org

IFSW https://www.ifsw.org

ILO https://www.ilo.org

NASW https://www.socialworkers.org/About/Ethics

NASW https://www.socialworkers.org/Practice/School-Social-Work

UK Parliament https://www.parliament.uk

UN https://www.un.org/site-search/?query=human+rights

WHO https://www.who.int/health-topics/disability

찾아보기

인명

내용

저/자/약/력

■ **고강호**

경북대학교 대학원 문학박사(사회복지전공)
전) 밀양시립노인요양원 원장
현) 영남이공대학교 사회복지서비스과 교수

〈저서 · 논문〉
사회복지행정론(공저, 양서원, 2015), 사회복지행정실무(단독, 학촌, 2018), 사회복지조사론(단독, 영남이공대학, 2018), 시각장애인의 사회활동과 사회적 지원이 생활만족도에 미치는 영향 외 다수

■ **박세정**

영남대학교 대학원 사회학박사
전) 영남대학교 사회과학연구소 연구원
현) 영남이공대학교 사회복지서비스과 교수

〈저서 · 논문〉
인간행동과사회환경(공저, 창지사, 2009), 아동권리와복지(공저, 공동체, 2018), 베이비붐 세대의 자원봉사활동이 삶의 만족도에 미치는 영향 외 다수

■ **박애선**

대구대학교 대학원 철학박사(사회복지전공)
전) 경북행복재단 연구원
현) 영남이공대학교 사회복지학과 부교수

〈저서 · 논문〉
사회복지역사(공저, 학지사, 2021), 사례관리론(공저, 공동체, 2024), 자폐성 장애아동 어머니의 심리적 안녕감에 관한 연구 외 다수

■ **안지민**

영남대학교 대학원 행정학박사
전) 대구경북연구원 부연구위원
현) 영남이공대학교 사회복지서비스과 부교수

〈저서 · 논문〉
H2O 지역개발론(공저, 집현재, 2012), 새마을운동과 농민의 전략적 선택, 다문화가정 자녀의 고등직업교육기관 직업체험프로그램 경험에 관한 연구 외 다수

■ **이준상**

대구대학교 대학원 철학박사(사회복지전공)
전) 경북사회복지사협회장
현) 대구대학교 사회복지학과 교수

〈저서 · 논문〉
사례관리론(공저, 공동체, 2024), 사회복지역사(공저, 학지사, 2021), 사회복지개론(공저, 형설출판사, 2005), 재가지체장애인의 사례관리실천모형개발에 관한 연구 외 다수

쉽게 풀어쓴

사회복지학개론

|공저자| 고강호 · 박세정 · 박애선 · 안지민 · 이준상

|1판 1쇄| 발행 2025년 10월 30일

|발행인| 김동훈

|발행처| 공 동 체

|주소| 경기도 고양시 일산동구 호수로 358-39, 동문타워 I 905호(백석동)
|전화| 031) 814-3000(대표)
|팩스| 031) 814-3100
|홈페이지| www.compub.co.kr
|전자우편| compub@naver.com
|출판등록| 2005년 10월 6일
|등록번호| 제396-2005-36호

|ISBN| 979-11-6725-995-0
정가 22,000원